U0439536

本书为海峡博士后交流资助计划（2021B003）和
中国博士后科学基金资助项目（2022M722662）阶段性成果

朱熹美学研究

基于海外汉学的新视角

陈永宝 著

中国社会科学出版社

图书在版编目（CIP）数据

朱熹美学研究：基于海外汉学的新视角 / 陈永宝著 . — 北京：中国社会科学出版社，2023.9
ISBN 978-7-5227-2559-8

Ⅰ. ①朱⋯ Ⅱ. ①陈⋯ Ⅲ. ①朱熹（1130-1200）—美学思想—研究 Ⅳ. ① B244.75

中国国家版本馆 CIP 数据核字（2023）第 165973 号

出 版 人	赵剑英
责任编辑	韩国茹
责任校对	张爱华
责任印制	张雪娇
出　　版	中国社会科学出版社
社　　址	北京鼓楼西大街甲 158 号
邮　　编	100720
网　　址	http://www.csspw.cn
发 行 部	010-84083685
门 市 部	010-84029450
经　　销	新华书店及其他书店
印刷装订	北京市十月印刷有限公司
版　　次	2023 年 9 月第 1 版
印　　次	2023 年 9 月第 1 次印刷
开　　本	710×1000　1/16
印　　张	16.5
插　　页	2
字　　数	254 千字
定　　价	98.00 元

凡购买中国社会科学出版社图书，如有质量问题请与本社营销中心联系调换
电话：010-84083683
版权所有　侵权必究

推荐序

尤煌杰
辅仁大学哲学系退休教授

陈永宝教授在辅仁大学攻读哲学博士学位时期，凭其勤奋好学，多听、多读、多问、多写，广泛涉猎，勇于尝试，聚精以专一，以三年时间修毕辅仁大学哲学研究所课程，并完成博士论文，获得博士学位。这在近年辅大哲研所博士班的修业历史上，已经写下惊人的纪录。本人很荣幸，在2018年开设的两门研究所课程（知识论专题研究，中国古代美学研究），有永宝的选修，他的专心致志，在师长与同学间的好评都有目共睹；他也在课堂中发挥了鲶鱼效应，激发其他同学更加勤奋。

陈永宝教授长期专注于朱熹哲学思想研究，在攻读博士学位期间，每一学期的学期报告无论是关于中国哲学主题或西洋哲学主题，他都善于利用这些上课获得的新知添加在对朱熹哲学思想的扩充上，藉着这些异质的养分更加深化对朱熹哲学思想的诠释与演绎。去年（2021），永宝教授出版了《朱熹的儿童哲学研究：蒙学思想的现代路径》，这是在受到指导老师潘小慧教授儿童哲学领域的引领之后，得到启发而产出的大著。今年（2022），永宝教授又即将出版《朱熹美学研究——基于海外汉学的新视角》，这也同样是受到美学课程的启发而产出的新作。所以当看到永宝教授一系列朱熹研究新方向的开拓，我一点也不意外。但不得不说，永宝教授三年内连续出版两本以朱熹哲学为主轴的学术著作，这可不是一般人所能及，其致力学术研究的坚毅精神可见一斑。

传统西方美学理论可以再细分成：美的本体论、审美学、艺术哲学三个部分。关于美的本体论的核心问题就是"美"如何成为"存有"的属性。审美学的课题就是解释作为一个鉴赏者，如何感受到美感的历程。艺术哲学以哲学思辨的精神，探究"艺术""作品""艺术家"的特征。用这美学三支的分类，我们再来对照本书的各章结构，可以发现：第一章到第四章都可以归类在广义的美的本体论的范畴之下；第六章、第七章可以归类为审美学的范畴；第五章以及第八章到第十章可以归类为艺术哲学的范畴。第十一章论艺术与道德，第十二章论艺术与政治，可以视为广义的艺术哲学，分别涉及艺术与伦理的关系，以及艺术与政治的关系；这是属于跨领域的探究，作为"制作"的艺术与作为"行动"的伦理、政治，彼此的合宜关系应该如何是恰当的。

  陈永宝教授治学勤奋，广征博引，为旧学开拓新篇章，使传统中国哲学思想在与当今西方哲学思潮相遇时，产出适应时代需要的新诠释，让悠久的中国思想得到新的扩充与发展，得以和西方哲学思想对比而观。值此新著发表，致上诚挚的祝福。

尤煌傑

2022/05/25 于台北

目 录

前　言 ·· 001

第一部分　朱子美学的历史来源

第一章　朱子理学美学的融通 ·· 013
 第一节　理学美学的合理性与合法性 ·· 014
 第二节　理学美学的主要内容 ··· 018
 第三节　理学与美学互融的哲学分析 ·· 023
 小　结 ··· 030

第二章　朱子美学的时代背景 ·· 034
 第一节　理学美学的背景 ··· 035
 第二节　理学美学兴起 ··· 038
 第三节　理学美学的作用 ··· 042
 小　结 ··· 047

第三章　朱子美学的理论源起 ·· 049
 第一节　两宋的美学特征 ··· 049
 第二节　三教合流的美学发展 ··· 060
 第三节　朱熹理学美学的特色 ··· 065
 小　结 ··· 069

第二部分　朱子美学的研究方法

第四章　理学美学的间距与之间 ······ 073
第一节　理学与美学的间距 ······ 074
第二节　理学与美学的之间 ······ 079
第三节　理学与美学的虚待 ······ 084
小　结 ······ 086

第五章　朱熹理学美学与山水美学 ······ 089
第一节　理与景的道家式分离 ······ 092
第二节　理与景的儒家式共在 ······ 096
第三节　山水中儒与道的结合 ······ 100
小　结 ······ 102

第六章　理学美学的无概念性与超时空性 ······ 103
第一节　山水美学存在的无概念性 ······ 104
第二节　理学美学的无时空规定性 ······ 108
第三节　理学与美学的融合 ······ 111
小　结 ······ 114

第三部分　朱子美学的伦理内核

第七章　朱子美学与"兴"观念 ······ 119
第一节　朱熹"兴"观念的背景 ······ 120
第二节　朱熹"兴"观念的表向 ······ 125
第三节　朱熹"兴"观念的超越 ······ 129
小　结 ······ 133

第八章　朱子美学与"势"观念 ······ 135
第一节　潜势状态的圣王之势 ······ 138

  第二节 两极思维的二分工夫 …………………………………… 142
  第三节 交互趋势的道德"推势" …………………………………… 147
  小 结 …………………………………………………………………… 151
第九章 朱子美学与"情"观念 ………………………………………………… 153
  第一节 情之偏、欲之引 ………………………………………………… 153
  第二节 情的两种状态 …………………………………………………… 159
  第三节 情的诚意以复性 ………………………………………………… 163
  小 结 …………………………………………………………………… 169
第十章 朱子美学与"意"观念 ………………………………………………… 171
  第一节 意的工夫论 ……………………………………………………… 171
  第二节 意的敬之本心 …………………………………………………… 174
  第三节 意的敬之美 ……………………………………………………… 176
  小 结 …………………………………………………………………… 179

第四部分 朱子美学的现代转化

第十一章 朱子美学与草稿思维 …………………………………………… 183
  第一节 草稿思维与中国文化 …………………………………………… 185
  第二节 草稿思维与语录体 ……………………………………………… 188
  第三节 草稿思维与《朱子语类》 ……………………………………… 191
  小 结 …………………………………………………………………… 197
第十二章 朱子美学与图像理论 …………………………………………… 199
  第一节 米切尔的图像理论 ……………………………………………… 200
  第二节 道学的理学图像 ………………………………………………… 204
  第三节 元图像与朱熹的理学诠释 ……………………………………… 208
  小 结 …………………………………………………………………… 211
第十三章 朱子美学与知识迭代 …………………………………………… 213
  第一节 知识的迭代与消失 ……………………………………………… 215

第二节　新知识的创建与朱子美学的重现……………218
　　第三节　朱熹山水美学中的普遍性与社会性……………220
　　小　结……………………………………………………224
第十四章　朱子美学与风景美学……………………………225
　　第一节　疫情困惑与风景缺失……………………………226
　　第二节　风景的整体感……………………………………230
　　第三节　疫情下风景感受的重建…………………………235
　　小　结……………………………………………………237
结语：圣人无意与美学价值……………………………………238
参考文献…………………………………………………………249
后　记……………………………………………………………254

前　言

一　选题的理由

本书是在笔者研究朱熹美学的单篇论文的基础上修改而成，是笔者研究朱子理学系列中的一部分。本书与已出版的《朱熹的理学世界》《朱熹的儿童哲学研究》《青年朱熹》，及待出版的《朱熹的伦理思想研究》《朱熹的"家"思想研究》《朱熹的天文考古学研究》构成研究朱子理学的系列。其中，《朱熹的伦理思想研究》为本人的博士毕业论文，《朱熹的"家"思想研究》为笔者从事福建省规划课题项目的研究成果，书稿已成。这七本书稿分别从历史、伦理、美学、心理、儿童、家庭、天文考古学等角度，结合国内学者最新研究成果及海外汉学的理论，从多种视角研究朱子理学。

1. 论题研究的重要性

朱熹的美学思想是宋代山水美学中较为重要的一个环节，对它的诠释有助于我们直观地理解两宋艺术、文化和哲学之间的关系与纽带。在当代美学发展中，朱熹的美学思想逐渐被朱利安、米切尔、幽兰、刘千美、潘立勇等中外思想家所关注。其中，朱利安与刘千美，他们的理论对朱熹的美学思想有专门的介绍，潘立勇更是出版了一本《朱子理学美学》的专著。

对朱熹美学的关注是必要的。这对后世学者理解以伦理为主的理学系统是至关重要的。缺乏美学方面的考量，朱熹的伦理学极易被"法家化"解读，也就沦为了戴震所言的"以理杀人"的"道德法条"。为了协助后世学者解读朱子理学时脱离法家式的羁绊，我们有必要对朱熹美学思想进行系统的挖掘。同时，在挖掘朱熹的美学思想时，逐步揭开理学与美学之间难以割舍的纽带关系。只有将理学与美学相融合，我们才能发现朱熹的治学目的指向了"文从道出"，他的追求是"从心所欲不逾矩"的圣人境界。

鉴于朱熹美学的重要性，我们有必要对前人的研究工作做进一步的梳理。因目前朱熹美学思想的研究还处于起步阶段，研究范式过于陈旧，导致新的研究方法和研究视角并没有被充分重视。《朱子理学美学》虽然系统地梳理了朱熹美学架构，但成书较早，未能吸收海外汉学的最新理论；中国当代学者对朱熹的理学美学也有所涉猎，但多是以单篇文章呈现，缺乏系统性。基于此，本书的研究不仅可以弥补国内朱熹美学研究的不足，而且将有助于我们对海外汉学优秀成果的借鉴，并围绕朱子理学的理论，力求走"理论与实践相结合"的道路。

2. 研究兴趣与积累要求

本书除了具有重要的理论价值外，也与笔者的研究方向保持一致。朱子的理学系统比较庞杂。这套理学系统包含诸多方面。其中，朱子"理"思想的合法性是什么？（如朱熹为什么是"理学家"而不是"道学家"？）朱子"理"思想的来源是什么？（如从天文考古学的视角探索观象授时、立表测影与朱子的易学和太极思想的关系。）朱子"理"思想的特征是什么？（如从美学角度探索朱熹为什么是儒家而不是法家？）朱熹"理"的所指是什么？（如从心理学角度探索朱熹从十九岁中进士到三十九岁完成中和新说的心路历程。）朱熹"理"的核心主旨有哪些？（从伦理学的视角探索朱熹"敬"的工夫论。）朱熹"理"思想的现实应用有哪些？（如朱熹的蒙学思想及其当代价值，朱熹的"家"思想与家哲学。）

上述所有的构思分别从历史学、伦理学、心理学、社会学等角度探索朱熹在南宋生活的真实世界。从南宋农村经济、科举制度、礼仪规范、家国天下等研究背景出发，将朱熹放置于一个真实的历史情景中，探索他对佛道、国是、心性等核心问题的关注。这与以往只从形而上的"心性"学说来研究朱熹有着本质的不同。在本书中，美学思想是承接朱熹形上思想与形下思想的一个核心纽带。它是沟通形上伦理的道德义务论与形下天文考古的考据学的关键一环。

朱熹的"兴""势""情""意"思想分别对接着朱子理学由外在向内在发展的路径。在易学思想与太极学说两种外在思想的加持下,最终构成了敬义夹持的内在修行法门。这种外在与内在的结合,既有效地帮助理学对抗"空性"的禅宗,也避免了理学滑落到"法家"的陷阱之中。其中,河图洛书及太极图的呈现,与家礼行为的勾连,也预示着儒家以礼为本的合理性来源。而美学是朱子理学中的润滑剂,它并非可有可无,而是朱子理学这台机器运行中不可或缺的组成部分。

二 研究内容与主要观点

本书的研究主题是朱熹理学中的美学思想,从朱利安等人的美学思想中整理并推导出与朱熹美学相关的内容,用现代美学思想体系系统地论述朱熹的山水美学理论,呈现朱熹美学思想中的儒家特色。

1. 研究内容分为四个部分,共 14 章

具体框架如下:

第一部分,朱子美学的历史来源。本部分重点介绍理学美学概念存在的合理性证明、两宋儒家的美学背景及朱子美学的理论来源。

本书以整体的视角,检视两宋理学、美学与儒学的争议,以儒学的观点与当代学者的研究成果为导向,探讨当前重要的前沿议题,实现理学与美学的跨界对话,达到理学与美学高度融合的效果。

第一章介绍理学美学概念的合理性与合法性。本章提出"理学美学"的概念,并进行文献综述与整理,推导理学美学存在的合理性。介绍朱熹理学美学的主要内容,通过对"理学美学"的说明,指出理学美学在朱熹思想中的研究价值。

第二章以徐复观将宋代美学判定为道家美学的论断为切入点,探讨两宋理学美学存在的背景与朱熹理学美学的特色。本章拟先以北宋"古文运动"的理学美学存在为前提,以三教合流的美学思想发展为背景,通过朱熹理学美学二重性的美学结构,展示理学美学经世致用、心性为本和崇道尚用的追求;并进一步点明朱熹理学美学具有"文从道出"的艺术本体

论、"感物道情"的艺术发生论、"托物兴辞"的艺术特征论、"气象浑成"的艺术理想论、"涵泳自得"的艺术鉴赏论和"远游精思"的艺术修养论等特点。

第三章拟以两宋儒学的兴起为背景,介绍两宋理学存在的问题,及用理学美学方法化解这些理论危机的可行性。

第二部分,朱子美学的研究方法。本部分通过朱利安的"间距"方法来揭示朱熹理学美学的主要特征。

第四章依据法国汉学家朱利安的方法重新审视朱熹思想,利用"间距"、"之间"与"虚待"(disponibilité)等概念来分析朱熹思想研究中长期被忽视的山水美学思想。通过利用朱利安间距方法,本章探讨朱熹理学与美学的关系,厘清二者原有的混沌状态,点明理学美学"从心所欲不逾矩"的美学追求。

第五章主要依据朱熹存世的诗歌和《诗集传》等文本,以西方风景理论为背景,借由学者朱利安、徐复观、潘立勇等人的当代诠释,对朱熹理学美学的特征进行描述与解读。

第六章进一步以"间距""之间"与"虚待"三个概念为媒介解读朱熹理学美学。从儒道融合的角度,揭示出朱熹理学美学产生的基础,阐述朱熹理学美学思想核心中的山水美学。通过朱利安提出的"间距"概念,揭示出朱熹本体论思想中理与气之间含有"间距"的特征,即理与气是共生共在的。通过"之间"这个概念点明朱熹理学美学中"观造化之理",体现"天地之教"、山水美育的功能性面向。通过虚待的概念升华前两种方法,点明朱熹理学美学中具有开放性的特征,化解对朱熹伦理学思想僵死的认识模式。

第三部分,朱子美学的伦理内核。本部分力图阐释朱子美学中"兴""势""情""意"等理论内核。

第七章利用朱利安"功效论"思想进一步挖掘朱熹理学美学中的"兴"观念。本部分进入朱熹理学美学思想讨论的核心环节。通过朱利安对"势"思想的阐述,引出他的"明辨"和朱熹的"意"概念,并借助对"文势"的分析推导出朱熹理学美学的"兴"思想;通过朱利安对朱熹

"诗"的解读，揭示出朱熹美学思想中对"势"的把控，对"情与景"交融的追求和对现实性的坚持。通过朱利安"圣人无意"中"隐、显"的思想，描述出朱熹"兴"观念对哲学研究中"观念独断"思想的解构，凸显出朱熹理学美学"中庸"思想的理论底色。

第八章在第七章的基础上，利用朱利安的"势"思想——包括潜势状态、两极思维及交互趋势三个方面，打开理解朱熹理学美学思想的新路径。本章从三个角度分别探讨朱熹美学的圣王之势、（阴阳的）两极之势和交互的道德推势（"势必至此"）。其中，"势必至此"构成了朱熹道德美学的潜在动力，进一步突出了朱熹论述中的"情势"。

第九章介绍了朱熹理学美学的"情"观念，点明了"情"观念在朱熹理学美学中的重要性，揭示了其"文从道出"的美学理论核心。通过"情"与"欲"的区别引出了"情的诚意以复性"，点明了朱熹美学的旨归在于"美学为理学服务"。

第十章主要介绍朱熹美学中的"意"观念。"意"观念突破了朱熹伦理学僵化的法家式道德工夫。他的理学思想需要借助"意"以防止自己"敬"的伦理工夫滑落到法家式的藩篱之中。在本章中，他的"意"，是他的"从心所欲"，即"乐"的境界。

第四部分，朱子美学的现代转化。本部分从草稿思维、图像理论、知识迭代和风景美学等角度探讨朱子美学的历史作用与现代意义。

第十一章介绍了草稿思维与语录体的关系。语录体是草稿思维的一种展现方式，利用草稿思维的原初性、潜在性、未完成性与目的指引性等特点来解读《朱子语类》，减少了读者与作品交流时不必要的"偏见"干扰。以草稿思维为指导，用欣赏画作的方法来诠释《朱子语类》，直面《朱子语类》文本本身，更易接近朱熹治学思想的本义。

第十二章介绍了图像理论及其与朱子美学的融合，通过"视觉再现"与"言语再现"相对比的方法探讨政治学与美学的融合。通过美学图像对政治导向形成的"势"能，揭示出理学家的治世欲求，即通过构建圣人图像达到"共商国是"的治世目标。本章点明理学美学的目标在于完成从美学到伦理学再到政治学的过渡。

第十三章介绍了传统知识以量化为主要特征及其局限性和面临的风险，揭示探索非量化知识的必要性。通过朱熹山水美学非量化的知识特点，探索美学与知识交叉研究的路径。

第十四章介绍朱熹美学与风景美学的融合，构建了一种"风景式的直面"，通过这种"直面"突破重拾风景整体感的现实追求。以整体感的探索、解释和回应疫情期间因风景的消失而带来的心理问题，以之作为一种美学实用导向的探索。

结语部分介绍了朱利安关于中国美学"圣人无意"的美学追求和恢复中国智慧的美学价值的思想。这同时也点明朱熹美学研究的主要内容与特征。

2. 主要观点

第一，以两宋儒学的兴起为切入点，介绍两宋理学美学产生的大背景，阐明理学美学存在的必要性。其中，理学美学思想悄然形成了对严格义务伦理学一种重要的解构，其作用在于避免理学思想滑落到法家思维的深渊中。两宋理学家对美学的重视，实际上是一种对理学严格性的调和。这种调和折射出两宋儒家伦理学追求的目标不是严格的道德律令，而是"从心所欲不逾矩"的中庸式伦理规范。朱熹的理学美学思想便是其中一个典型的代表。

第二，朱利安、米切尔等汉学家研究中国思想多年，提出了新视角和新方法来重新审视中国传统思想。其中，朱利安的美学方法（主要是风景论思想）是其长期研究两宋美学的产物。在这些方法中，朱熹的诗歌及存世文本不再是史料式的记述，而更是一种山水美学式的表达。在这些研究成果的基础上，本书尝试用朱利安提供的新视角与新方法来分析朱熹的文本，附之以徐复观、潘立勇等其他当代学者的最新研究成果，挖掘朱熹理学中长期被忽视的理学美学思想。

第三，朱熹美学思想内容具有开放性（非封闭性）和延展性（非固定性），即理学与美学具有同一性，指明了朱子理学美学中"文道合一"的思想，纠偏长期以来以单一道德义务论的角度解读朱子理学的弊端。本书通过重新梳理已有的文献材料，勾勒出朱熹理学美学在朱熹理学中的定位，突破了以往只重视"道、理"等义理观，忽略"文、艺"等美学研究等局限。通过恢复朱熹伦理学构建初期的原貌，化解朱熹理学传播发展中出现的诸多难题。

第四，本书利用"间距"的视角与方法，重新解读朱熹理学美学，揭示其产生的基础、呈现的特征及发展的目标。从儒道融合的角度，阐述朱熹理学美学的核心部分是山水美学。利用朱利安提出的"间距"方法，揭示出朱熹本体论思想中理与气的"间距"性特征，即二者是共生共在的，但在具体讨论中，又必须将二者分开，达到"理""气"平等之"面对面"的交流；利用互相反思空间的研究方法理解朱熹山水美学的意义；通过"之间"这个维度点明朱熹理学美学中"观造化之理"，体现了"天地之教"、山水美育功能这个面向；通过虚待的概念升华前面的方法，点明朱熹理学美学的开放性特征，解构对朱熹伦理学思想僵死的认识模式。

第五，利用朱利安"功效论"中势、意、情、景、显、隐等概念，挖掘朱熹理学美学中的"兴""势"观念，进入朱熹理学美学思想讨论的核心环节。通过朱利安对"势"思想的阐述，引发出朱熹讨论的"敬""意"和"文势"，推导出朱熹理学美学的核心思想；通过朱利安对朱熹"诗"的解读，指出朱熹美学思想中对"势"的把控，对"情与景"交融的追求和对现实的坚持。朱熹对"兴"观念的超越，彰显儒家本有的"圣人无意"和"隐、显"的中庸思想，从而将朱熹的美学思想与理学思想合二为一。以上论述既符合朱熹建构四书学的儒学预设，又符合朱熹兴儒辟佛老、兴儒反法家的思想初衷。同时，朱熹美学思想解构了当代哲学研究中"观念独断"的倾向，凸显出朱熹理学美学中的智慧色彩。

三 本书创新与理论不足

本书的创新在于：首先在朱熹美学思想的解读上，引用朱利安的"间距""之间"与"虚待"的视角与方法，有别于常见的朱熹理学研究，期望能达到方法上的创新。其次，传统上研究朱熹理学的发展脉络，常常将其分成道德义务论、示范伦理学、德行伦理学，将研究仅局限于伦理学的范围内。本书通过现代美学理论串联朱子的经典文本，采用学科及中西思想交叉的思路，拓展了研究的范围和广度，全面地揭示出朱熹的理学美学思想。最后，以"间距"视角为出发点探讨新兴议题的研究并不多见，它是近年来学者才开始采用的方法。其中，以此角度来研究朱熹美学问题则更为鲜见。本书期能掌握近年的议题动态，在总结前人成果的基础上进行深入的探讨。

需要指出的是，以往的朱熹理学研究角度通常比较狭隘，或者通过单一理论与伦理学少数文本进行比较，无法宏观地呈现出朱熹思想的全貌。本书对于朱熹理学诠释的单一性进行解构，不仅可以发掘出朱熹理学中被忽视的美学内涵，也疏通了对朱熹理学"文道合一"的研究路径。长期以来，朱熹理学研究主流集中于语类、书信、奏状、札子，以及跋中关于"道"的内容，对于朱熹的"文"的研究往往被认为不够全面。本书通过朱熹诸文本之间的串联，重视对"文"的论述，可发掘已有文本中新的研究价值，提出新的议题。在此基础上，本书不仅重视朱熹美学已有的议题，也重视朱熹理学美学思想在当代社会的应用，为当代社会问题（如疫情影响下的社会及个人问题）提供新的思考观点与方向，达到理论与实践相结合。

本书的不足主要在于：第一，系统整合的问题。最初设计以单篇论文方式进行写作，各章节部分之间的衔接有待于进一步的细化。需要将各部分的前言与结语进行优化，使书稿的逻辑更为紧凑。第二，古今融合问题。朱子理学美学产生于宋代，如何减少其与当代议题衔接的乖隔，是本书必须克服而使此研究具有说服力的难题。如，证明朱熹理学美学探讨的议题具有普遍性，淡化伦理学单一性的面向等。第三，朱子学与当代议题的整合问题。朱熹理学美学需要面对的时代问题，以及如何达至理论与实践相结合的问题，是本书要解决的重要问题。

四 其他问题与下一步计划

本书以西方风景论的思想来探讨朱子的美学思想，在方法论上取得了创造性的成果。风景论的引入弥补了仅从传统美学角度研究朱子美学思想的缺陷，打开了美学研究的新视野；其中，从草稿思维研究朱熹的理学美学，突破了以僵化的、固定的思维考察中国传统思想的弊端，使研究的广度和深度进一步加大。因此，在此基础上，下一步研究计划打算从以下四个方面展开：

1. 朱熹存世文献中还有许多理学美学材料有待挖掘，甚至在思想、义理层面可以通过不同视角进行解读，产生出不同的美学意涵。

2. 美学议题将随着时代发展不断推陈出新，研究过程中除必须不断关注之外，朱熹存世文本与议题之间的衔接和整合也是一项重要的工作。本书中对朱熹美学的研究不单是复原一种被忽视的美学理论，也是要学以致用。

3. 本书将完善朱熹存世文献中关于美学议题的内容，如引入草稿思维。本书将持续从事这方面的研究，开发朱熹理学美学的广度与深度，达至对于美学议题全面性的了解。

4. 以理性的态度将美学思想与实践相结合，展现中国思想与文化的深度、高度与丰富性，使其作为与古今中外进行跨界对话的桥梁，也是接下来研究的一个重要方面。

以此成果，期许未来能与学界同好共勉。

第一部分　朱子美学的历史来源

第一章　朱子理学美学的融通

当我们的目光被城外乡间的美景吸引而陷入沉思时，我们就进入一个没有概念、超越时空的世界之中。这并不是一个由小说家肆意遐想出来的虚幻存在，它是真实存在于我们面前的真实世界。这个"世界"学者将其命名为"风景"。何为风景？米切尔（W.J.T Mitchell）认为："风景是人与自然、自我和他者之间交换的媒介。"① 这里的风景是一个近代的西方概念 landscape，在中国的思维模式和语言系统中，学者又将其称为"山水"，这也更加符合中国人的表达方式。中国人对山水的表达，远在八百多年前的宋朝就已经存在。回顾历史我们发现，对山水的追求曾让北宋徽宗不惜冒着亡国的风险来修建他心中的"艮岳"，也让元明清的皇室重视这些不远千里从河南运过来的太湖石②，可见"山水"的魅力。中国人对山水的迷恋自唐朝时就已经有所体现，但在两宋文明的促进下才逐渐发展成熟，并以诗、画等载体开始闻名于世，成为中国美学发展史中的一座高峰。山水思想并非只是中国艺术的展现，还彰显了宋代以来文人围绕天道性命而发展出的一套独特的理学美学，是人真实存在的理学世界的美学式表达。这也是宋代以朱熹为代表的理学美学产生的原因之一。

朱熹的理学与美学并非截然为二，而是二位一体。朱熹的理学构成了其美学存在的本体，即道者文之根本；同时，由于美学的存在，朱熹的理学不再是苦涩难咽的道德戒条，而趋向于"从心所欲不逾矩"的合和之境。至此，朱熹理学构建了其美学存在的骨架，美学拓展了理学的视野。

---

① ［美］米切尔：《风景与权力》，杨丽、万信琼译，译林出版社2014年版，第5页。
② 北宋灭亡时，金人将修建艮岳的用石搬到北方，后用来修筑元明清的皇宫。

进而，美学的存在，进一步遏制了理学由儒家滑向法家深渊的趋势。二者在一定程度上达到了融通。

由于朱熹没有关于理学美学的专门的书籍材料，学者对这个领域的争论一直存在。在对朱熹思想的研究中，我们总是发现以下几个难题，一是他的理论过于庞杂，似乎可以囊括一切。但仔细研究起来，却发现无论是材料数量，还是逻辑形式，都需要进行再次的考证或解读。二是朱熹作为南宋时期的古人，他的一些思想在现代科学的检视下，出现了逻辑矛盾和难以自洽的诸多问题。这导致我们在运用西方概念体系来解读朱熹思想时，出现了种种矛盾现象。美学思想就是其中一个典型的例子。三是朱熹的思想经过明清至当代新儒家的诠释，附带上了各种标签。而这些标签在帮助我们有效了解朱熹思想的同时，也为我们接近真实的朱熹带来种种困难。基于此，一些问题便浮出水面：其一是朱熹理学里是否存在美学？这涉及朱熹理学美学的合法性与合理性问题；其二是他的理学与美学的内涵是什么，可能也需要被进一步厘清；其三是纵使我们承认他存在美学理论，但其材料过于松散，是否可以构成一个完整的系统？这都是我们要思考的问题。基于以上思考，我们需要对朱熹理学美学的存在依据进行探讨。

第一节　理学美学的合理性与合法性

关于理学和美学，通常被学者看成相互矛盾的两极。"通常在人们心目中，'理学'与'美学'似乎是水火不相容的两个概念，'理学'几乎与'反美学'是同义词。"① 这种看似两极式的存在，实际呈现出来的是两宋理学的独特面向，即理学中的美学这一反人们对理学认识的常识。如"人们想到'理学'总会浮现出一副抽象的、冷漠的、道貌岸然的纯哲学、纯伦理学面孔，它那'存天理、灭人欲'的训条，在人们的直观感受中与美学的旨趣相隔是何等的遥远，理学家中普遍存在的对艺术的轻

---

① 潘立勇：《朱子理学美学》，东方出版社1999年版，第6页。

视、对情感的压抑，更使人们感到他们是美学的克星"①。这种看法基本上给理学做了一个定性。然而我们仔细分析，却发现这种解读存在着一个显见的问题。也就是说，它有将理学家的思想与法家的思想相混同的趋向，将理学家主张的道德劝导视同于法家的严刑峻法。这种解读在近现代的思想家中多有呈现。牟宗三曾一度期望通过康德的绝对义务论，即"为义务而义务"的方式来重新"激活"由近代西学的冲击而带来的儒学的僵化，便是这一思想的典型代表。于是，当代新儒家牟宗三、徐复观等人的解读中，似乎"在美学的殿堂里，人们排斥了理学家的影子，在中国古典美学发展史上，几乎找不到理学美学的位置"②。这是当代研究宋明理学的一种主流观点。

在新儒家中，除了牟宗三主张以康德义务论的角度来诠释理学，徐复观的美学思想中强烈的庄子印记③，也让理学与美学处在对立的两极。对理学的法学式理解虽在牟宗三等人的强调下逐渐为学者所接受，但它的源头在明清之际就早已有之。因此，明清两代官方对理学思想法学式的提倡和使用，加以近代牟宗三等人借用康德思想的研究佐证，将理学与美学完全推到对立的两极上而无法融解。于是，

> 众多的研究理学和理学家的著述，几乎毫无例外地忽视或至少轻视了其中的美学内容，而如此众多的研究中国古典和古典美学的著述，同样几乎毫无例外地忽视或轻视了其中的理学美学环节，或者至多只是从消极的意义上将其作为反面的比照而加以草率的直感评判。④

于是，理学与美学融合的合法性与合理性，就成为学者首先要解决的问题。相比于在中国传统文化中儒释道对美学的接纳，"而为何作为集儒、道、佛三家文化哲学之大成的理学却被认为几乎是与美学绝对地无缘？"⑤

---

① 潘立勇：《朱子理学美学》，东方出版社1999年版，第6页。
② 潘立勇：《朱子理学美学》，东方出版社1999年版，第6页。
③ 陈永宝：《论徐复观"三教归庄"式的宋代画论观》，《中国美学研究》2020年第16辑。
④ 潘立勇：《朱子理学美学》，东方出版社1999年版，第6—7页。
⑤ 潘立勇：《朱子理学美学》，东方出版社1999年版，第7页。

这是一个奇特却又有趣的问题。作为儒家思想重要分支的理学，为何被不容于美学，同样也是朱熹理学思想研究者面临的一个困惑。对于这个问题，一个显见的原因就是长期以来我们受制于西方思想中分科细化思潮的影响。学者在这种思维下习惯于用"纯粹""体系"的面向来概括一种思想，或一个人物。这种思维在以追求"重点"或"关键词"为主导的考试模式中，其刻板印象进一步被强化，因此在对朱熹是理学家或美学家的追问中，形成了"朱熹只能是……而绝不能是……"的思路，于是，以上的问题在学者中间存在也就不是一件奇怪的事情了。

潘立勇认为，宋明之际的理学与美学不可能是完全无缘的。

> 如果撇开它们在思辨对象、观念内容和理论导向等相对外在的差异，着重考察它们在精神结构、思维形式、研究方法上表现出来的更深层、更内在的特征，那么我们就可以发现，二者又是亲缘的、共相的和互渗的。①

然而，这些论述只是为我们打开了朱熹理学美学存在的可能性，而论证其存在的必然性问题，依然需要进一步探讨。这便是："理学本身包不包含美学的内涵，理学本身有没有美学，这才是'理学美学'的立论基础。"② 于是，我们借助这种思路的引导，接下来要面对的一个问题便是"理学"与"美学"这两个概念的内涵和外延。

在《朱子理学美学》一书中，潘立勇指出："理学是在儒家伦理学说的刺激下完成，而又对儒家伦理学超越和升华，使之哲理化、思辨化的理论形态。"③ 这里基本肯定了理学与儒学的关联。但与之不同的是，"理学醉心于心性问题却不局限于伦理学的圈囿，而是突破现实伦理学纲常的视野而进入对世界本原等形上问题的探讨"④。就是说，如果我们只将理学思想框定为先秦儒家中主张的以宗法为核心的理学体系，显然是有将理学的范围

---

① 潘立勇:《朱子理学美学》，东方出版社 1999 年版，第 7 页。
② 潘立勇:《朱子理学美学》，东方出版社 1999 年版，第 7 页。
③ 潘立勇:《朱子理学美学》，东方出版社 1999 年版，第 10 页。
④ 潘立勇:《朱子理学美学》，东方出版社 1999 年版，第 10—11 页。

缩小的趋势。张立文在总结宋代理学时,用"和合"①来对其进行描述,亦有突破这种局囿的意义。于是,潘立勇认为,理学"不是以人本身来说明人,而是从宇宙本体角度论证人的本体,把人的存在、人的本性、人之所以为人的价值,提高到宇宙本原的高度,而赋予人生和世界以真实、永恒和崇高的意义"②。从他的这个判定中,我们看到了朱熹的理学并不只是理学的范畴,它至少含有知识论和美学的面向。

实际上,这个美学的面向从未离开过理学,理学与美学的分离只是在西方的学术分科系统传入中国后,才出现的一个在知识层次的上分裂。潘立勇指出:"断定理学与美学无缘的习惯结论,一方面缘于人们对理学的直观印象与成见,另一方面也缘于人们对美学的片面把握。"③于是,人们在界定美学时,倾向于只将线条、形构和色彩等视觉感官刺激认定为美学,而将诗词、音乐等其他表达形式要么驱赶出美学领域,要么存而不论。这种现象其实是混淆了美学与艺术学最为典型的表现。潘立勇指出:

> 由于在人们传统的印象中,艺术是最为基本和最为重要的审美领域和审美形态,艺术美学是最为基本和最为重要的美学理论,在中国古典美学中更是如此,由此容易在人们的直观印象中产生这样的推理或化简:即将美学等同于艺术学,再等同于艺术,于是在美学和艺术之间划上了等号。其实这是一种十分片面的把握。④

于是,论证理学与美学的融合,首先就需要将这种被曲解的或片面的美学纠正回来。"美学作为以情感观照方式协商人与自然、人与人以及人与自我关系的精神哲学品格,以及旨在沟通必然与自由、感性与理性,在客观的合规律性与主观的合目的性统一基础上实现人的自由这一基本精神。"⑤至此,

---

① 潘立勇:《朱子理学美学》,东方出版社1999年版,序言第5页。
② 潘立勇:《朱子理学美学》,东方出版社1999年版,第11页。
③ 潘立勇:《朱子理学美学》,东方出版社1999年版,第16页。
④ 潘立勇:《朱子理学美学》,东方出版社1999年版,第16页。
⑤ 潘立勇:《朱子理学美学》,东方出版社1999年版,第18页。

我们找到了理学与美学之间的桥梁,也发现了二者融合的桥梁。

第二节 理学美学的主要内容

一 "道者文之根本"的理学本体

朱熹指出:"道者,文之根本;文者,道之枝叶。惟其根本乎道,所以发之于文,皆道也。三代圣贤文章,皆从此心写出,文便是道。"①这是朱熹理学美学本体论的基本设定。在朱熹看来,理学构成了美学存在的基础,美学是以理学为发展导向的。这一点在他对苏轼和欧阳修不同的评价中被彰显得一览无余。朱熹说:

> 今东坡之言曰:"吾所谓文,必与道俱。"则是文自文而道自道,待作文时,旋去讨个道来入放里面,此是它大病处。只是它每常文字华妙,包笼将去,到此不觉漏逗。说出他本根病痛所以然处,缘他都是因作文,却渐渐说上道理来;不是先理会得道理了,方作文,所以大本都差。欧公之文则稍近于道,不为空言。②

从此可以看出,朱熹围绕"圣人之言,因言以明道"的理学本体而开展出他的美学思想。为了进一步说明这个问题,朱熹提出:"今人作文,皆不足为文。大抵专务节字,更易新好生面辞语。至说义理处,又不肯分晓。"③也就是说,美学如果离开了理学,便只是形式上的"讨巧",而失去了其存在的现实意义。在这一点上,朱熹继承了北宋欧阳修等人主张的古文运动的核心思想。朱熹主张以理学为核心,让美学围绕其展开。即使由于现实的困难无法用美学的方式来表达,也要保持理学思想表达的明晰性。他指出:"圣人之言坦易明白,因言以明道,正欲使天下后世由此求

---

① 黎靖德编:《朱子语类》,中华书局1994年版,第3319页。
② 黎靖德编:《朱子语类》,中华书局1994年版,第3319页。
③ 黎靖德编:《朱子语类》,中华书局1994年版,第3318页。

第一章　朱子理学美学的融通

之。使圣人立言要教人难晓，圣人之经定不作矣。若其义理精奥处，人所未晓，自是其所见未到耳。学者须玩味深思，久之自可见。"①在这里，朱熹既指出了无理学之美学的空洞，又强调了道德对美学的主导作用。从而点出"美"存于"道德"中的本体架构。

在这种思想下，他对苏轼、韩愈的美学思想进行批评，便是顺理成章的事情了。他指出苏氏文辞矜豪谲诡，与道甚远，显然他认为苏轼的美学思想是值得商榷的。

苏氏文辞伟丽，近世无匹，若欲作文，自不妨模范。但其词意矜豪谲诡，亦有非知道君子所欲闻。是以平时每读之，虽未尝不喜，然既喜，未尝不厌，往往不能终帙而罢，非故欲绝之也，理势自然，盖不可晓。然则彼醉于其说者，欲入吾道之门，岂不犹吾之读彼书也哉！亦无怪其一胡一越而终不合矣。②（《答程允夫》）

同时，他指出苏轼与韩愈在文字上过度倾向于追求美学的形式。"予谓老苏但为欲学古人，说话声响，极为细事，乃肯用功如此，故其所就亦非常人所及。如韩退之、柳子厚辈亦是如此，……"③同时，他也指出南宋诸文人存在的美学弊病，多在于这些美学作品与理学"了无干涉"。

今人说要学道，乃是天下第一至大至难之事，却全然不曾着力，盖未有能用旬月功夫，熟读一卷书者。及至见人泛然发问，临时凑合，不曾举得一两行经传成文，不曾照得一两处首尾相贯，其能言者，不过以己私意，敷演立说，与圣贤本意义理实处，了无干涉，何况望其更能反求诸己，真实见得，真实行得耶？④（《沧州精舍谕学者》）

---

① 黎靖德编：《朱子语类》，中华书局1994年版，第3318页。
② 《朱子全书》第22册，上海古籍出版社、安徽教育出版社2002年版，第1864页。
③ 《朱子全书》第24册，上海古籍出版社、安徽教育出版社2002年版，第3593页。
④ 《朱子全书》第24册，上海古籍出版社、安徽教育出版社2002年版，第3593页。

正因为如此，朱熹才有"纠正这种弊病"的想法。朱熹在回曾景建时说："辱书，文词通畅，笔力快健，蔚然有先世遗法，三复令人亹亹不倦。所论读书求道之意，亦为不失其正。所诋近世空无简便之弊，又皆中其要害，亦非常人见识所能到也。"①在朱熹看来，美学如果只是形式模范，与义理无关，这种美学注定是华而不实的空架子。而真正的美学既要求有完美的外在形式，亦要有义理作为其存在的内容。这也就是他提出的"文字之设，须达意得理"的思想。朱熹说：

> 文字之设，要以达吾之意而已，政使极其高妙而于理无得焉，则亦何所益于吾身，而何所用于斯世？乡来前辈盖其天资超异，偶自能之，未必专以是为务也。故公家舍人公谓王荆公曰："文字不必造语及摹拟前人，孟、韩文虽高，不必似之也。"况又圣贤道统正传见于经传者，初无一言之及此乎？②（《答曾景建》）

至此，朱熹在谈论美学的表达时，将理学思想与其融合的趋势已经展露无遗。就是说，无"理学"为内容或支柱而存在的美学架构，在朱熹看来只是一个空虚辞藻，而无"道"之心，强调了他的"道者文之根本"的美学思想。

二 "有德而后有言美"的美学架构

如果说"道者文之根本"是朱熹理学与美学关系的一个基础，那么，"有德而后有言美"的思想则将这个思想进一步升级。在朱熹看来，理学是美学不可缺少的前提。他说：

> 古之圣贤所以教人，不过使之讲明天下之义理，以开发其心之知识，然后力行固守以终其身。而凡其见之言论、措之事业者，莫不由是以出，初非此外别有歧路可施功力，以致文字之华靡、事业之恢宏

---

① 《朱子全书》第 23 册，上海古籍出版社、安徽教育出版社 2002 年版，第 2974 页。
② 《朱子全书》第 23 册，上海古籍出版社、安徽教育出版社 2002 年版，第 2974 页。

也。①(《答巩仲至》)

朱熹进一步指出：

> 所谓修辞立诚以居业者，欲吾之谨夫所发以致其实，而尤先于言语之易放而难收也。其曰"修辞"，岂作文之谓哉？今或者以修辞名左右之齐，吾固未知其所谓然。②

因此，他强调说："'辞欲巧'乃断章取义，有德者言虽巧、色虽令无害，若徒巧言令色，小人而已。"③在朱熹看来，德行的存在是美学思想不可缺少的内在核心，这是朱熹理学思想的核心。我们从此可以看出，在朱熹的美学思想中，理学思想从未缺位，仍占据着重要的位置。不仅在美学方面如此，朱熹在用美学思想解读《易经》时也遵循这一个原则。他常借用《易经》阴阳之象为参照来观人事文章。如：

> 盖天地之间，有自然之理，凡阳必刚，刚必明，明则易知。凡阴必柔，柔必暗，暗则难测。故圣人作《易》，遂以阳为君子，阴为小人，其所以通幽明之故，类万物之情者，虽百世不能易也。予尝窃推《易》说以观天下之人，凡其光明正大，疏畅洞达，如青天白日，如高山大川，如雷霆之为威而雨露之为泽，如龙虎之为猛而麟凤之为祥，磊磊落落，无纤芥可疑者，必君子也。而其依阿淟涊，回互隐伏，纠结如蛇蚓，琐细如虮虱，如鬼蜮狐蛊，如盗贼诅祝，闪倐狡狯，不可方物者，必小人也。④(《王梅溪文集序》)

至此，朱熹的美学核心进一步凸显，即以理学为思想核心而展开的美学阐述。这说明他对美学的对象是有一定选择的。在他对《易经》的美学

---

① 《朱子全书》第23册，上海古籍出版社、安徽教育出版社2002年版，第3094页。
② 《朱子全书》第23册，上海古籍出版社、安徽教育出版社2002年版，第3094页。
③ 《朱子全书》第22册，上海古籍出版社、安徽教育出版社2002年版，第1779页。
④ 《朱子全书》第24册，上海古籍出版社、安徽教育出版社2002年版，第3641页。

表述中，我们亦能感受到他的美学思想中对广阔大物颇为上心，而对蝇营狗苟颇为排斥。这说明他注重家国美学气象，忽视个人得失的理学宗旨。我们甚至可以说，朱熹的美学思想是为理学思想服务的。

三 "'理体'与象"的交融合一

在朱熹看来，理学美学的构建可以从体用一源的角度来阐释。在这个逻辑中，理学构成了美学的骨架，而美学构成了理学的外显，也即"理为体，象为用"的思想表达。朱熹说：

> "体用一源"者，自理而观，则理为体、象为用，而理中有象，是一源也；"显微无间"者，自象而观，则象为显，理为微，而象中有理，是无间也。先生后答语意甚明，子细消详，便见归着。且既曰有理而后有象，则理象便非一物。故伊川但言其一源与无间耳。其实体用显微之分则不能无也。今曰理象一物，不必分别，恐陷于近日含胡之弊，不可不察。[①]（《答何叔京》）

理体与象的结合思想，朱熹既继承了老庄美学中人对出世的追求，也坚守了儒家"为天地立心，为生民立命"的入世情怀。可以说，朱熹试图完成的是在坚守道德"正心"的前提下，为"心性"寻找到一个可以自由释放的空间。理体与象合，是朱熹解决其理学自身矛盾的一个方法。这个矛盾既包括理学与道学的矛盾，同时也包含理学与法学的矛盾。或者总结说，是自由与束缚的矛盾。而这些矛盾，是朱熹在四十岁前后处理已发未发、理先气后、《大学》与《中庸》编排时就已经存在的矛盾。

今日学者在研究朱熹时产生的种种争论，同样是朱熹理论本身矛盾的现代表现。朱熹本人并非不知道他理论中存在着这些矛盾。如从超越性的道德到非超越性的形而下之理，他努力寻找"理"思想存在的形下证据。

[①]《朱子全书》第 22 册，上海古籍出版社、安徽教育出版社 2002 年版，第 1841 页。

他重复古代先民天文考古学中"立表测影"的行为便为其一例证；同时，他派蔡季通去四川寻找先天八卦图亦有这方面的倾向。

那么，为何后世对朱熹思想的解读多将其界定为超越性的道德存在？这主要源于朱熹的正君王之心的道德期盼。他的理论中，道德和理学始终是主轴，是他从事所有学问的核心。

可以说，在朱熹看来，美学打开了一个拒斥约束的良好途径，但是又要警惕苏轼等人美学的"肆意妄为"。他赞同欧阳修等人古文运动的理念，主张"道者文之根本"，但同时，他更倾向于将这种思想做进一步调节，即使理体与象融一。这种体用的思想，可能微微地拉高了美学与理学比较的位阶，而不是单方面强调理体这一个面向。

在朱熹的理论中，他的最终目的在于调和形上与形下的理论架构。这就是说，既不能如北宋诸家一样将一切都寄托于形而上的存在，同时亦不能抛离道德本心而流于道家。他既要警惕儒家本心不改变，又要注重儒家思想与其他思想的融合和挑战。同时，他内在本心的美学追求，也在另一个角度上有辟佛的意图，也就是将佛家所言的"空"进行了儒家实体化的诠释。

当然，我们无意对朱熹的思想做更多的猜测，但在其残留的文本中，这一切都是有据可查的，也再一次体现了他理论的矛盾现象。

第三节　理学与美学互融的哲学分析

潘立勇指出："如果不是孤立地执着于范畴的字面意义，而是从对立统一的角度对它作更深入的、辩证的、综合的考察，就可以发现这些貌似与美学相距千里的理学范畴其实可能包含着深刻的美学内容，它们不仅仅是为美学问题提供了哲学基础，而且有的本身直接就属于美学范畴。"[①] 这也就是说，理学与美学可以在本体论、主体论与境界论上有共通之处。下面，我们不妨就借着这个思路，挖掘两者在这三个面向之间的关系。

---

① 潘立勇：《朱子理学美学》，东方出版社1999年版，第23页。

一 理学本体论与美学本体论

理学的本体论与美学的本体论在两宋理学的发展中，曾一路相伴而行。它们时而相互呼应，时而趋于同一。

在理学范畴系统的"理气"部分中"气"、"道"、"理"、"心"、"象"、"物"及"太虚"、"太和"、"神化"、"象"、"阴阳"、"刚柔"等本体和功能范畴，包含着理学家对美的本体及其现象的解释。①

理学家张横渠就曾提出"凡象皆气"和"气聚则离明得施而有形"等包括美学内涵的命题。这里，美不再是形上的抽象存在，而是一个形下的具体事物。正如潘立勇所说：

> 美不是在虚无或心念中凭空产生的，而是有"气"这个物质性基础的；美的本体既不是空虚的"无"或观念性意识存在，也不是某种具体的实体性物质存在（"客体"），而是一种既具有形象性又非某一具体形象，既属物质性存在又非属某一具体物质的"气"及其微妙的表现。②

同时，他指出：

> 持理本体论的朱熹认为"文皆从道中流出"，"鸢飞鱼跃"是"道体随处发现"，"满山青黄碧绿，无非天地之化流行发现"，它们的美学内涵在于：美的本体是先验的"道"或"天理"，美的产生是道或天理的流行发现。③

朱熹说："文皆是从道中流出，岂有文反能贯道之理？文是文，道是

---

① 潘立勇：《朱子理学美学》，东方出版社1999年版，第23页。
② 潘立勇：《朱子理学美学》，东方出版社1999年版，第24页。
③ 潘立勇：《朱子理学美学》，东方出版社1999年版，第24页。

道，文只如喫饭时下饭耳。若以文贯道，却是把本为末。"①确实，朱熹的"文皆从道中流出"，"鸢飞鱼跃"是"道体随处发现"，"满山青黄碧绿，无非天地之化流行发见"②，这些既是他理的本体论，同时也代表了他思想中美学的迹象。如朱熹的《读道书作六首》中，第一篇：

> 岩居秉贞操，所慕在玄虚。
> 清夜眠斋宇，终朝观道书。
> 形忘气自冲，性达理不余。
> 于道虽未庶，已超名迹拘。
> 至乐在襟怀，山水非所娱。
> 寄语狂驰子，营营竟焉如？③

可以说，"在朱熹理学美学中，人格美体现为'性'—'情'—'行'三重结构，'性'为道体赋予人的品格，'情'为人的实际体验，'行'为人的现实表现"④。这也就是潘立勇主张的：

> 对于这些范畴与命题，从美学的角度可以作这样的理解：美的本体既不是物质的实在，也不是先验的、外在的客观天理，而是内在的吾心的主观精神，是吾心主观精神之投射，使世界产生美的现象或带上美的意义。⑤

这也就是说："这些哲学范畴和命题系统地涉及了审美客体的本体论、发生论、特征论、功能论和形态论的思想。"⑥潘立勇进一步解释说：

---

① 黎靖德编：《朱子语类》，中华书局1994年版，第3305页。
② 黎靖德编：《朱子语类》，中华书局1994年版，第2795页。
③ 《朱子全书》第20册，上海古籍出版社、安徽教育出版社2002年版，第236页。
④ 张立文主编：《朱熹大辞典》，上海辞书出版社2013年版，第419页。
⑤ 潘立勇：《朱子理学美学》，东方出版社1999年版，第24页。
⑥ 潘立勇：《朱子理学美学》，东方出版社1999年版，第24页。

审美客体和审美对象之终极来源和具体发生在于"气"之本体及其阴阳特性的交互作用；具体表现为显象之和谐与生动；它具有令人愉悦和容人共享的特征，能令人在自得而欣畅中受到陶冶颐养；其形态主要表现为"刚柔"之象，刚健奔动和柔顺秀丽分别为两者之主要特征。如果这些理解大抵接近其应有之美学内涵的话，我们就不难举一反三，以斑窥豹。①

而这一切，不过是他对张载的"造化之功，发乎动，毕达乎顺，形诸明，养诸容载，遂乎说润，胜乎健，不匮乎劳，终始乎止。健、动、陷、止，刚之象；顺、丽、入、说，柔之体"②（《大易篇》）理学内涵的理解。于是到这里，我们基本可以找到美学与理学本体化的根源。可以说，"理学醉心于心性问题却不局限于伦理学的圈囿，而是突破现实伦理学纲常的视野而进入对世界本原等形上问题的探讨：它不是以人本身来说明人，而是从宇宙本体角度论证人的本体，把人的存在、人的本性、人之所以为人的价值，提高到宇宙本原的高度，而赋予人生和世界以真实、永恒和崇高的意义"③。至此，二者在本体上有了不可忽略的关系性存在。

二 理学主体论与审美主体论

关于理学主体论，张横渠的理论较有代表性。他在《正蒙》和《西铭》中提出的天地之性与气质之性，既突出了人在理学体系中的位置，又突出了人在理学体系中的作用。可以说，张横渠为理学的建构提供了坚实的基础。自此以后，从二程到王夫之，这种建构一直是理学家体系内部最为核心的部分。他的天地之性"是由天德而来的绝对至善的人性"④，他的气质之性"是由气化而来的善恶相兼的人之感性素质存在"⑤。也就是说，张横渠主张的"形而后有气质之性，善反之则天地之性存

---

① 潘立勇：《朱子理学美学》，东方出版社 1999 年版，第 25 页。
② 《张载集》，中华书局 1978 年版，第 52 页。
③ 潘立勇：《朱子理学美学》，东方出版社 1999 年版，第 10—11 页。
④ 潘立勇：《朱子理学美学》，东方出版社 1999 年版，第 25 页。
⑤ 潘立勇：《朱子理学美学》，东方出版社 1999 年版，第 25 页。

焉"①实际上是：

> 人要返回"天地之性"，达到"与天为一"的境界，需要经过"大心"、"尽心"的途径进行"穷神知化"、"穷理尽性"的认识和修养。所谓"大心"、"尽心"其要义就在于通过"无私"、"无我"、"虚明"、"澄清"的直觉体悟使主体进入与天地万物上下通贯的精神境界，达到对微妙莫测而又至高无限的"天理"的内在体认。②

这也就是说：

> 在理学范畴系统的"心性"和"知行"部分中，"心"、"性"、"情"、"欲"、"虚"、"静"、"诚"、"明"、"中和"、"易简"、"顿悟"等理学范畴，涉及了有关审美主体之审美心理、审美情感、审美心胸、审美态度、审美修养等方面思想。③

同时，它也说明：

> 在审美过程中，审美主体最基本的特征正是需要抱着"虚明"、"澄清"的心胸和态度，通过"不假审查而自知"的直觉过程，达到对审美对象的体认。此外，理学家们常喜欢说："易简工夫"、"豁然贯通"、"心觉"、"顿悟"、"存神过化"、"穷神知化"等等，作为一般认识论或有神秘主义的色彩，但用于审美认识领域，却极富于启发。④

而这一切，均以理学美学的方式被朱熹继承。朱熹说：

> 周公所以立下许多条贯，皆是广大心中流出。某自十五六时，闻

---

① 《张载集》，中华书局1978年版，第23页。
② 潘立勇：《朱子理学美学》，东方出版社1999年版，第25页。
③ 潘立勇：《朱子理学美学》，东方出版社1999年版，第25页。
④ 潘立勇：《朱子理学美学》，东方出版社1999年版，第26页。

人说这道理，知道如此好，但今日方识得。①

　　心只是放宽平便大，不要先有一私意隔碍，便大。心大则自然不急迫。如有祸患之来，亦未须惊恐；或有所获，亦未有便欢喜在。少间亦未必，祸更转为福，福更转为祸。荀子言："君子大心则天而道，小心则畏义而节。"盖君子心大则是天心，心小则文王之翼翼，皆为好也；小人心大则放肆，心小则是褊隘私吝，皆不好也。②

这既是朱熹理学对主体的要求，也是其美学思想要达到的目的。

三　理学境界论与审美境界论

潘立勇认为："'天人合一'作为理学家的最高理想境界，更是充满了美学的色彩。"③在这一层面上，"主体通过直觉认识和自我体验实现同宇宙本体的合一……实现人和自然有机的统一"④。这里，"真理境界、理学境界和审美境界"在"诚""仁""乐"三个范畴中和谐统一。通过对以上三者的整合，反映了主体精神与宇宙本体合一的真理境界，主体意识与"生生之理"合一的道德情感，及主观目的性和客观规律性合一的审美旨趣。潘立勇指出：

　　审美的精神实质在于通过以令人愉悦为主的情感体验，消融主客体之间的矛盾而达到精神的自由，理学家追求的理想境界以及实现这种境界的工夫，都深刻地包含着这种审美精神。⑤

除此之外，"孔颜乐处"是以朱熹为主的理学家一贯的追求，同时也是朱熹美学的一个典型特征。如：

---

① 黎靖德编：《朱子语类》，中华书局1994年版，第850页。
② 黎靖德编：《朱子语类》，中华书局1994年版，第2447—2448页。
③ 潘立勇：《朱子理学美学》，东方出版社1999年版，第26页。
④ 潘立勇：《朱子理学美学》，东方出版社1999年版，第26页。
⑤ 潘立勇：《朱子理学美学》，东方出版社1999年版，第27页。

> 纷华扫退性吾情,外乐如何内乐真。
> 礼义悦心衷有得,穷通安分道常伸。
> 曲肱自得宣尼趣,陋巷何嫌颜子贫。
> 此意相关禽对语,濂溪庭草一般春。①

又如《曾点》:

> 春服初成丽景迟,步随流水玩晴漪。
> 微吟缓节归来晚,一任轻风拂面吹。②

这可以说是以朱熹为主的理学家对"孔颜乐处"最真实的写照。朱熹那首最著名的诗《观书有感二首·其一》,也更能体现这一点。

> 半亩方塘一鉴开,天光云影共徘徊。
> 问渠那得清如许?为有源头活水来。③

在朱熹看来,将道德精神与审美体验融为一体的人生境界,才是儒家应该持有的人生态度和人生追求。这种人生境界,是"胸次悠然,直与天地万物上下同流,各得其所之妙,隐然自见于言外"④的飘逸洒落、超然物外的人生境界。它既体现了"超功利的精神境界",也体现了"道德人生的审美境界"。⑤

总之,可简单概括地说:

> 理学范畴系统始于本体论而终于境界论,这种境界即天地境界,也即本体境界。……在这种以主体情感体验中的"天人合一"为人生

---

① 转引自潘立勇《朱子理学美学》,东方出版社1999年版,第28—29页。有学者疑为朱熹伪作。
② 《朱子全书》第20册,上海古籍出版社、安徽教育出版社2002年版,第285页。
③ 《朱子全书》第20册,上海古籍出版社、安徽教育出版社2002年版,第286页。
④ 朱熹:《四书章句集注》,中华书局2011年版,第124页。
⑤ 潘立勇:《朱子理学美学》,东方出版社1999年版,第29页。

最高极致的范畴系统中，包含着丰富而深刻的美学内涵，道德人生的审美体验成为理学境界和工夫中的必不可少的内容。①

这也就是说，朱熹的美学是融合在理学思想系统中的，又是理学思想的一个再升华。他的理学思想之所以精彩，美学的追求是不可缺少的一环。

小　结

后世诸多学者认为，朱熹只是理学家而与美学无缘。这种对于朱熹的误解主要来自以下两个方面，"一方面缘于朱子理学的巨大影响的遮蔽而造成的认知和研究中的视线死角，另一方面是由于对朱熹人格和思想内在深刻的复杂性和矛盾性认识不足"②。束景南曾指出："历世唯知拜朱熹为无上偶像，神其人而蔑其文。"③这里的"文"不是文学之文，而是艺术造诣。这造成了人们对朱熹的认识偏差。

> 朱熹作为理学大师，只应专注性命义理之学，不会也不应寄情于文学艺术，因此也不可能有正确的、深刻的文学、美学见解，或者更干脆地说不该与此有缘。④

以上几乎代表了清朝以前文人们的总体评价。这一点，我们还可以从朱熹好友杨万里的《戏跋朱元晦楚辞解》中略见一二：

> 注易笺诗解鲁论，一帆径度浴沂天。
> 无端又被湘累唤，去看西川竞渡船。（《诚斋集·退休集》）

---

① 潘立勇：《朱子理学美学》，东方出版社1999年版，第33页。
② 潘立勇：《朱子理学美学》，东方出版社1999年版，第48页。
③ 束景南：《朱熹佚文辑考》，江苏古籍出版社1991年版，叙第2页。
④ 潘立勇：《朱子理学美学》，东方出版社1999年版，第48—49页。

第一章　朱子理学美学的融通

这里说的是朱熹一生之中注疏了很多儒家经典，注《易经》、笺《诗经》、解《论语》。现在又无端地受到"湘累"（屈原）的召唤，开始注起《楚辞》来。很显然，这是杨万里认为朱熹的本职工作应该放在儒家，而不是与其道德性命之学相违背的《楚辞》。连朱熹身边的友人都对他产生如此的误解，后人的误解不可谓不深。

朱熹的美学实际上是为其理学服务的。他的美学思想实际上是对他理学思想的强化和理性的超越。朱熹"文与道一"在理想的状态下，反映了朱熹情感的强烈、丰富和深刻，使他自身的文学创作在美学思想的引领下，掌握了更多的艺术技巧，并将其与诗文相结合，开创出如此庞大的朱子理学系统。然而，

> "文道合一"的理念在其道是作为现存的社会伦理规范，尤其是统治者的伦理意识尺度来绝对地定义的时候，人的真实自由的生命体验和表达必然受到严格的限制和束缚，艺术就可能沦落为片面的伦理宣传工具，承受单一的明道功能。这样，审美和艺术自身的特殊规律就不可能得到重视，审美的形式和艺术的技巧就可能被绝对地排斥而得不到基本的关注，文坛和艺坛就可能被枯燥僵死的伦理说教所充斥。[①]

朱熹美学的理学取向所造成的这种负面后果确实是真实存在的。这也就是朱子理学美学一直被人诟病的原因之一。不过，我们也应该看到，

> 理学美学的伦理本体追求也体现了中华民族自我人格认识的自觉和深化，审美和艺术作为人的精神世界的自我观照和自我实现的重要方式，有意识地在其中弘扬作为人文导向的人格精神或伦理精神，也是有其一定的积极意义的。这种伦理精神取向对于审美和艺术领域的

[①] 潘立勇：《朱子理学美学》，东方出版社1999年版，第579页。引文稍有改动。

朱熹美学研究

无病呻吟的颓态和唯形式主义的靡绮之风,有着一定的纠偏作用。①

理学与美学,暗示了朱子理学美学的理想与现实。当然,以上难题的化解也许朱熹早已料到,这乃是他在人生晚年重视《大学》和《中庸》的原因。不依不倚,取其中道,也许也是美学和理学的工夫秘诀。

潘立勇指出:"朱熹美学具有严密的系统性、突出的伦理性、深刻的矛盾性,最充分最典型地体现了理学美学的特色。……他的美学构架的浓厚的伦理气息对后代产生了深远的文化模式影响。"② 朱熹在中国古典美学史上的突出贡献主要有两点:"一是他的理学美学的哲理性、思辨性,启发促进了当时整个时代的美学思维。……二是他对'气象浑成'审美理想的推崇,促进了当时重视整体美、人格美的审美理想形成。"③ 但同时,朱子理学美学也有其局限性。"朱子理学美学的主要局限性,在于他对审美和艺术的伦理功用过分的强调,这在实践上起着束缚、压抑艺术发展的消极作用,有时甚至导致吞并、否定艺术自身。"④ 潘立勇认为:

> 朱熹并没有极端地否定审美和艺术的地位、作用和特征,相反,他对审美和艺术的本质、特征和理想境界有着相当深刻而系统的见解,只不过他的思想包含着深刻的矛盾。朱子理学美学以其特有的哲理性和系统性,在中国古典美学中别具一格,以其突出的伦理性显示着中国传统文化意识和审美意识的特点,在当时和后代产生着很大的影响。中国古典美学史中应有朱子理学美学的一席地位。⑤

因此,我们对朱熹理学美学的误解,在于对其神化和污化带来的两种极端后果,也在于我们把朱熹的理学美学作为"利用工具"而肆意妄

---

① 潘立勇:《朱子理学美学》,东方出版社1999年版,第580页。
② 潘立勇:《朱子理学美学》,东方出版社1999年版,第44页。
③ 潘立勇:《朱子理学美学》,东方出版社1999年版,第581页。
④ 潘立勇:《朱子理学美学》,东方出版社1999年版,第581页。
⑤ 潘立勇:《朱子理学美学》,东方出版社1999年版,第582页。

为地乱用；当然，我们承认，之所以它能被妄用，是因为朱熹理学美学中充满着巨大的可利用价值。同样，我们也必须接受一个不成文的理论，那就是一个人的成就与其付出的代价是成正比的。朱熹逝后享受了自孔子以后最大的荣耀，他的一生及他逝后也必须承受因这一"荣耀"而来的代价。而这个代价，一方面表现为"打倒孔家店"对其的波及；一方面就是他必须承受其理论被误解和被曲解。这就是朱熹理学美学在当代尴尬发展的原因。当然，我们今天重视朱熹理学美学，并不是要复兴一个年代久远的历史，而是要在其中找到能为当代服务的因素。或许这依然有些工具论的痕迹，但这也是朱熹理学美学能继续存活下去的基础。当然，我们或许只有回到朱熹思想产生的初衷，才能找到更有价值的思想遗存吧。

第二章 朱子美学的时代背景

经过历史的筛选与洗礼,理学与美学在历史的机缘中也即两宋古文运动中偶遇并逐渐形成互相制约但又共同发展的模式。于是,山水美学不再只是文人墨客手中的"山水画",而是以多种形式(诗、歌、词、乐等)构成的一种人与人之间交流的媒介。正如米切尔所言的那样:

> 风景是以文化为媒介的自然景色。它既是再现的又是呈现的空间,既是能指(signifier)又是所指(signified),既是框架又是内含,既是真实的地方又是拟境,既是包装又是包装起来的商品。①

山水(风景)显然在宋代成为一种独特的美学文化,这种文化影响着理学世界有序地向前发展,呈现出一种中庸之道。这种中庸的样态约束着理学不至于走向无法挽回的法学式极端之中。于是,我们隐约可以看到在宋明理学家激烈的道德劝导背后,总是暗含着一种陶渊明式的山水情怀。朱熹的山水诗中就常常有这样的表达。比如下面这三首:

> 欲识渊明家,离离疏柳下。中有白云人,良非遁世者。②(《丘子野表兄郊园五咏》)
> 认得渊明千古意,南山经雨更苍然。③(《题郑德辉悠然堂》)

---

① [美]米切尔:《风景与权力》,杨丽、万信琼译,译林出版社2014年版,第5页。
② 《朱子全书》第20册,上海古籍出版社、安徽教育出版社2002年版,第228页。
③ 《朱子全书》第20册,上海古籍出版社、安徽教育出版社2002年版,第352页。

予生千载后，尚友千载前。每寻高士传，独叹渊明贤。①（《陶公醉石归去来馆》）

从这些简单的山水诗，我们看到两宋诗词虽然格式较为单一，却透露出理学家生活中的美学情怀。于是，一个看似奇怪的现象在两宋颇为常见，那就是即使政治立场和学术观点针锋相对的两个人，却依恋着同一种山水情怀，这是很有趣的事情。于是，当我们用今天的视角来观看这段历史时，发现两宋的理学美学在概念与非概念、时间与非时间、空间与非空间的矛盾共存中相互展开，形成了宋朝社会生活的一个独特历史画卷。

第一节 理学美学的背景

两宋儒者讨论的问题常常充满了矛盾，它在一方面呈现确定性，又在另一方面保持着争议性。这里的确定性是指对儒家思想的肯定，这里的纷争性是指儒家本位与工夫次第的争论。因此，无论是颜回与孟子在士大夫心中的亚圣名位之争，还是佛、儒的治世之道之争，抑或是理学家们关于道、理、心、性、仁、情的理解及工夫次第的讨论，都存在着确定与纷争的这种矛盾式的现象。在确定与纷争的矛盾背景下，理学美学在化解矛盾中悄然地发挥着作用。

自周濂溪起，宋明理学家在理学的维度中已经形成了稳定的研究框架，即围绕太极、理、仁、心、性等核心范畴的理学架构。朱熹说：

夫天下无性外之物，而性无不在，此无极、二五所以混融而无间者也，所谓"妙合"者也。"真"以理言，无妄之谓也；"精"以气言，不二之名也。"凝"者，聚也，气聚而成形也。盖性为之主，而阴阳五行为之经纬错综，又各以类凝聚而成形焉。②

---

① 《朱子全书》第20册，上海古籍出版社、安徽教育出版社2002年版，第487页。
② 转引自《周敦颐集》，中华书局1990年版，第5—6页。

张载在《正蒙》里指出：

> 性者万物之一源，非有我之得私也。……天所性者通极于道，气之昏明不足以蔽之；天所命者通极于性，遇之吉凶不足以戕之；不免乎蔽之戕之者，未之学也。性通乎气之外，命行乎气之内，气无内外，假有形而言尔。故思知人不可不知天，尽其性然后能至于命。①

二程对此论述得更为详尽。除了大量的叙述外，《河南程氏粹言》有专门的《心性篇》供后学参考，在此不必多言。南宋朱熹、陆九渊、陈亮等人，围绕心性等理学主题的论述更是举不胜举。在此也不须赘言。观此种种，可知在两宋时期，理学议题是以确定的方式存在的。这种情况的形成原因很多，但以下两个原因尤其重要：一是佛教在"援儒卫释"活动中对儒家的刺激；二是孟子在两宋的升格运动。

"援儒卫释"运动是指佛教发展到北宋时期出现的式微现象，引起了以孤山智圆、大慧宗杲、明教契嵩为主导的护教运动。孤山智圆曾说自己"内藏儒志气，外假佛衣裳"②。为宗杲主丧的罗公旦说："（宗杲）并孔老以为言，混三教而一致。"③钱穆也指出："契嵩治学著书之主要宗旨，则在援儒卫释。其思想理论，多可与后起理学家言相呼应。"④这个运动中佛教人士对儒家"领地"的"入侵"，引起了北宋孙复等早期儒家的抗争。在历经一百余年的儒佛之争的背景中，最终两宋理学家确立了《中庸》与《孟子》在理学世界中的核心地位。自此，心性问题得以稳定下来。

在这样的大背景下，由韩愈揭开孟子升格运动的序幕，他说："故愈尝推尊孟子，以为功不在禹下者为此也。"⑤他认为："孔子之徒没，尊圣人者，孟氏而已。"⑥但"孟子虽贤圣，不得位，空言无施，虽切何补"⑦。

---

① 《张载集》，中华书局2017年版，第21页。
② 智圆：《闲居编》卷十九，《卍续藏经》第101册，第102页上。
③ 宗杲：《大慧禅师禅宗杂毒海》，卷下，《卍续藏经》第121册，第42页上。
④ 钱穆：《中国学术思想史论丛》第五册，九州出版社2011年版，第109页。
⑤ 《韩昌黎全集校注》第三卷《与孟尚书书》，台北：世界书局2002年版，第225页。
⑥ 《韩昌黎全集校注》第一卷《读荀》，台北：世界书局2002年版，第36页。
⑦ 《韩昌黎全集校注》第三卷《与孟尚书书》，台北：世界书局2002年版，第225页。

于是，关于孟子儒学地位的讨论就拉开了序幕。韩愈之后，他的学生李翱也推动升格孟子的儒学地位。他说："孔氏云远，杨朱恣行，孟轲拒之，乃坏于成。戎风混华，异学魁横，兄（指韩愈）尝辨之，孔道益明。"①皮日休在韩、李之后继续推进了孟子在儒家内部的升格运动，他称："孟子又迭踵孔圣而赞其道。"②皮日休曾上书朝廷说："圣人之道，不过乎经；经之降者，不过乎史；史之降者，不过乎子；子不异乎道者，孟子也。"③进入宋朝后，宋初的柳开、范仲淹将尊孟思想继续发扬光大。欧阳修提出："孔子之后，唯孟轲最知道。"④在柳开、欧阳修等人的促进下，发展到孙复、石介的时候，孟子思想在儒家思想中到达了一个新的高峰。孙复曾说："孔子既没，千古之下，攘邪怪之说，夷奇险之行，夹辅我圣人之道者多矣。而孟子为之首，故其功巨。"⑤石介也说："孔子既没，微言遂绝。杨、墨之徒，榛塞正路。孟子正人心，息邪说，距诐行，放淫辞，以辟杨、墨。"⑥众多北宋大儒为孟子站位，让孟子逐渐由儒学的边缘，来到了儒学的中心，代替颜回而成了新的"亚圣"。到孔子第三十五世孙孔道辅时，他再次为孟子儒学地位的巩固提供了证明。他说："诸儒之有功于圣门者，无先于孟子。"⑦除此之外，他还在孔子家庙中立了供奉孟子、荀子、扬雄、王通、韩愈五人的"五贤堂"，并立"像而祠之"。于是，孟子得到孔门后人的承认，正式以亚圣的姿态出现在两宋理学家的面前。自此之后，北宋二程、张横渠和王安石，继续在"孟子"的升格运动中发挥着巨大的作用，将孟子的思想稳稳地确定在两宋理学讨论的核心之中。

孟子思想的核心主要以心性为主，这也构成两宋理学思想的核心。自

---

① 董诰等编纂：《钦定全唐书》第十三《祭吏部韩侍郎文》，台北：文海出版社1972年版，第8210页下。
② 皮日休：《皮子文薮》卷四《文中子碑》，中华书局1959年版，第38页。
③ 皮日休：《皮子文薮》卷九《请孟子为学科书》，中华书局1959年版，第95—96页。
④ 《欧阳修全集·居士外集》卷十六，台北：世界书局1991年版，第482页。
⑤ 孙复：《孙明复小集·兖州邹县建孟庙记》，载王云五主编《四库全书珍本八集》，1978年版，第33页。
⑥ 石介：《徂徕石先生文集》卷十四《与士建中秀才书》，中华书局1984年版，第162—163页。
⑦ 孙复：《孙明复小集·兖州邹县建孟庙记》，载王云五主编《四库全书珍本八集》，1978年版，第34页。

此，《中庸》《孟子》被理学家普遍接受，两宋的理学思考主题也基本确定完成。虽然后世学者围绕心性问题而展开了工夫论的论争，如朱（熹）陆（九渊）之争、朱（熹）陈（亮）之争，但究其根本，心性为核心的主题并没有发生动摇。这是两宋美学发展的基础。

第二节　理学美学兴起

理学和美学在北宋的结合，与"庆历新政"①有一定的关联。可以说，"诗文革新运动是'庆历新政'在文学、美学领域的自然延伸，美学上的新变是整个政治、文化变革的一部分"②。在一时期，高涨的济世热情和对国事民生的关怀，演化成经世致用的审美思潮。在同一时期，儒学的复古运动也开始弘扬道义，胡瑗、孙复、石介、李觏、范仲淹、欧阳修等，开始抨击浮华文风。北宋中期，为了"适应儒学尊道宗经的需要，在美学领域里也出现了一股经世致用思潮，这就是自觉地要求文艺为政治改革和社会改革服务，摆脱宋初孱弱无力的文风"③。于是，文道关系成为理学美学形成的萌芽。

孙复提倡"文为道用"，他指出："夫文者，道之用也；道者，教之本也。"④范仲淹主张"文质相救"，他指出："文弊则救之以质，质弊则救之以文。质弊而不救，则晦而不彰；文弊而不救，则华而将落。"⑤在文道关系上，论述更为精细的为欧阳修，他认为文应该"为道"，而言应该"载事"，这就能防止以文士自居者"弃百事不关于心"，脱离现实的现象。⑥

---

① 庆历新政是中国北宋宋仁宗庆历（1041—1048）年间进行的改革。庆历三年（1043），范仲淹、富弼、韩琦、杜衍同时执政，欧阳修、蔡襄、王素、余靖同为谏官。范仲淹向仁宗上《答手诏条陈十事疏》，提出"明黜陟、抑侥幸、精贡举、择官长、均公田、厚农桑、修武备、减徭役、覃恩信、重命令"10项以整顿吏治为中心的改革主张。欧阳修等人也纷纷上疏言事。仁宗采纳了大部分意见，施行新政。诏中书、枢密院同选诸路转运使和提点刑狱；规定官员必须按时考核政绩，以其政绩好坏分别升降。规定地方官职田之数。庆历四年（1044），更定科举法。
② 吴中杰主编：《中国古代审美文化论》第一卷，上海古籍出版社2003年版，第284页。
③ 吴中杰主编：《中国古代审美文化论》第一卷，上海古籍出版社2003年版，第284页。
④ 孙复：《孙明复小集·答张洞书》，载王云主编《四库全书珍本八集》，1978年版，第31页。
⑤ 范仲淹：《范文正集》卷七，载《四部丛刊》集部，台北：商务印书馆1979年版，第58页。
⑥ 吴中杰主编：《中国古代审美文化论》第一卷，上海古籍出版社2003年版，第286页。

第二章 朱子美学的时代背景

这也就是说,欧阳修强调的是把"为道""事信"和"文饰"三者结合起来。他曾说过:"诗之作也,触事感物,文之以言,善者美之,恶者刺之,以发其揄扬怨愤于口,道其哀乐喜怒于心,此诗人之意也。"①

李明生指出:

> (宋初)儒学运动与美学思潮呈现出双起双落的现象。北宋初期是儒学的复苏时期,而这时的美学思潮也处于酝酿阶段。北宋中期属于儒学的创立阶段,涌现出以范、欧为首的庆历时代的知识群体,他们在政治变革、尊道宗经、排斥佛道以及科举改制方面齐头并进,相互阐发,为儒学高潮的到来奠定了思想和理论基础。与之相适应,美学领域内的诗文革新运动也随之而起,并直接促成了宋代审美思潮的初兴。②

于是,我们可以看出,宋代理学的兴趣与美学的发展,形似两源,实为一流。

北宋中后期是儒家思想发展的一个高峰,周、张、二程的思想在这一时期受到了广泛的关注。与此同时,"宋代美学发展到一个较为成熟的阶段"③。李明生指出,相对于外拓型审美思潮,"内敛型审美思潮则得到了长足的发展,蔚为大观,成为北宋中后期审美思潮的主流形态"④。这种主流形态"主要是通过心性为本的理学美学、性命自得的苏轼美学和尚意重趣的书画美学得以体现的"⑤。也就是说,从这一时期开始,"审美思潮发生重大转向,审美风气逐渐向内转,从人的内在心性上去探寻美的生成根源"⑥。对这一时期美学的理解,徐复观将李明生这

---

① 欧阳修:《诗本义》卷十四,载徐乾学等辑,纳兰成德校刊《通志堂经解》第16册,台北:大通书局1969年版,第9199页。
② 吴中杰主编:《中国古代审美文化论》第一卷,上海古籍出版社2003年版,第289页。
③ 吴中杰主编:《中国古代审美文化论》第一卷,上海古籍出版社2003年版,第296页。
④ 吴中杰主编:《中国古代审美文化论》第一卷,上海古籍出版社2003年版,第296页。
⑤ 吴中杰主编:《中国古代审美文化论》第一卷,上海古籍出版社2003年版,第296页。
⑥ 吴中杰主编:《中国古代审美文化论》第一卷,上海古籍出版社2003年版,第296页。

里谈到的北宋"人的内在心性"理解为"庄学的意境"①,明显是有待商榷的。

北宋的美学中,极大重视对人性本身的探求和发觉,这种探求与发觉与庄子心斋坐忘式的美的理论明显有巨大的差距。即使在山水诗及美学方面,儒家的复兴与禅宗的"援儒卫释",都不会允许在两宋时期出现魏晋玄学式,或者是老庄思想式的纯粹超越的美学精神。同时,魏晋玄学式的"情"的美学思想在两宋时期应该也基本宣告完结,而代之以以心性为主的内在省觉。李明生指出:"从'情'到'性'的转移,预示着审美的视角不再以追求客观外物的摹拟和激荡的情感喷涌为主要对象,取而代之的是更加注重审美主体内在心性的反省与体悟。"②这种变化导致了人们"建立起以心性为本的审美逻辑,从个人内在心灵世界的证悟中去寻找精神超越的审美途径,从性命自得和内养其心的审美体悟中求得某种审美愉悦和自由心境"③。于是,"穷理尽性以至于命"④的理学美学本原论思想,也逐渐凸显出来。

程伊川在《颜子所好何学论》中指出,颜子所乐何事,不过是"正其心,养其性而已"⑤。也就是说,在这里,"乐"即为正心养性。李明生认为:"程颐在这里等于说,美的本原在于人的心性,美是通过正心养性所获得的关于宇宙人生的精神体验,虽然其中不乏理智思考的因素,但它最终是以直觉体验为核心的,是对单纯理性认识的超越。"⑥除此之外,周敦颐关于颜子之乐的"见其大则心泰,心泰则无不足"⑦,及张横渠的"诚善于心之谓信,充内形外之谓美,塞乎天地之谓大,大能成性之谓圣,天地同流、阴阳不测之谓神"⑧及"大其心则能体天下之物"⑨,这里面的"大、圣、

---

① 徐复观:《中国艺术精神》,台北:学生书局1966年版,第357页。
② 吴中杰主编:《中国古代审美文化论》第一卷,上海古籍出版社2003年版,第297页。
③ 吴中杰主编:《中国古代审美文化论》第一卷,上海古籍出版社2003年版,第297页。
④ 《张载集》,中华书局1978年版,第234页。
⑤ 《二程集》,中华书局1981年版,第577页。
⑥ 吴中杰主编:《中国古代审美文化论》第一卷,上海古籍出版社2003年版,第297—298页。
⑦ 《周敦颐集》,中华书局1990版,第33页。
⑧ 《张载集》,中华书局1978年版,第27页。
⑨ 《张载集》,中华书局1978年版,第24页。

神都具有一定的美学意味,是因为在某种意义上它们都是通过自我体验而达到同天人、合内外的精神境界的"①。

北宋美学发展到南宋,经世致用的美学思想被其继承,甚至"经世致用思潮仍是这一时期美学思想发展的一条主要线索"②。李明生指出:

> 理学的功利性是间接的,即通过高度自觉的道德体认与培育,挽狂澜于既倒,使社会人心归于正途。"内圣"最终是要通向"外王"的。所以说,理学家虽然反对言谈功利,卑视事功,但关注的却是大功利、大事功。他们认为治世应以"正人心"为本。朱熹主张正君心,立纲纪,厉风俗。而要做到这一点,就必须"以仁义为心,而不以功利为急"。朱熹是想通过心性道德的提倡,达到"外王"的目的,把自然、社会、人心统一于"仁义礼智"。③

他进一步指出:"文道合一是朱熹文艺观的核心,但这种统一不像古文家那样统一于文,而是统一于道。就道而言,文是道的体现,'文便是道';就文而言,道是文的'根本'。"④这也就是朱熹所提倡的"故即文以讲道,则文与道两得而一以贯之,否则亦将两失之矣"⑤。所以从这个角度上说,"文道兼得是朱熹处理文道关系的基本思想"⑥。

清晰了这个思想脉络,朱熹理学美学的主旨思想便呼之欲出:"朱熹在评价文学创作时既重视作品的道德内涵,即善(道);也不忽视文学形式的美感作用,即美(文)。"⑦于是,我们将朱熹理学美学的构成背景与思想发展,至此梳理清楚。但是,相对于庄子美学、北宋古文运动时期的美学及北宋理学家的美学思想,朱熹的理学美学思想有着一定的特色,这一点也不能被我们忽视。

---

① 吴中杰主编:《中国古代审美文化论》第一卷,上海古籍出版社2003年版,第299页。
② 吴中杰主编:《中国古代审美文化论》第一卷,上海古籍出版社2003年版,第321页。
③ 吴中杰主编:《中国古代审美文化论》第一卷,上海古籍出版社2003年版,第321页。
④ 吴中杰主编:《中国古代审美文化论》第一卷,上海古籍出版社2003年版,第321页。
⑤ 《朱子全书》第21册,上海古籍出版社、安徽教育出版社2002年版,第1305页。
⑥ 吴中杰主编:《中国古代审美文化论》第一卷,上海古籍出版社2003年版,第321页。
⑦ 吴中杰主编:《中国古代审美文化论》第一卷,上海古籍出版社2003年版,第321—322页。

第三节　理学美学的作用

两宋理学的稳定固然为社会发展带来了人心的安宁，但严格的道德律令也使人们在日常生活中出现诸多问题。在内忧外患共同挤压的时代，道德律令的劝导显然是无法为人们所普遍接受的。即使是主张这个律令的理学家本人，也需要寻找释放压力的阀门。其中，宗教与美学成为这个"阀门"产生的主要方向。相对于理学所给予的确定性，宗教与美学的开放空间更易为人接受。这也是两宋时期多道观与寺庙的原因。[①]二程的诸多门人都有近禅的倾向，就可以说明这个问题。如朱熹所言："程门高弟如谢上蔡游定夫杨龟山辈，下梢皆入禅学去。"[②]但这条路径显然不被认为是理学家坚持的正轨。后世理学家对佛、道的排斥，也说明这条路径对理学发展多有干扰，无法被朱熹等人正式承认。

相反，美学则是宋代理学们乐此不疲的追求。但是需要指明的是，宋代美学的诸多概念多是当代学者赋予的，我们在宋代的文本中只能找到一些蛛丝马迹。如果说确实存在一个可指的名称，那最多也只能说是一种观念。以中国的姓名称呼来举例，宋代的美学观念只能是它含有的"字"，而不是真"名"。它只是一种代称，而不是一种实有。在这里，为了避免出现滑落到其他讨论路径的风险，我们对语言哲学的逻辑就谈至于此。之所以强调这个面向，意在说明宋代美学的产生与产展，是在一个无概念的世界中存在的。它相对于今天学术研究中的概念系统，范围更宽，限制更少。仅此而已。

两宋美学是一种无确定性的存在。在这一点上它与两宋的理学构成一套相反的逻辑。两宋理学主张以"道德律令"的样式让人遵守，而两宋

[①] 牟振宇指出，仅临安南山区就有 60 所佛寺，西北区有佛寺 22 所，北山区有佛寺 13 所。他认为，南宋寺庙的特点为，一是寺庙布局分散；二是有大量的功ါ庙；三是分布广泛，但又相对集中在几个区域内。除了佛寺，道观的规模和影响力也不可忽视。南宋的道观分布有如下特征：一集中分布在靠近大内或官府的要害之地或者环境尤佳的西湖孤山；二有鲜明的方位性，以太乙宫为例，城内的位于西北方向与城外的西南方向遥相呼应。参见牟振宇《南宋临安城寺庙分布研究》，《杭州师范大学学报》（社会科学版）2008 年第 1 期。

[②] 黎靖德编：《朱子语类》，中华书局 1994 年版，第 2556 页。

美学（主要指儒家）则偏向于"从心所欲不逾矩"的自由自在。前者的理学论述中，仁、心、性、理是不可撼动的理学主体，存在不可动摇的确定性；而后者则无所主张。无论是"文从道出"，还是"达意得理"，都无一个稳定的存在。两宋文人追求美学的愉悦，无论是苏轼在《书黄子思诗集后》[①]中提倡诗歌的远韵，还是黄庭坚"欲命物之意审"[②]的追求，或是朱熹对山水美学的迷恋，都是一种无确定性的美学追求。

包弼德在《斯文：唐宋思想的转型》中曾指出，苏轼在为《易》《书》《论语》做注中曾得出了以下的结论："个人能够学会创造性地，然则也是负责任地对一个变化的世界作出反应。用苏轼的话来讲，他是在解释做一个圣人意味着什么。"[③]这已经不再是确定的理学思维，而是一种美学思维。

由上可知，两宋美学虽真实存在，却没有严格意义的概念存在。只是作为研究的需要，被当代学者赋予一定数量的"概念"（如韵、意等）而加以说明。理学的确定与美学的不确定并不能说明两宋理学的发展有远超美学的趋势，实际上二者亦步亦趋，难以分离。理学构成了两宋文人思想理论发展的主干，而美学则构成了两宋文人追求生活的泄压阀。二者构成了两宋社会发展的两个主要面向。

徐复观指出：

宋代专门论画的书，除郭熙的《林泉高致》外，其著名者，尚有米芾的《画史》，郭若虚的《图画见闻志》，韩拙的《山水纯全集》，蔡京蔡卞所编的《宣和画谱》及南宋邓椿的《画继》，李澄叟的《画

---

① 原文为："至于诗亦然。苏、李之天成，曹、刘之自得，陶、谢之超然，盖亦至矣。而李太白、杜子美以英玮绝世之姿，凌跨百代，古今诗人尽废，然魏、晋以来，高风绝尘，亦少衰矣。李、杜之后，诗人继作，虽间有远韵，而才不逮意。独韦应物、柳宗元，发纤秾于简古，寄至味于澹泊，非余子所及也。唐末司空图，崎岖兵乱之间，而诗文高雅，犹有承平之遗风。其诗论曰：'梅止于酸，盐止于咸。'饮食不可无盐、梅，而其美常在咸、酸之外。"《苏轼文集》，中华书局1986年版，第2124页。

② 原话为："沙丘之相，至物色牝牡而丧其见。白于画类之。以观物得其意审，故能精若比。鲁直曰，吾不能知画，而知吾事诗如画。欲命物之意审。以吾事言之，凡天下之名知日者，莫我也。"《鸡肋集》卷三十，转引自徐复观《中国艺术精神》，台北：学生书局1966年版，第375页。

③ ［美］包弼德:《斯文：唐宋思想的转型》，刘宁译，江苏人民出版社2000年版，第296页。

山水诀》。米芾自标逸格,独辟蹊径,而持论甚俭,亦甚偏。邓椿谓"元章心眼高妙,而立论有过中处",诚为确论。《图画见闻志》,《宣和画谱》及《画继》,为研究画史的主要资料;但郭若虚及邓椿,在画论上无所发明。《宣和画谱》,叙述比较详明,而选择则已挟有党人私见。《画继》卷第九《论远》项下谓"至徽宗专尚法度,乃以神、逸、妙、能为次",徽宗本人,所重者实为能格及彩色,此因其地位使然。京下二人,希旨著书,议论略无特见。韩拙"山水纯全"之名,至有意义;然其内容已开后人论画者转相抄袭之风。李澄叟的《画山水诀》,实亦抄袭成篇,未见精诣。所以在这里只好略去;转而注意到一群文人所涉及的画论。①

徐复观在这里的总结,一是印证了两宋美学存在之真,二是点明了文人画论成为这一时代的主题。他进而指出:

> 不仅山水画到了北宋,已普及于一般文人;并且北宋以欧阳修(永叔·一〇〇七——〇七二)为中心的古文运动,与当时的山水画,亦有其冥符默契,因而更易引起文人对画的爱好;而文人无形中将其文学观点转用到论画上面,也规定了尔后绘画发展的方向。②

因此,两宋美学在古文运动的促动下,影响着两宋文学和理学的发展,这也就不是什么奇怪的事情了。我们在这种思维下可以猜想的到,儒家文人在追求成圣成贤之道的路上,道德的崇高要求与美学的愉悦情感,是他们无法回避的一体两面。坚持道德崇高至上却不愿以美的生活来做出缓解的理学劝导,也注定无法拥有一个合适的未来。当我们用这种视角来审视南宋的朱熹时,发现他的以心性为主的理学法则与文从道出的山水情怀,正是在这种环境中慢慢形成的。下面,我们不妨将朱熹的两个文本放在一起对比,其意可现。

---

① 徐复观:《中国艺术精神》,台北:学生书局1966年版,第353页。
② 徐复观:《中国艺术精神》,台北:学生书局1966年版,第354页。

第二章 朱子美学的时代背景

文本一:

　　凡事不可先有个利心,才说着利,必害于义。圣人做处,只向义边做。然义未尝不利,但不可先说道利,不可先有求利之心。盖缘本来道理只有一个仁义,更无别物事。义是事事合宜。①(《孟子一》)

文本二:

　　持身乏古节,寸禄久栖迟。暂寄灵山寺,空吟招隐诗。读书清磬外,看雨暮钟时。渐喜凉秋近,沧洲去有期。②(《梵天观雨》)

　　朱熹在这两个文本中的叙述风格完全不同。在对待理学问题时,他表现得异常严谨,而在对待美学问题时,他表现出心情逸然的气象,并用诗的形式抒发自己的内心想法。两个模式构成了朱熹真实的生活世界,也是两宋文人呈现出来的真实生活世界。

　　两宋思想中,理学问题成为士大夫讨论的显学,此为明;而美学问题只以隐藏的方式伴随着士大夫阶层,此为暗。两宋的儒学思想发展正是围绕着这两种思潮而发展。两宋文人显、隐的阴阳观思想是根深蒂固的,它存在于并呈现于生活的方方面面,在宋代的思想构成中起着十分重要的作用。宋代阴阳观常常伴随着一种务实的倾向,主要体现在宋代士大夫对生活本身的关注与对国家兴亡的关怀。从某种程度上来说,理学与美学就构成了北宋文人的阴阳两面。当代学者中老一辈学者针对宋代理学与美学这两种不同的取向,经常选取其一进行研究。如牟宗三等利用康德哲学挖掘出宋明理学中的义理方面,突出宋明理学在伦理学发展中的价值与意义。此为宋明理学的显学部分。关于宋明理学的"显"因老一辈学者的影响,加以史料充足,在宋明理学的理论研究中大放异彩,涌现出

---

① 黎靖德编:《朱子语类》,中华书局1994年版,第1218页。
② 《朱子全书》第20册,上海古籍出版社、安徽教育出版社2002年版,第276页。

朱熹美学研究

许多传世之作。

可惜的是,对宋明理学的"隐"的部分,也就是美学部分,往往多由海外汉学家率先触碰。以朱子学研究为例,由于黎靖德在编排《朱子语类》时将《理气》放置最前,将《论文》放置最后,往往引起后来学者关注的是第一篇《理气上》。这一点,在劳思光等学者编撰的中国哲史学系列里均有体现。于是,朱子学在这种研究背景下由理学与美学的双重模式,演变成以理学为主的单向度的存在。这是需要被纠正的。实际上,理学思想以心、性、理的外显,暗含着情、意、韵的约束,使两宋儒家维持在践行中庸的路线上。这也导致了朱熹在建构四书体系时,将《大学》放其首,将《中庸》放其末的篇幅安排。

两宋的山水美学是对其理学思想的一个有效补充。它的存在化解了儒家时刻坚守君子人格的时空压迫感,维持了儒家时时"求放心"的价值追求。因此,对"从心所欲不逾矩"和"意韵"的追求,既解决了时时紧绷的儒家理学思想的束缚,又将时时需要警醒的儒家思想牢记在心。这才是两宋儒家的真实心理形态,而不是单纯的宗教式的"道德律令"。因此,以康德学的角度来解释两宋儒学(特别是朱子学)并没有什么不妥,但不能只局限于《纯粹理性批判》和《实践理性批判》中关于概念和道德这两个维度,而需要加上《判断力批判》中美的崇高、愉悦等美学因素,方能将两宋儒学的矛盾揭示清楚。张立文指出:

> 美学的意境既超越又内在。它超越于一定的人、物、情、景,又内在于人、物、情、景。不超越何以营造、创生意境?不内在何以有生命情调?情与景的融突和合,既激发出最深的情,也透入最美的景。情是心灵的透射,景是心灵的投影。这样,景是情之景,情是景之情。犹如"天地絪缊,万物化醇"。一个崭新的意象,美妙的新境,呈现在人世之前。这便是"外师造化,中得心源"的创现。①

---

① 转引自潘立勇《朱子理学美学》,东方出版社1999年版,序第3页。

第二章　朱子美学的时代背景

张立文这里点明了美学的作用，也从侧面反映了美学对理学严格性的纠正和升华。两宋儒家构建了严密且紧凑的理学工夫进路，势必需要有美学的润滑剂与泄压阀才能有效地展开。否则，儒家理学思想极有堕落入法家思想的可能，而这是两宋儒家一直所坚持又时刻警醒的方面。

小　结

两宋儒家理学思想的严格性特征，造成了当代学者对两宋理学解读中有偏向法家的趋向，这种现象在明清之际也多有表现，如戴震等学者的批判。实际上，两宋儒者在严格追求性、理、仁的基础上，还存在着美学思想的惬意与释放。这一美学面向在近代学者的研究中多被边缘化甚至被忽略，却在海外汉学中得到足够的重视并反哺于我们对宋代儒家的研究。米切尔、朱利安等人的汉学理论，在一定程度上弥补了中国近代研究中存在的缺口，这值得我们进一步研究。美学视角对阴阳观念的注重，掀开了两宋时期被理学掩盖下的阴阳观。这种阴阳观以理学的显性存在和美学的隐性存在相互牵制和约束，形成了两宋儒家思想上的中庸之态。这种中庸之态，以和合之美存续于两宋的历史发展进程中，成为研究两宋儒家的一个基石。这就要求我们要保持适当的警觉，避免将儒家理学思想滑落到法家思维的研究范式之中。这一点尤为重要。

两宋儒家的理学美学与两宋的理学美学颇多相似之处，在一定语境中二者甚至可以等同。前者的范围虽要远大于后者，但后者往往是前者的讨论主体。这就如同宋明儒学与宋明理学，差别并不是很大。潘立勇指出：

> 理学美学不仅仅是指理学家的文艺或美学思想，而是指既继承了儒家美学的以"仁"为立论基础和指归的美学传统，又超越了传统儒家美学的"仁学"视界，吸取了道家美学和佛家美学的本体论思想和思辨因素，有别于传统儒家美学的独立美学形态。[①]

[①] 潘立勇：《朱子理学美学》，东方出版社1999年版，第3页。

潘立勇这里的解读点明了两宋儒家理学美学的思想实质，也点明了两宋美学的一个典型特征——超越。这种超越不仅仅是对物之形的超越，也是对概念本身的超越。因此，我们在研究宋代理学美学时，不能用概念的方法进行述说，只能借助描绘的"观念指称"来加以论述。这种"描述"不是对世界本身的"看见"或"体察"，它更是一种感悟和欣赏。其中，概念本身可以作为一个沟通的媒介，但它本身不是两宋美学研究的主要内容和目标指向。两宋美学中对理学的超越，也是这样一种体验。它不是要求世人"命令式"地必须成为君子，而是感受"君子人格"带来的愉悦，即一种君子美学的良好体验，进而达到孔子设想的"从心所欲不逾矩"的境界。

但这种超越却不等同于佛教的顿悟和道家的离世，而是一种"在世"中的超越情感。因此，两宋美学不是劝人离群索居，也不是要孤芳自赏，而是在一种理学的框架下达到一种人为的自在。这里的核心依然是人与人的关系，但这种关系是一种和合状态。这构成了两宋儒家对世界的真实追求。

第三章　朱子美学的理论源起

现代的宋代美学研究常呈现出一种以道家为主的特征，这与徐复观的影响不无关系。徐复观对中国艺术精神的理解中，基本将儒家美学与佛教美学，判定为道家美学（主要是庄子美学）。由于他在华语世界中具有较大影响，他的美学思想一度成为部分学者研究中国古代美学，特别是宋代美学的立论依据。然而，徐复观对宋代美学的理解是有一定偏见的，这种偏见主要表现为他对庄子美学的过分强调，对理学美学这个面向过于漠视。因此，这种偏见导致了他对宋代美学的曲解，他直接跳过朱子美学，引起了广大学者的批评。伴随着近些年来学者对理学美学思想的关注和挖掘，理学美学逐渐回到广大学者的视野之中。当然，这仍然需要做大量的工作。接下来我们要做的就是，对徐复观的美学观点进行剖析，对朱熹等人的文献进行整理。这样，关于宋代美学只为庄子美学的偏见才有望被修正过来。

第一节　两宋的美学特征

劳思光曾说过："道家之说，显一观赏自由。内不能成德行，外不能成文化，然其游心利害成败以外，乃独能成就艺术。"[①] 劳思光的评判未必可信，却道出了艺术与道家的密切联系。这从侧面响应了徐复观对中国艺术精神的理解，特别是其关于"宋代的文人画论"精神的理解。徐复观是

---

① 劳思光：《新编中国哲学史（一）》，台北：三民书局2005年版，第275页。

从儒家、道家和禅宗三个方面来研究宋代的文人画论精神，尤其是北宋的文人画论精神。在徐复观的理论中，他认为宋代文人画论的研究应以苏轼为中心，画论精神的要点集中在苏轼的"要妙""象外"之上。他将苏轼诠释成庄学美学的典型代表，并由此认为苏轼代表的庄学才是宋代的真正艺术精神。徐复观的这种判定，对后世研究画论的学者影响较大。在这种思想背景下，徐复观进一步指出，儒家与禅宗不能构成宋朝画论的理论基础。他的理由如下，一是具有儒家特征的欧阳修是"名儒实庄"。他在古文运动中提倡儒家务实思想，在艺术领域中却表现为庄学的意境。二是禅宗参禅识画的画论工夫并不可取，因为这种工夫只指出了画论的虚、静、明的心。在徐复观的理论中，只有在庄学思想下才存在艺术。于是，我们可将徐复观宋代艺术精神的观点概括为"三教归庄"。

潘立勇指出，宋朝艺术总的趋势和风貌是："在审美旨趣上，由外向狂放转向了内敛深沉；在审美创造的视角上，由更多地关注和表现情景交融的山水境界，转向更多地关注和抒写性情寄托的人生气象；在美学境界上，由兴象、意境的追求转向逸品、韵味的崇尚，'境生于象'的探讨逐渐转向'味归于淡'的品析。"① 以上这些基本可以概括宋朝画论的主要特征。同时这些也代表儒家的理学美学的主要特征。

徐复观本人并不排斥儒家思想对艺术的影响这个面向。他指出："古文运动，与当时的山水画，亦有其冥符默契，因而更易引起文人对画的爱好；而文人无形中将其文学观点转用到论画上面，也规定了尔后绘画发展的方向。"② 古文运动"将北宋的文艺审美创作引向了正确的轨道"③。在这一点上，文与画进行了有机的结合，文学观点转用到论事上面。

徐复观认为："宋代的古文运动，实收功于欧阳修。"欧阳修的诗文特色为"雍容、平易，而意境深邃"，除此之外，"重视内容，并重视内容与形式的谐和"，也是他的一大特色。至此，在艺术形式上，"摆脱骈丽四六余习，以平实代险怪，以跌宕气味代词藻的铺陈"。欧阳修的改革，与"山

---

① 潘立勇等编：《中国美学通史·宋金元卷》，江苏人民出版社 2014 年版，第 17 页。
② 徐复观：《中国艺术精神》，台北：学生书局 1966 年版，第 354 页。
③ 潘立勇等编：《中国美学通史·宋金元卷》，江苏人民出版社 2014 年版，第 77 页。

水画中的三远（平远、深远、高远）"相通，这奠定了北宋书画的基本框架。徐复观指出："自欧阳修起的一群文人，由其对诗文的修养以鉴赏当时流行的山水画，常有其独到之处，并曾沾溉到以后的画论。"这些文人中直接从事于画的创作的人，开创了文人画的流派。[①]

他借梅尧臣的评价指出欧阳修的"萧条淡泊"[②]乃"庄学的意境"[③]；同时指出欧阳修的诗画之理"不是当时理学家所说的伦理物理之理"[④]，即他的画论追求的"常理"与儒家无关。他的这种判准明显有扩大欧阳修庄学影响的嫌疑。

实际上，通过上面的爬梳，我们明显看到欧阳修具有理学美学的特征。为了将这个问题梳理清楚，我们不妨借助潘立勇对理学美学的界定："理学美学……是指既继承了儒家美学的以'仁'为立论基础和指归的美学传统，又超越了传统儒家美学的'仁学'视界，吸取了道家美学和佛家美学的本体论思想和思辨因素，有别于传统儒家美学的独立美学形态。"[⑤]也就是说，实际上徐复观指出的欧阳修笔下的"庄学的意境"，或许我们把它理解为欧阳修的画论思想中具有"庄学的因素"或"庄学的部分"可能更为妥帖。

当然，在欧阳修生活的北宋时代，儒学的复兴还刚刚启蒙，我们无法寻找到欧阳修是儒家的确切证据，但我们在他身上可以随处捕捉到儒家的印记。无怪乎汉学家艾朗诺（Ronald Egan）在阅读他的文本后，把他当成一个儒家君子。[⑥]类似的情况其实很多。如郭熙的《林泉高致》，米芾、郭若虚、韩拙等人的论画中体现的思想，同样存在着佛道儒杂糅不清的现象。不过，可以肯定的是，北宋这些画论的一个突出特点是"文人的画论"，这与以往很不相同。文人与画的结合，使画摆脱了"纯形"的枯燥，多了一层"形"后的"意"之"情"；而画与文人的结合，使文人摆脱了

---

① 徐复观：《中国艺术精神》，台北：学生书局1966年版，第355—356页。
② 徐复观：《中国艺术精神》，台北：学生书局1966年版，第356页。
③ 徐复观：《中国艺术精神》，台北：学生书局1966年版，第357页。
④ 徐复观：《中国艺术精神》，台北：学生书局1966年版，第359页。
⑤ 潘立勇：《朱子理学美学》，东方出版社1999年版，第3页。
⑥ ［美］艾朗诺：《美的焦虑：北宋士大夫的审美思想与追求》，刘鹏、潘玉涛译，郭勉愈校，上海古籍出版社2013年版，第205页。

"思想表达"的窘迫,如"书者文之极也"①。因此,我们说,徐复观将这一时期的画论思想只理解为"庄学的意境",明显是有偏爱的嫌疑。

黄庭坚(字鲁直,自号山谷道人)的画论不同于北宋审美理论中的老庄思想倾向,他开辟出一条由"参禅而识画"的路径。徐复观认为,黄庭坚的"参禅而识画"只是表面现象,而实际上则是"在参禅之过程中,达到了庄学的境界,以庄学而知画,并非真以禅而识画"。他的理由有三:一是禅学与庄学有相同的面向,如"老庄之所谓纯,所谓朴;这也是禅与庄相同的";二是庄子以镜喻心,禅家亦以镜喻心;三是庄与禅的相同只是全部工夫历程中中间的一段,所以在"归结上便完全各人走各人的路"。②这是徐复观对禅与庄的艺术精神的判定。他之所以做出如此的判定,还是因为坚持他对北宋艺术审美要具有"生命意义"这个标准。

因此,他在讨论禅与庄的区别时,常以生命作为标准。如他所说,庄学是想得到精神上的自由解放,使人能生存得更有意义,更为喜悦;只想从世俗中得解脱,从成见私欲中求解脱,并非否定生命,并非要求从生命中求解脱。而禅宗"最根本的动机,是以人生为苦谛;最根本的要求,是否定生命,从生命中求解脱"③。于是,从"生命"这个标准来看,禅宗明显已经"过之"。徐复观指出:"由庄学再向上一关,便是禅;此处安放不下艺术,安放不下山水画。而在向上一关时,山水、绘画,皆成为障蔽。"④

徐复观的判断是十分严厉的,他几乎从根本上否定了禅对艺术的作用,基本可以得出"禅学无艺术,艺术离禅学"的结论,这自然显得有些独断。他认为:"禅不能画,又何从由此而识画。"他进一步指出:"庄学,此处正是艺术的根源,尤其是山水画的根源。"⑤至此,进一步重申了他在艺术审美领域中"三教归庄"的思想。

徐复观认为黄庭坚的诗是"欲命物之意审"。那么,什么是"欲命物

---

① 徐复观:《中国艺术精神》,台北:学生书局1966年版,第353页。
② 徐复观:《中国艺术精神》,台北:学生书局1966年版,第372页。
③ 徐复观:《中国艺术精神》,台北:学生书局1966年版,第373页。
④ 徐复观:《中国艺术精神》,台北:学生书局1966年版,第373页。
⑤ 徐复观:《中国艺术精神》,台北:学生书局1966年版,第374页。

之意审"?他认为:"即是言情写景,皆欲恰如其情,恰如其景;使句的组成,能随物之曲折而曲折;使句中之字,能与物之特性相符而加以凸显。"①黄庭坚之所以提出"欲命物之意审",源于旧诗文绘画中的"陈腔旧调,常常朦浑了物的特性"。这就是说,"命物之意审的进一步意义,是不停顿在物的表象上,而要由表象深入进去,以把握住它的生命、骨髓、精神,再顺着它的生命、骨髓、精神,以把握住内外相即、形神相融的情态"②。这种"进一步的诠释",徐复观将其解释为"律吕外意",也就是"不为律吕所拘,但不是否定律吕,而是追求超乎技巧的合乎自然的律吕"。这也就是黄庭坚所说的:"简易而大巧出焉,平淡而山高水深,似欲不可企及。"③在徐复观看来:"经过了陶铸之功,汰渣存液之力以后的简易平淡。这才是山谷诗学的主旨,也是山谷论画方面的要旨。"④这个被揭露出的"主旨"与"要旨",表现了黄庭坚论诗论画的"无斧凿痕"。

同时,我们可以借助徐复观对"韵"的诠释,将黄庭坚的画论思想更为清晰地道出。他说:"他指的是一个人的情调、个性,有清远,通达,放旷之美,而这种美是流注于人的形相之间,从形相中可以看得出来的。把这种神形相融的韵,在绘画上表现出来,这即是气韵的韵。"⑤当我们明确徐复观的"韵"字的含义,就不难理解他评价黄庭坚的"山谷由'观物之意审'以达到'古人不用心处'的画,他便常以一个'韵'字称之"⑥的具体含义了。于是,我们可以总结说:一是黄庭坚要求画出对象的质,即它的实际精神和性情;二是黄庭坚要求作品在平淡中含有意到而笔不到的深度;三是黄庭坚将画作了区别,对人物画则要求有"韵",对自然画则要求有"远"。这实际上也是徐复观利用庄学美学的思想赋予黄庭坚的表达。

徐复观指出:"韵与远,都是以'命物之意审'为起步。但命物之意审

---

① 徐复观:《中国艺术精神》,台北:学生书局1966年版,第375页。
② 徐复观:《中国艺术精神》,台北:学生书局1966年版,第376页。
③ 徐复观:《中国艺术精神》,台北:学生书局1966年版,第376—377页。
④ 徐复观:《中国艺术精神》,台北:学生书局1966年版,第377页。
⑤ 徐复观:《中国艺术精神》,台北:学生书局1966年版,第178页。
⑥ 徐复观:《中国艺术精神》,台北:学生书局1966年版,第378页。

的先决条件,乃在由超越世俗而呈现的虚静之心,将客观之物,内化于虚静之心以内;将物质性的事物,于不知不觉中,加以精神化;同时也是将自己的精神加以对象化;由此所创造出来的始能是韵是远。"① 实际上在这里,徐复观又回到庄学"虚静之心"的范围内。

徐复观对黄庭坚的评判虽然精准,但也存在着一定的瑕疵。陆庆祥指出:"北宋的艺术审美理论的发展有着一个清晰进展的过程。如果说宋初'文道关系'的讨论主要是受中唐古文运动及新儒学兴起的影响,平淡审美理论主要是受老庄思想的影响,自然审美主要受道禅思想的影响,那么由黄庭坚大力倡导并由范温确立起来的'韵'的审美理想则明显是辩证综合了文道关系论、平淡自然审美风格论之后的又一审美范畴,其深层的文化基础便是儒道禅在北宋的融汇合一。"② 如果只以庄学来看黄庭坚的艺术思想,未免有些过于狭窄。

徐复观指出:"宋代文人画论,应以苏轼为中心。"③ 陆庆祥指出:"苏轼超然的人生审美与休闲境界实际上包涵了'无往而不乐'、'游于物外'、'寓意于物'等内容。他通过自己的丰富而坎坷的生命实践提炼出人生美学命题,使他成为超越陶渊明、白居易等古代先贤成为宋代以及后代士人审美人格的典范。"④ 从徐复观与陆庆祥的描述中,可看出苏轼对宋代画论贡献巨大。

一 苏东坡的"常理"与"象外"

苏轼的画论思想受其父苏洵的影响很大。他与画家文与可有亲戚关系,与李公麟、王诜、米芾为朋友,与郭熙、李迪同时相接。良好的家庭背景造就了他对诗画的天才见解,他本人也常常"以知画自许"。徐复观指出,苏轼"对画的基本观点,乃是来自对诗的基本观点"⑤。也就是"诗画本一律"。这种观点对后世的影响很大,同时误解也最深。

---

① 徐复观:《中国艺术精神》,台北:学生书局1966年版,第379页。
② 潘立勇等编:《中国美学通史·宋金元卷》,江苏人民出版社2014年版,第119页。
③ 徐复观:《中国艺术精神》,台北:学生书局1966年版,第357页。
④ 潘立勇等编:《中国美学通史·宋金元卷》,江苏人民出版社2014年版,第116页。
⑤ 徐复观:《中国艺术精神》,台北:学生书局1966年版,第358页。

第三章 朱子美学的理论源起

在谈及自然风景画时,他指出,对于自然风景,"可由画者随意安排、创造,观者不能以某一固定之自然风景责之,故曰无常形"。苏轼这里反映了山水画烂熟以后的当时情形。当然,为了避免误解,他又举出:"'常理'二字,以救当时因山水画泛滥而来的流弊。"①

徐复观在这里对"常理"也做了相应的诠释。他指出,"他(指苏轼)所说的'常理',不是当时理学家所说的伦理物理之理",而是"《庄子·养生主》庖丁解牛的'依乎天理'的理,乃指出于自然地生命构造"②。徐复观这里的判准明显是说理学家的理与庄子的理完全不同,并不是自然地生命构造之理,这种判准明显过于武断。他自己的美学理论中只句不谈宋代理学美学,也估计是对"理学美学"存在着一定的偏见。王振复在评论宋代美学时指出:"道德自然不等于审美,但两者具有一定意义上的同构性。道德与审美在本原上,都是不同的具体历史水平的人的本质力量的对象化,同时也是人的本质力量的异化。"③从这点可以看出来,"常理"一词,若只解释为"不是伦理物理之理",恐怕是对庄学的诠释过于狭窄。毕来德对《庄子》庖丁解牛中"依乎天理"的诠释为:"即是说,到了现在,他只用心神就可以与牛相遇,不需要用眼睛看了。他的感觉知觉都已经不再介入,精神只按它自己的愿望行动,自然就依从牛的肌理而行。"④至少在毕来德看来,庄子"依乎天理"的理是具有"物理之理"之意。

我们应该对徐复观"天理"的诠释保有一定的质疑,但他指出"常理"蕴含着顾恺之的"'传神'的神"、宗炳的"'质有而趣灵'的灵"、谢赫的"'气韵生动'的气韵和'穷理尽性'的性情"、郭熙的"'取其质'的质、'穷其要妙'的'要妙'和'夺其造化'的'造化'"却是十分合理的。

这里,徐复观认为画论中的"理"应该诠释为"自然的生命,性情"。他进一步解释说:"要把自然画成活的,因为是活的,所以便是有情的。因为是有情的,所以便能寄托高人达士们所要求得到的解放,安息的感情。"

---

① 徐复观:《中国艺术精神》,台北:学生书局1966年版,第359页。
② 徐复观:《中国艺术精神》,台北:学生书局1966年版,第359页。
③ 王振复:《中国美学史新著》,北京大学出版社2009年版,第262页。
④ [瑞士]毕来德:《庄子四讲》,宋刚译,中华书局2009年版,第9页。

他借用西方的名言说:"要求突破山水的第一自然而画出它的第二自然来。这种第二自然,是由突破形似的第一自然而来。"他指出这就是苏轼所谓的"象外"。①

"象外"一词出于苏轼的《题文与可墨竹》:"斯人定何人,游戏得自在。诗鸣草圣余,兼入竹三昧。时时出木石,荒怪轶象外。举世知珍之,赏会独予最。知音古难合,奄忽不少待。谁云死生隔,相见如龚隗。"②徐复观指出,这里的"'轶象外',即是突破了形似,以得出了竹的'常理'"③。他进一步指出,苏轼的"象外"不过就是"性情"之常理,并无其他。这是他对苏轼的判准,也就是他所说"得其情而尽其性,即是得其常理"④。虽然徐复观极力避免理学美学对其理论的干扰,但这里明显有宋明理学的味道。所以,从这一部分来说,即使徐复观刻意提高道家,回避宋明理学对美学的浸染,但他在诠释北宋美学时,又不得不常常深陷其中。这成为他评论宋代美学的一大特征。

二 苏东坡的"身与竹化"与"成竹在胸"

徐复观指出,文与可可以"深入于竹木的形象之中,得到竹木的性情—特情,而自然地将其拟人化,因而把自己所追求的理想,即融化此拟人的形象之中。此时之象,是由美地观照所成立,非复常人所见之象,这便是'象外'的常理"。但是徐复观随即提出疑问:"文与可何以能得竹之情而尽竹之性呢?"于是他给出了"高人逸才"的概念。"所谓高人逸才,是精神超越于世俗之上,因而得以保持其虚静之心。"⑤这又是一种庄子式的诠释,或者说是徐复观提出的所谓的"主客一体"。

徐复观的"主客一体"是对应《庄子·齐物论》的"物化"来谈的。通过"竹拟人化"和"人拟竹化",达到所画之竹的融性与情。他认为这便是苏轼美学里庄周"物化"思想的体现,并认为这便是苏轼"探到艺术

---

① 徐复观:《中国艺术精神》,台北:学生书局1966年版,第360页。
② 《苏轼诗集》,中华书局1982年版,第1439—1440页。
③ 徐复观:《中国艺术精神》,台北:学生书局1966年版,第361页。
④ 徐复观:《中国艺术精神》,台北:学生书局1966年版,第361页。
⑤ 徐复观:《中国艺术精神》,台北:学生书局1966年版,第361页。

精神的根源"①。实际上,苏轼的这种"物化"说被称为"随物赋形"②说更为妥帖。因为"物化"经过时代的洗礼后,所代表的内涵和外延已经过于宽泛,不再适合评价苏轼的人与万物同体的庄学意境。因此,有必要对此概念做出相应的调整。苏轼曾说:"吾文如万斛泉源,不择地皆可出,在平地滔滔汩汩,虽一日千里无难。及其与山石曲折,随物赋形,而不可知也。所可知者,常行于所当行,常止于不可不止,如是而已矣。"③于是,当我们用苏轼《自评文》的观点再次审视徐复观的"身与竹化"与"成竹在胸",便可以了解他所理解的苏轼"人竹一体"的境界,不是只将人"物化为竹"。这一点,在论述"胸有丘壑"部分时,他就已经谈到这个问题。他说:"画山水的人,一定要胸有丘壑。但这中间还有一个大问题,即是胸有丘壑,必须先有一个虚静之心,以作'非主观的主体'。"④当我们用"随物赋形"这个概念时,徐复观的这个疑问就没有存在的必要了。"随"一定是"随物","赋"一定是"人赋",主客在此达成了统一。

当然,徐复观在这里要强调的是苏轼美学中主体的"虚静之心"。他认为,苏轼美学理念中"必须先有一虚静如古井水之心,然后能身与竹化"。这样,才能是"活生生的竹"。这实际上是徐复观生命美学思想的体现,表现为精神上统一性的观照。他将自己的美学思想借由苏轼的思想进行表达。于是,徐复观说:"生命是整体的。能把握到竹的整体,乃能把握到竹的生命。"⑤他的生命美学观点表露无遗。

三 苏东坡的"追其所见"与"十日画一石"

为了达到精神上统一的观照,需要"将观照所得的整体的对象,移之于创造",这需要"将观照付之于反省,因而此时又由观照转入到认知的过程,以认知去认识自己精神上的观照,乃能将观照的内容通过认知之力而将其表现出来"。但有一个问题是,"由观照的反省转入认知作用以后,则

---

① 徐复观:《中国艺术精神》,台北:学生书局1966年版,第362页。
② 潘立勇等编:《中国美学通史·宋金元卷》,江苏人民出版社2014年版,第101页。
③ 《苏轼文集》,中华书局1986年版,第2069页。
④ 徐复观:《中国艺术精神》,台北:学生书局1966年版,第362页。
⑤ 徐复观:《中国艺术精神》,台北:学生书局1966年版,第364页。

原有的观照作用将后退,而由观照所得的艺术的形相,亦将渐归于模糊"。这就要求画者必须"急起从之,振笔直遂,以追其所见",徐复观将其比附于《庄子》中所说的"运斤成风""解衣磅礴"创作情形的描述。①

但是这种急促的创作风格在郭熙的《林泉高致》中遇到了矛盾。郭熙说:"画之志思,须百虑不干,神盘(聚)意豁。老杜诗所谓五日画一水,十日画一石,能事不受相蹙逼,王宰始肯留真迹,斯言得之矣。"②当然,为了化解这种矛盾,徐复观的判准为"只是表面上的相反"③,实际上也是郭熙要将自己的画论精神山水化。他的这种处理最终还是要引出庄子的"虚静的心"。

徐复观指出,之所以绘画创作会在郭熙这里产生矛盾,是因为他面对的是山水画而非竹木这样的小物。他说:"郭熙还是要振笔直追的。但山水是大物,不同于木、竹小物的可一气呵成。"④可以说,郭熙是在面对一个更为广大的创作空间,这就要求他有更为长久的创作时间。徐复观通过空间的扩展解决了创作时间上的矛盾,即化解了"追其所见"与"十日画一石"的画法冲突。

这里,徐复观引出了山水画的创作特点,"不能仅凭一次反映在精神上的观照对象即可完成",而"必须尽山水深厚远曲之致"。徐复观指出,为了避免将山水画成"生凑的死山死水",郭熙"必须待已萌的俗虑,再次得到澄清;受到俗虑干扰的神与意,再得到集中(盘)与开朗(豁),于是所要创作的山水,再一度地,入于精神上的观照之中,山水与精神融为一体,这是画机酝酿的再一次的成熟;于是创作也再一次的开始"。⑤这里多次出现的"再"字,表现了创作过程的逐步提升,也反映了苏轼"节节而为之,叶叶而累之"的画论思想。徐复观在这里提出了"创作动机"的重要性。

徐复观指出:"艺术必然要求变化,苏东坡当然也重视变化。"他进一

---

① 徐复观:《中国艺术精神》,台北:学生书局1966年版,第364。
② 转引自俞剑华编《中国画论类编》,人民美术出版社1957年版,第644页。
③ 徐复观:《中国艺术精神》,台北:学生书局1966年版,第365页。
④ 徐复观:《中国艺术精神》,台北:学生书局1966年版,第365页。
⑤ 徐复观:《中国艺术精神》,台北:学生书局1966年版,第366页。

步指出:"被画的对象——竹木,它们的精神,性情,生命感,皆由变化而见。并且有生命感的东西,也自然有变化。"谈到这里,徐复观的生命美学思想再次展现。变化是活的特征,活是变化的体现。为了突出苏轼的庄学特征,只谈论艺术的"活"显然是不足的,于是徐复观又给出"淡泊"的概念。如其所说:"庄学的精神,必归于淡泊。"他结合苏轼的《前(后)赤壁赋》,判定苏轼为"萧疏雅淡"式的文人。通过"萧疏雅淡",他指出,"这也可以说是自然画的基本性格而来的归结",认为它是"最与中国自然画得以成立的基本性格相凑泊的关系"。① 虽然徐复观认定苏轼的画论美学是庄子式的美学,但他的诠释中却明显带有儒家的印记。

综上所述,徐复观眼中的中国艺术精神,实际上可以概括为"庄学的艺术精神"。他虽接受了牟宗三、唐君毅的生命哲学思想,但他的"生命"却是庄学的"生命",而不是"儒家的生命"。实际上,两宋美学中,庄学只是其中一脉,而不是宋代美学的全部。至少范仲淹、司马光的"经世致用"的美学观念和朱熹、陆九渊的"理学美学"思想不应该被其忽视。王振复甚至认为,"理学美学"才是宋朝美学的主旨。不管如何说,徐复观的构思立论在于庄学,这也无可厚非,也为中国美学史上的一大贡献。

徐复观在完成《中国艺术精神》后,突发感思,写道:"芒芒坠绪苦爬搜,刿肾镂肝只自仇。瞥见庄生真面目,此心今亦与天游。"② 徐复观的这首诗道出了他认同的美学的核心,即为庄子美学。自魏晋以来,中国的美学观念常与自由观念杂糅在一起。这也就造成了后世学人的一种猜想:只有自由的身心存在,美学才有存在的空间。而这种思潮,从魏晋一直到北宋,是一个逐渐明晰升华的过程。

理学美学作为中国传统美学的一个典型,似乎更能体现这一特征。理学美学,与先秦孔子主张的"乐的美学"明显不同。也就是说,在孔子的"乐"中,是一种围绕"礼"而产生的"束缚美学",或者我们也可说成是"规矩美学"。这两个概念无非只说明一个事情,那就是孔子以前中国美学尊重严格的形式性,而非自由的表达。因此,我们从孔子的一乐中可见其

---

① 徐复观:《中国艺术精神》,台北:学生书局1966年版,第367—368页。
② 徐复观:《中国艺术精神》,台北:学生书局1966年版,序第10页。

端倪,如他主张的"七十而从心所欲不逾矩"①。因此,我们可以将以孔子"乐"为观念的美学思想理解为儒家美学。

作为儒家思想的继承者的朱熹,他自然也是遵循这一理念来看待理学美学思想,构建了独树一帜的理学美学。潘立勇指出:"理学美学……是指既继承了儒家美学的以'仁'为立论基础和指归的美学传统,又超越了传统儒家美学的'仁学'视界,吸取了道家美学和佛家美学的本体论思想和思辨因素,有别于传统儒家美学的独立美学形态。"②于是,潘立勇指出了朱熹理学美学的独特之处。实际上,朱熹在其理论的发展过程中,建构的思想一直存在。我们借用牟宗三的朱子思想实际上是建构一套理学体系③的说法,也可以说朱熹建构了一套理学美学体系。于是,在一点上,我们有必要将朱熹理学美学的理论背景、生成发展及独特建构进行系统的梳理,以便更为清晰地理解朱熹的理学美学思想。

第二节 三教合流的美学发展

对于朱熹理学美学的理论背景,我们可以从潘立勇所述中见其端倪,即:

> 朱子理学美学所赖以产生和形成的二重性社会形态及社会心理结构和审美心理结构、朱熹本人的二重性人格特征,以及他的二重性哲学思想体系及其内在矛盾,这是我们理解朱子理学美学的特殊性和矛盾性的关键。④

潘立勇在这里着重指出了朱熹思想中的矛盾性和二重性。张立文将这

---

① 朱熹:《四书章句集注》,中华书局2011年版,第56页。
② 潘立勇:《朱子理学美学》,东方出版社1999年版,第3页。
③ 牟宗三认为:"朱子传统是朱子传统,孔子传统是孔子传统,两者不必能完全相合。"因此,牟宗三指出:"他(指朱熹)能另开一个宗派,岂不很伟大吗?"这也就是后来朱子建构理论的由来。载牟宗三《中国哲学十九讲》,台北:学生书局1983年版,第415页。
④ 潘立勇:《朱子理学美学》,东方出版社1999年版,第4页。

种二重性解读为"冲突、对待的表现。……人与物各得其性与命"①。实际上，这种二重性的一个主要特征就是朱熹心中的"顺于自然，便是和"②的现实表现，也就是张立文的"和合美学"③这个概念。这个"和合"我们可以从两个角度进行诠释，一是在"互动中互渗互补……在冲突融合中和合"④，这是总的方面；二是各种思想在朱熹思想中的融合，即儒释道思想的和合，这是分的方面。程朱理学发展到朱熹的阶段，"儒、释、道三教融合，是三教自身内在的需要"⑤。朱熹自然是"三教学术的内在逻辑发展趋势"⑥中儒学一方的集中点。

一 道家的美学

徐复观认为："由老学、庄学所演变出来的魏晋玄学，它的真实内容与结果，乃是艺术性的生活和艺术上的成就。历史上的画家、大画论家，他们所达到、所把握到的精神境界，常不期然的都是庄学、玄学的境界。"⑦徐复观的表达有一些后美学的观点。如后美学观点中存在着的三大方面，"在审美对象方面，从强调形象转变为强调类象；在审美心理方面，从强调审美距离转变为审美距离的消解；在审美活动方面，从强调审美活动的超功利转变为强调审美活动的功利性"⑧。当然，我们也不能将徐复观关于中国古代画论的理论，就等同于后美学的理论，这明显也是对其不公的。但是，徐复观和后美学思想不约而同地指出道家美学思想的本质特征，即追求一种"无限制的美学自由"。

实际上，道家美学是对传统镜式美学的一种反抗。为了将这个问题解释清楚，我们有必要对镜式美学做一些基本的诠释。"在传统美学占统治地位的时代，美和艺术统统是由一种特殊的镜式本质而确立的，镜式本质使

---

① 潘立勇：《朱子理学美学》，东方出版社1999年版，序言第2页。
② 黎靖德编：《朱子语类》，中华书局1994年版，第516页。
③ 潘立勇：《朱子理学美学》，东方出版社1999年版，序言第5页。
④ 潘立勇：《朱子理学美学》，东方出版社1999年版，序言第5页。
⑤ 张立文编：《中国学术通史·宋明卷》，人民出版社2004年版，第64页。
⑥ 张立文编：《中国学术通史·宋明卷》，人民出版社2004年版，第64页。
⑦ 徐复观：《中国艺术精神》，台北：学生书局1966年版，自序第3页。
⑧ 潘知常：《反美学：在阐释中理解当代审美文化》，学林出版社1995年版，第285—286页。

人类能够完成对于美的审视和艺术的创造。"① 在中国传统道家美学中，我们更加注重对束缚的反对，如老子所说的"故失道而后德，失德而后仁，失仁而后义，失义而后礼"（《道德经》）。徐复观更是指出庄子的"游"是"人的精神得到自由解放"②这个典型特征。这里他明显是将庄子提升到一个绝对高度，这也就是他主张的"《庄子》之所谓道，落实于人生之上，乃是崇高的艺术精神；而他由心斋的工夫所把握的心，实际乃是艺术的主体"③。

二 禅宗的美学

徐复观认为："宋以后所谓禅对画的影响，如实地说，乃是庄学、玄学的影响。"④ 他还点出了宋代禅宗美学的一个特征，即追求虚、静、明为体之心。但他指出禅宗与绘画是"禅其名而庄其实"⑤，这就未免有些偏颇，也过于狭窄。实际上，宋代禅宗美学，除了其思想意境，一个突出的美学造诣便在佛像的创造中。霍然指出：

　　（宋代）作为美学现象的宗教艺术造成了带有先天规定意味的复杂性。当匠人们在制作佛教雕像时，他们一方面必须遵守佛教教义和仪轨的要求，在作品的内容和形式上都受到严格的约束；另一方面他们又说是按照自己的意愿和他们对题材内容的理解去雕刻，这就可能有意无意地将他们的审美创造方式也带进宗教雕刻中，在一定程度上反映出凡夫俗子、平民百姓的美学观念和审美理想。⑥

为了论证他的判断，他举出杭州南高峰烟霞山的宋代雕刻观音像为例：

---

① 潘知常：《反美学：在阐释中理解当代审美文化》，学林出版社1995年版，第235页。
② 徐复观：《中国艺术精神》，台北：学生书局1966年版，第60页。
③ 徐复观：《中国艺术精神》，台北：学生书局1966年版，第10页。
④ 徐复观：《中国艺术精神》，台北：学生书局1966年版，第10页。
⑤ 徐复观：《中国艺术精神》，台北：学生书局1966年版，第374页。
⑥ 霍然：《宋代美学思潮》，长春出版社1997年版，第276页。

这尊观音像高 1.85 米，头上戴着宝冠，冠上饰有化佛，这通常是观音菩萨的标志。这尊观音上身是着衣的，身上装饰有精致华美的缨络，下身是菩萨的一贯装束——羊肠大裙，长裙一直拖到地上，双手戴着手镯，交叉垂直在腹前，右手执数珠，立于莲花台上，她脸型丰满，面容雅丽，体态娴静柔美，比例匀称。其体态和装束体现了宋代江南一带菩萨造像的特点。①

这也就是说，在宋代禅宗美学，或者佛教美学中，存在着镜式美学的形态。至少我们可以说，庄子美学不是禅宗美学的全部内容。两宋的禅宗，入世的倾向在孤山智圆、明教契嵩和大慧宗杲的"援儒卫释"下，已经明显有了"人间化"的倾向，而非只是形上式玄虚的禅学。霍然指出的佛像一例，实际上也是两宋禅宗美学的另一种表象。因而，武断地将两宋美学界定为"禅其名而庄其实"，这明显有违历史事实。至少，我们需要考虑北宋禅宗美学中"阳春白雪"式的悬空和"下里巴人"式的真实。

当然，即使我们将两宋美学单指"阳春白雪"式的悬空，它与庄子美学也有一定的区别。王向峰指出："佛禅思想认为，'凡有所相，皆是虚妄，若见诸相非相，即是如来'；但是，仍有所例外，对于自然之相，却并不是一概认为是虚妄的，而是'一花一世界、一叶一如来'，真如自性就存在于未染红尘的鲜花绿叶之上。"②这也和庄子美学明显不同。

三 儒家的美学

我们不同于徐复观对宋代美学理解的另一个主要面向，便是从儒家的角度来看待两宋美学。这也是近些年来学者们把握宋代美学的一个角度。其中，王振复在其著作《中国美学史新著》中，将宋代美学就等同于理学美学。③无独有偶，吴中杰主编的《中国古代审美文化论》第一卷中，李

---

① 转引自孙振华编《雕塑绘画鉴赏辞典》，中国旅游出版社 1993 年版，第 434 页。
② 王向峰：《中国美学论稿》，中国社会科学出版社 1996 年版，第 149 页。
③ 王振复：《中国美学史新著》，北京大学出版社 2009 年版，第 253—322 页。

明生主笔的《两宋：外拓与内敛的交织》也阐述了此类观点。两者比较，后者更为翔实，下文只单举后书为例。李明生指出：

> 宋代美学有其逻辑一贯、自成系统的审美主导倾向，它构成了宋代美学的基本格局，形成了与此前和此后的美学思想既相联系又相区别的独特形态。这就是以伦理道德为核心而形成的外拓型的审美价值取向和以义理心性为核心而形成的内敛型的审美价值取向。①

从李明生这个判定来看，他明显把宋代美学判定为儒家美学，这与徐复观将宋代美学判定为"庄子美学"完全不同。李明生进一步指出：

> 所谓外拓型的审美价值取向，就是强调审美的功利主义原则，注重美学经世致用的社会功能。它把美学和艺术放置在整个社会秩序的大背景下，使其与人的伦理道德、群体理性乃至社会政治紧密地结合在一起。……所谓内敛型的审美价值取向，主要是指向内收敛的审美心态和审美趋向，以及由此而产生的重意尚趣的审美追求。它是建立在修心养性、涵泳内省的人生态度上的，并通过人对个体的心性体验和自身感悟，于静观自得中实现自我的人格思想，达到超越天地的审美境界。②

李明生总结说："这两种审美思潮，与两宋士人的审美心态和审美理想直接关联，但从根本上讲，它是宋代社会文化的表征。具体地说，它与宋代儒学复兴运动有着直接的关系。"③

通过对以上材料的爬梳，我们基本可以得出以下三个结论：一是朱熹理学美学绝非空穴来风，它有自己发展的历史源流；二是朱熹理学美学绝非庄子美学，它是从两宋立国以来儒家理学思想与美学思想在朱熹时代的

---

① 吴中杰主编：《中国古代审美文化论》第一卷，上海古籍出版社2003年版，第279页。
② 吴中杰主编：《中国古代审美文化论》第一卷，上海古籍出版社2003年版，第279页。
③ 吴中杰主编：《中国古代审美文化论》第一卷，上海古籍出版社2003年版，第280页。

一次融合表现；三是朱熹的理学美学并非庄子的自由美学，而是一种"和合美学"。于是，在这种视角下，朱熹的理学思想与美学思想才能被合理地顺畅地解释。

第三节 朱熹理学美学的特色

潘立勇认为，在两宋理学美学的发展史上，"朱子理学美学是其集大成者"[①]。我们在朱熹的理学美学中，可以看到他道家式的外在体验，也可见到他佛家式的内在追求。他的理学美学，实际上是综合儒释道三家内在与外在的一种独特体验。他的诗中有对庄子美学的向往，如《丘子野表兄郊园五咏》中的《柳》："欲识渊明家，离离疏柳下。中有白云人，良非遁世者。"[②]又如《题郑德辉悠然堂》中言："高人结屋乱云边，直面群峰势接连。车马不来真避俗，箪瓢可乐便忘年。移筇绿幄成三径，回首黄尘自一川。认得渊明千古意，南山经雨更苍然。"[③]甚至他自己作诗（《隐求斋》）表达对陶渊明式自由的追求，如："晨窗林影开，夜枕山泉响。隐去复何求？无言道心长。"[④]然而正如我们前面所说，外王的事功思想无法让他安心田园。

一 朱熹艺术哲学的架构特色

朱熹艺术哲学建立在他"理本气具""两在合一"的本体论理气观上。"理"为朱熹哲学体系的核心范畴，气为朱熹哲学的本体依托。朱熹说："理也者，形而上之道也，生物之本也；气也者，形而下之器也，生物之具也。"[⑤]潘立勇指出："在'理本气具'的哲学本体论基础上，朱熹构架了严整的艺术哲学体系。"[⑥]它主要包括："文从道出"的艺术本体论，"感物道情"的艺术发生论，"托物兴辞"的艺术特征论，"气象浑成"的艺术理想

[①] 潘立勇：《朱子理学美学》，东方出版社1999年版，第4页。
[②] 《朱子全书》第20册，上海古籍出版社、安徽教育出版社2002年版，第228页。
[③] 《朱子全书》第20册，上海古籍出版社、安徽教育出版社2002年版，第352页。
[④] 《朱子全书》第20册，上海古籍出版社、安徽教育出版社2002年版，第522页。
[⑤] 《朱子全书》第23册，上海古籍出版社、安徽教育出版社2002年版，第2755页。
[⑥] 潘立勇：《朱子理学美学》，东方出版社1999年版，第178页。

论,"涵泳自得"的艺术鉴赏论和"远游精思"的艺术修养论。①

可以说,潘立勇较为全面地概括了朱熹理学美学的主要特征。朱熹的"文字自有一个天生成腔子"②,点明了朱熹理学美学的本体思想,这也就是"文皆是从道中流出"③的理论来源;朱熹的"人生而静,天之性也,感于物而动,性之欲也。夫既有欲矣,则不能无思;既有思矣,则不能无言;既有言矣,则言之不能尽,而发于咨嗟咏叹之余者,必有自然之音响节奏而不能已焉。此诗之所以作也。……诗者,人心之感物而形于言辞之余也"④,体现了他的"感物道情";朱熹的"比是以一物比一物,而所指之事常在言外。兴是借彼一物以引起此事,而其事常在下句"⑤,体现了他的"托物兴辞";朱熹的诗"自得言外之意始得"⑥,体现了他的"涵泳自得";朱熹的"远游以广其见闻,精思以开其胸臆"⑦,体现了他的"远游精思";纵观朱熹的《诗集传》通篇,我们明显能感受到朱熹的"气象浑成"。这些,都是以往的儒家所无法涵盖和把握的。

潘立勇指出:"在这个结构中,理派生出气,气表现为文,艺术是文的一种,艺术美或艺术理想是艺术的成功表现,而这一切又都有着理的逻辑本原,最高的艺术美或艺术理想归根也是理的体现。"⑧在这个架构里,我们可以看到朱熹理学严整的理论架构,"这种体系的严整程度在中国古典美学中是极为少见的"⑨。

二 朱熹理学美学的二重性矛盾

潘立勇指出:"艺术哲学是朱子理学美学体系中的主导部分。"⑩朱熹艺术哲学的严整中还处处显示着矛盾性和理学性,如理和气的矛盾、性和情

---

① 潘立勇:《朱子理学美学》,东方出版社1999年版,第178页。
② 黎靖德编:《朱子语类》,中华书局1994年版,第3322页。
③ 黎靖德编:《朱子语类》,中华书局1994年版,第3305页。
④ 《朱子全书》第1册,上海古籍出版社、安徽教育出版社2002年版,第350页。
⑤ 黎靖德编:《朱子语类》,中华书局1994年版,第2069页。
⑥ 黎靖德编:《朱子语类》,中华书局1994年版,第2755页。
⑦ 钱穆:《朱子新学案》第五册,台北:联经出版公司1998年版,第412页
⑧ 潘立勇:《朱子理学美学》,东方出版社1999年版,第183页。
⑨ 潘立勇:《朱子理学美学》,东方出版社1999年版,第183页。
⑩ 潘立勇:《朱子理学美学》,东方出版社1999年版,第177页。

的矛盾以及美和善的矛盾。这种种的矛盾体现了朱熹理学美学的二重性矛盾。潘立勇认为：

> 朱子理学美学体系的二重性矛盾集中表现在如下几个方面：一、朱子理学美学审美客体论中本体论的惟理体系与构成的惟气构架之间的矛盾；二、朱子理学美学艺术哲学中对艺术既用且惧的心态及"文从道出"与"感物道情"、有德与有言、作文与穷理、人品与文品、远游与静思等方面的矛盾；三、朱子理学美学山水美学中"登山临水"、"乐而忘死"的山水情愫与道学家的"居敬主静"修养工夫的矛盾，人生情趣的"洒脱"与"敬畏"的矛盾；四、朱子理学美学人格美学中"狂狷"人格与"中庸"分寸的矛盾，"性"与"情"的同体异用的矛盾；五、朱子理学美学审美教育中"末节"与"本原"的矛盾，"玩物丧志"与"玩物适情"的矛盾；这其中又以艺术哲学中的二重性矛盾最为集中和突出。①

关于第五点，可能存在一定的争议。但总体来看，需要特别指出的是，朱熹理学美学构成了山水美学的二重性矛盾。他在山水审美活动中的内心是相当矛盾的。如他一面声称"平生山水心"②，另一面又说"山水非所娱"③，如他的"我渐仁智心，偶自爱山水"④。正如潘立勇所说，朱熹"在山水审美过程中存在矛盾心态这一点却是真实的"⑤。

三　朱熹理学美学的山水美学

朱熹的山水诗里，景观与理之间已经被其在无形中打开了一道缝隙。这种缝隙不是形而上的超越，而是人在世界中，却欲"跳出来"反观世

---

① 潘立勇：《朱子理学美学》，东方出版社1999年版，第511页。
② 《朱子全书》第20册，上海古籍出版社、安徽教育出版社2002年版，第385页。
③ 《朱子全书》第20册，上海古籍出版社、安徽教育出版社2002年版，第236页。
④ 《朱子全书》第20册，上海古籍出版社、安徽教育出版社2002年版，第522页。
⑤ 潘立勇：《朱子理学美学》，东方出版社1999年版，第522页。

界,思考自我与山水的共在,即为"间距"[①]与"之间"[②]。朱熹的山水诗是真实世界投射到感官上激发出来的影像的综合,是一种既超越又内在的情感表达,这便是"虚待"。

无论是从宗炳到谢灵运,还是从陶渊明到朱熹,山水诗都在追求"意"的表达。这曾经是中国绘画的追求,"要画的不是本质,而是'意'"(Non l'essence, mais la valence)[③]。朱利安引用清朝文人方薰如的话说:"画云的时候,不能够像水;画水的时候,不能够像云。……然而,将此道理充分吸收之后,我们不再问这是水还是云:笔所到之处,如内心意指为云则为云,如内心意指为水则为水。……会得此理后,乃不问云耶水耶,笔之所之,意以为云则云矣,意以为水则水矣!"[④]朱利安的意思是说:"并没有水或云的'本质',只有将'所之'、'意指'为水或云。"[⑤]在中国,诗书画是很难区隔的。画的追求,同样也是山水诗的追求。实际上,画和山水,都是中国古代文人的一种既超越又内在的情感表达。在这一点上,宗炳、谢灵运和陶渊明在各自的作品中,都有这种体现。

然而朱熹不同于前者的是,他无法做到道家式的"洒脱"而完全"隐居"。事实上,宗炳、陶渊明式的隐退,在科举开始之后就逐渐淡出了历史舞台。纯粹道家式的出世,在佛教的出世思想和儒家的入世思想的双重打压下,已经荡然无存,只留下"修仙""驱魔"之术。这就导致文人不可能放弃一切而全身心追求山水之美。有宋以来,入世的追求和佛教的极乐世界已经占据多数文人的内心世界。

但儒家道德教化与社会纲常的束缚感,及佛教"明心见性"和极乐世

[①] [法]朱利安:《间距与之间:论中国与欧洲思想之间的哲学策略》,卓立、林志明译,台北:五南出版公司2013年版,第33页。注:由于译者不同,朱利安也被翻译成余莲、于连,本书正文则只采用朱利安这个中译名。

[②] [法]朱利安:《间距与之间:论中国与欧洲思想之间的哲学策略》,卓立、林志明译,台北:五南出版公司2013年版,第63页。

[③] [法]朱利安:《间距与之间:论中国与欧洲思想之间的哲学策略》,卓立、林志明译,台北:五南出版公司2013年版,第179页。

[④] [法]朱利安:《间距与之间:论中国与欧洲思想之间的哲学策略》,卓立、林志明译,台北:五南出版公司2013年版,第179页。

[⑤] [法]朱利安:《间距与之间:论中国与欧洲思想之间的哲学策略》,卓立、林志明译,台北:五南出版公司2013年版,第179页。

界的空虚感，促使以朱熹为代表的宋代文人，表现出既"追求超然洒脱的境界感"，又"追求真实世界的存在感"。这矛盾的"共在"，从北宋初期一直持续到清末。如朱熹的《久雨斋居诵经》：

> 端居独无事，聊披释氏书。
> 暂释尘累牵，超然与道俱。
> 门掩竹林幽，禽鸣山雨余。
> 了此无为法，身心同晏如。①

山水构建了文人一种想象的真实，但它不是幻想出来的，它是"真实世界投射到感官上激发出来的影像"，它像电影一样既虚幻又真实，它是古代儒者们心的解脱。如朱熹的《濯足涧水二首》：

> 濯足涧边石，山空水流喧。
> 行旅非吾事，寄此一忘言。
> 涧边濯足时，修途倦烦燠。
> 振策欲寻源，山空无往躅。②

在"入世"中"出世"，这应该是儒释道三教合流的宋朝，一个区别于以前朝代的典型特征。朱熹无疑是这一个时代的代表者，他的归隐之心，传道之念，出世之法，在各种矛盾的思绪中达成一种暂时的平衡。可以说，朱熹一生的忧虑，都在山水美学的体验过程中，得到洗涤。

小　结

理学的主旨在为人的道德行为和准则建立本体的依据。因此，"言言行行、事事物物务必追求其所当然之理和所以然之理，并从本体论的角度

---

① 《朱子全书》第20册，上海古籍出版社、安徽教育出版社2002年版，第231页。
② 《朱子全书》第20册，上海古籍出版社、安徽教育出版社2002年版，第233—234页。

把所当然（人世伦常）等同于所以然（宇宙规律）"[①]。这就是唐君毅指出的，理学所探究的"性理之理，是人生行为之内的当然之理，而有形而上之意义并通于天理者"[②]。而朱熹的理学美学则不同于此。

从这一点来讲，朱熹在特定的历史时期建构了独特的理学美学与山水美学。现代牟宗三等学者认为，朱子理学是对先秦孔孟儒学的一种新型建构，朱熹的思想以不同于秦汉思想的面貌而呈现。在这种思想下，朱熹的理学美学自然也不同于北宋美学家苏轼、黄庭坚"三教归庄"式的洒脱无为，而是以"理"为边界的一种和合美学。基于此，我们既要将朱熹的理学美学与北宋诸学相关联，同时又需要将其独立于有宋以来的美学的"固定理解框架"，即庄子美学。以其为区别于道家思想为核心的一种新型美学建构，即和合美学、矛盾美学、山水美学，这才能把握朱熹理学美学的核心。

[①] 潘立勇：《朱子理学美学》，东方出版社1999年版，第9页。
[②] 唐君毅：《中国哲学原论·导论篇》，九州出版社2016年版，第3页。

第二部分　朱子美学的研究方法

第四章　理学美学的间距与之间

经近代西方思想的冲击，本为一体的朱学逐渐以分科的状态为人们所熟悉。其中，尤以理学与美学的研究相离甚远。学者习惯将二者趋为两极而不愿求同。这样虽利于学科体系的建立，却导致朱学的研究偏离本意日趋渐远。朱利安"间距"与"之间"方法的原意是建立一座中西汇通的桥梁，意在恢复分科之前的中国思想体系。以此方法与朱学研究碰撞后，我们发现了朱学研究中出现的"学科偏见"。这种以概念或体系的偏见形成的朱子理学与美学研究之间泾渭分明的现状，导致了朱学理论的整体性研究被严重撕裂，进而失去本有的"生生"之源。因此，本章借助朱利安的方法重新审视朱熹思想研究中的研究偏见，为恢复朱学的整体性研究作一前期铺垫。

朱熹的理学与美学常被分为两极来加以研究。理学因偏向义理，常被哲学研究者所关注；他的山水美学诗因与文学和艺术有着一定的关联，遂被并入文学研究之中。于是，我们在查阅、比较关于朱熹哲学研究著作及文学研究作品时[①]，似乎看到了两个完全不同的朱熹，似乎这两个"朱熹"本身没有任何联系，这是不应该的。基于此，对于朱熹的研究与思考就需要我们重新回到原点，即分科研究之前的那种状态中。这就是说，朱熹作为一个完整的人，他的多重面向决定了他的思想绝不可能只是一个单向度的存在，而是一个"活生生"的整体。这种"活生生"也正是朱熹理论的实质内涵，即《易经》所言的"生生"[②]。朱熹美学理论与《易经》的关联

---

① 如陈来的《朱子哲学研究》与胡迎建的《朱熹诗词研究》，[美]田浩的《朱熹的思维世界》与莫励锋的《朱熹文学研究》等。
② "生生之谓易。"(《周易·系辞上》)

也因学者对义理的偏重而多有忽略。因此，无论从何种角度来讲，将朱熹研究由碎片化、单向度化拉回到整体化、多维化是研究的必要途径。我们以朱熹为突破口，来反观中国哲学的研究，亦存在此类问题。

值得庆幸的是，海外汉学家在我们忙于向西方思想求学的过程中，已经开始反观中国的哲学思想。以朱利安为代表的汉学家们既规避"传统研究习俗"的禁锢，又以一种"学习复其初"的姿态指出中国哲学中长期被我们忽视的部分。当然，这不是一种变相的"再度向西方求学"，而是用另一种视角来观看自己本有的价值与存在。这种"观看"的作用使我们从所谓"科学""先进""进步"等思维中跳脱出来，重新审视中国思想的本真（或者说它原来就有的样子）。其中，朱利安运用的"间距"与"之间"方法，可能对我们有一定的借鉴意义。基于此，我们先用其与朱熹的理学和美学进行视域融合，以为未来的研究积累经验。

第一节　理学与美学的间距

间距（écart）是朱利安（François Jullien）用的一种方法。他指出：

> 作出间距，就是跳出规范，用不合宜的方式操作，对人们所期待的和约定俗成的进行移位；简而言之，即打破大家所认同的框架，去别处冒险，因为担心会在此处沉溺胶着。[①]

间距概念的最大优点是它相对于差异（différence）来讲，更具孕育力（fécondité）。

> 间距不像差异那般地紧抓着认同，差异既假设认同还以之为其目标，它非常缺乏孕育力，至少它在面对文化多元性时是如此；与之相

[①]　［法］朱利安：《间距与之间：论中国与欧洲思想之间的哲学策略》，卓立、林志明译，台北：五南出版公司2013年版，第39页。

反地，间距凸显出我刚刚提过的孕育力。①

这种孕育力如果进一步阐述，可将其说成是制造（produit）或生产，因为它们本身就拥有着一定的资源。

> 间距所造成的张力产生——制造（produit）——孕育力，但是差异（我重述它与间距相反），除了下定义之外，什么也不生产（ne produit rien）。同样地，文化之间的间距也是使文化彼此发现对方各自的孕育力就像许多的资源；这些文化资源，不论它们从何处来，也不论它们的源头（quelque soient son appurtenance de départ et son lieu d'origine），它们不仅可自我探索，每一种资源从此还能被对方开采。因为间距自我探索并且可被开采（s'explore et s'exploite）。②

朱利安在这里点出了间距方法的作用与意义。用这种思路来反观朱熹理学与美学的关系，可将二者混沌的状态重新厘清。在朱熹的理论中，理学作为儒家安身立命的核心，格物致知，正心诚意，修身齐家，治国平天下，是其理论构成的关键因素；美学作为朱熹抵抗诸事艰辛过程中对自我愉悦的必要需求，是他理论不可缺少的一部分。然而，在以往的研究中，顾此失彼的现象时有发生。莫励锋指出：

> 宋代理学的非文学及至反文学属性从正、反两方面得到强化。提倡者为了政治上的利益，竭力淡化甚至抹煞理学思想中的文学内容，同时强调其反文学的倾向。反对者则为了打碎精神枷锁而不分青红皂白地对理学思想作整体性批判，从而殊途同归地淡化甚至抹煞了理学思想中的文学内容。朱熹作为宋代理学的集大成者，这种有意无意的

---

① ［法］朱利安：《间距与之间：论中国与欧洲思想之间的哲学策略》，卓立、林志明译，台北：五南出版公司2013年版，第39—41页。
② ［法］朱利安：《间距与之间：论中国与欧洲思想之间的哲学策略》，卓立、林志明译，台北：五南出版公司2013年版，第41—43页。

误解和歪曲当然首先集矢于他的身上。①

于是，朱熹思想的整体性被分割。在人们有差异性的思维中，凸显了朱熹思想研究的一个部分，而将他的另一个也同样重要的部分加以掩盖。莫励锋说：

> 既然朱熹文学家身份是被其理学宗师的盛名所掩盖的，又是被其在后代的接受史所抹煞的，那么以恢复朱熹文学家本来面目为宗旨的工作合乎逻辑的研究思路应是从朱熹的影响史和接受史入手，探究其受到误解、歪曲的过程，从而消除这些误解和歪曲，揭开其理学宗师的光圈对其文学家身份的遮蔽。②

这里点出目前学者以"差异"方式对朱熹进行研究产生的问题。与文学相同，美学也存在着相应的状况。潘立勇就曾指出：

> 研究朱子理学美学首先要解决的是它的立论前提和理论背景。所谓立论前提即是：理学美学这个概念是否成立。……所谓理论背景着重指的是朱子理学美学所赖以产生和形成的二重性社会形态及社会心理结构和审美心理结构、朱熹本人的二重性人格特征，以及他的二重性哲学思想体系及其内在矛盾。③

于是，我们从"差异"的角度来看待朱熹的思想，莫励锋的分析和潘立勇面对的问题就不可避免。然而，如果我们换个视角，用"间距"的方法来看朱熹各种理论之间的关系，以上将均不成问题。事实上，莫励锋已经在自己的研究中透露出这种研究的萌芽。他说：

---

① 莫励锋：《朱熹文学研究》，南京大学出版社2000年版，前言第8页。
② 莫励锋：《朱熹文学研究》，南京大学出版社2000年版，前言第8页。
③ 潘立勇：《朱子理学美学》，东方出版社1999年版，第3—4页。

第四章　理学美学的间距与之间

我当然不否认朱熹最主要的身份是理学家,也不否认朱熹的所有论著都具有哲学倾向,至少可以被当作探讨其理学思想的材料,但是我更愿意关注朱熹的文学家身份,我希望大家来探讨的是朱熹的文学贡献,所以最好把历代关于朱熹的大量哲学性评论暂且搁置一边,直接到朱熹本人的论著以及他所生活的那个时代中去解读朱熹。[①]

于是,我们要做的工作是,是否可能将这种"萌芽"状态再向前推进一步,进而摆脱"差异"方法的非此即彼思维模式,转而改用学科间的"间距"与"之间"的方法,来重新架构朱熹的理论思想。于是,当我们开始将目光落到朱熹的理学与美学这两个维度上,似乎就为我们下面的研究打开了一线光亮。

因此,对于理学与美学,不能再用截然分开的"差异"的方法来进行处理,而是要用朱利安笔下的"间距"来加以说明。我们以大多数学者常用的一些朱熹文本来作参照,进而找出这种研究的迹象与开端。如朱熹的《鹅湖寺和陆子寿》:

德义风流夙所钦,别离三载更关心。
偶扶藜杖出寒谷,又枉篮舆度远岑。
旧学商量加邃密,新知培养转深沉。
却愁说到无言处,不信人间有古今。[②]

这首诗既反映了朱熹的理学思想,也反映了朱熹的文学造诣。陈来指出,这首《鹅湖寺和陆子寿》反映的背景是鹅湖之会后三四年间,陆九龄的治学工夫基本转向朱熹、吕东莱方面。[③]他引朱熹在祭陆子寿时一段祭文以作佐证:

[①] 莫励锋:《朱熹文学研究》,南京大学出版社 2000 年版,前言第 9 页。这里说莫励锋已经在自己的研究中透露出这种研究的萌芽,意思是指他的研究已经指出了目前学者研究中的问题,然而他自己的研究又重新滑落到"文学"这一单一维度之中,故称其"透露出萌芽"。
[②] 《朱子全书》第 20 册,上海古籍出版社、安徽教育出版社 2002 年版,第 365 页。
[③] 陈来:《朱子哲学研究》,生活·读书·新知三联书店 2012 年版,第 423 页。

> 学匪私说，惟道是求。苟诚心而择善，虽异序以同流。如我与兄，少不并游。盖一生而再见，遂倾倒以绸缪。念昔鹅湖之下，实云识面之初。兄命驾而鼎来，载季氏而与俱。出新篇以示我，意恳恳而无余。厌世学之支离，新易简之规模。顾予闻之浅陋，中独疑而未安。始听莹于胸次，卒纷缴于谈端。徐度兄之不可遽以辩屈，又知兄必将返而深观。遂逡巡而旋返，怅犹豫而盘旋。别来几时，兄以书来，审前说之未定，曰子言之可怀。逮予辞官而未获，停骖道左之僧斋。兄乃枉车而来教，相与极论而无猜。自是以还，道合志同。①

这是从哲学的角度来分析朱熹的文献与理论；与之相对应的是，莫励锋指出："这些诗虽然不是纯粹的文学作品，但在宋代理学家的诗中，无疑最具有审美价值的。"② 同时，他又指出："朱熹在教育弟子时除了讲解儒家经典、探讨性理之学以外，也相当重视文学。"③

于是，我们借助学者的研究，找到了不同学科之间研究朱熹思想的"间距"。这种"间距"不是讨论不同学科角度对研究朱熹思想的不同（或者说是差异），而是不同学科之间保留着二者的距离（distance），但彼此都生活在同一个空间（space）。这些哲学、文学及美学式的研究，是一种研究中的分支。而"间距则专注在使人上溯到一个分叉之处（embranchement），使人注意到这个分道扬镳及分离的地方（le lieu d'une séparation et d'un détachement）"④。于是，我们可以大胆地向前迈一步，进而不用在乎我们接下来的讨论是以哲学为中心，还是以文学或美学为中心，我们要做的只是将它们放置在同一个空间内，并使它们之间保留着一定的距离，达到一种"间距"式的存在。于是，以情景为主体的美学和以天理为主体的理学思想在"分离的地方"本就天然合一。胡迎建指出：

---

① 《朱子全书》第24册，上海古籍出版社，安徽教育出版社2002年版，第4077—4078页。
② 莫励锋：《朱熹文学研究》，南京大学出版社2000年版，第11页。
③ 莫励锋：《朱熹文学研究》，南京大学出版社2000年版，第11页。
④ ［法］朱利安：《间距与之间：论中国与欧洲思想之间的哲学策略》，卓立、林志明译，台北：五南出版公司2013年版，第33页。

在情景中渗透着理性的思考，融理、情、景于一体。这是哲人兼诗人于一身的朱熹诗的重要特征之一。他固然写过少许纯是议论的言理诗，但大多是"即物穷理"型的诗，即结合景物而生的受其理学影响的议论。他以哲人的眼光观察宇宙万物，见物理之妙，故"理妙触目存"（《寄题咸清精舍》）。①

这里基本将用"间距"方法研究朱熹理学与美学的途径表明清楚。于是，我们就沿着这个路径下去，讨论朱熹两种理论中内在关联的"之间"。

第二节　理学与美学的之间

"之间"在朱利安的理论里最早是用来指称欧洲与中国两种文明相比较时所用的方法。"间距产生之间（l'entre）。"② 朱利安说：

> 差异把它们留在各自的一边，因此在差异的内部里"什么也不再发生"（il n'arrive plus rien）。与之相反的，间距则透过它所造成的张力，不仅使它所拉开的并且形成强烈极端的双方"面对面"而保持活跃，间距还在两者之间打开、解放、制造之间（il ouver, libère, produit de l'*entre* entre eux）。③

"之间"相较于"间距"更加不具有实体性，不具有本体论意义上的存在。它既不是一个"具体现象"的名词赋予，也不是一个代名词式的存在，如"那个""这个"等。

---

① 胡迎建：《朱熹诗词研究》，中山大学出版社 2011 年版，第 272 页。
② ［法］朱利安：《间距与之间：论中国与欧洲思想之间的哲学策略》，卓立、林志明译，台北：五南出版公司 2013 年版，第 59 页。
③ ［法］朱利安：《间距与之间：论中国与欧洲思想之间的哲学策略》，卓立、林志明译，台北：五南出版公司 2013 年版，第 63 页。

> "之间"没有"己身"(«ensoi»),无法靠自己(par soi)存在;说实在的,"之间"并非"是"(l' «entre» n' «est» pas),至少它没有性质。
>
> 之间没有任何本性,没有地位,其结果是,它不引人注目。而同时,之间是一切为了自我开展而"通过"(«passe»)、"发生"(«se passe»)之处。……它是事物之"有",这些事物可以个体化、彼此能沟通、可以自我开展并且互相激励。①

也就是说,不同于间距,"'之间'不再被局限于中介/中间阶段的地位,不再处于最多和最少之间,而是像穿越(l' à travers)……'之间'是,或者说'作为',一切从此/经由此(d'où/par où)而展开之处"②。朱利安以《庄子》举例说:

> 《庄子》里有名的庖丁解牛之刀便是"游刃有余"地解牛:因为庖丁的刀在关节"之间",所以不会遇到阻碍和抵抗,牛刀不会受损,总是保持像刚被磨过一般地锐利。养生也具有同样的道理。如果生命力畅通无阻地行于我们体内运作"之间",并且在通过之际滋润它们,生命力就会使我们的身体保持敏捷,生命力也永不枯竭。③

到这里,我们基本找到了"之间"存在的价值与作用。朱熹的理学与美学,二者本身就存在着一个"之间"。在这个"之间"里,二者相并存在,既不相互干扰,又能相互滋养。

理学的严肃和美学的惬意,使这看似两极的存在"水火不容"。这是一种明显的知识论的非语境的求真理的态度。在朱熹的理论中,这两者显

---

① [法]朱利安:《间距与之间:论中国与欧洲思想之间的哲学策略》,卓立、林志明译,台北:五南出版公司2013年版,第63—65页。
② [法]朱利安:《间距与之间:论中国与欧洲思想之间的哲学策略》,卓立、林志明译,台北:五南出版公司2013年版,第67—69页。
③ [法]朱利安:《间距与之间:论中国与欧洲思想之间的哲学策略》,卓立、林志明译,台北:五南出版公司2013年版,第69页。

第四章　理学美学的间距与之间

然不是完全对立的。如《次韵四十叔父白鹿之作》：

> 诛茅结屋想前贤，千载遗踪尚宛然。
> 故作轩窗挹苍翠，要将弦诵答潺湲。
> 诸郎有志须精学，老子无能但欲眠。
> 多少个中名教乐，莫谈空谛莫求仙。①

这明显是一种理学层面的劝学诗，同样它也以美学的方式进行阐述。可以说，朱熹的众多哲理诗歌中都含有这种现象，这便是朱熹理学与美学的"之间"，或者如朱利安所言庖丁解牛时所用"刀"。我们再看《朱子语类》里释《易经》时的类似表达：

> "至微者，理也；至著者，象也。体用一源，显微无间。'观会通以行其典礼'，则辞无所不备。"此是一个理，一个象，一个辞。然欲理会理与象，又须辞上理会。辞上所载，皆"观会通以行其典礼"之事。凡于事物须就其聚处理会，寻得一个通路行去。若不寻得一个通路，只蓦地行去，则必有碍。典礼，只是常事。会，是事之合聚交加难分别处。如庖丁解牛，固是"奏刀騞然，莫不中节"；若至那难处，便着些气力，方得通。故庄子又说："虽然，每至于族；吾见其难为，怵然为戒，视为止，行为迟。"②

可以说，在朱熹思想里，这种"之间"一直存在，在他对"文"的论述中更为常见。如：

> 文字到欧曾苏，道理到二程，方是畅。荆公文暗。
> 欧公文字敷腴温润。曾南丰文字又更峻洁，虽议论有浅近处，然却平正好。到得东坡，便伤于巧，议论有不正当处。后来到中原，见

---

① 《朱子全书》第20册，上海古籍出版社、安徽教育出版社2002年版，第474页。
② 黎靖德编：《朱子语类》，中华书局1994年版，第1653—1654页。

欧公诸人了，文字方稍平。老苏尤甚。大抵已前文字都平正，人亦不会大段巧说。自三苏文出，学者始日趋于巧。如李泰伯文尚平正明白，然亦已自有些巧了。①

又如：

道夫问："看老苏文，似胜坡公。黄门之文，又不及东坡。"曰："黄门之文衰，远不及，也只有《黄楼赋》一篇尔。"道夫因言欧阳公文平淡。曰："虽平淡，其中却自美丽，有好处，有不可及处，却不是阘茸无意思。"又曰："欧文如宾主相见，平心定气，说好话相似。坡公文如说不办后，对人闹相似，都无恁地安详。"蜚卿问范太史文。曰："他只是据见定说将去，也无甚做作。如《唐鉴》虽是好文字，然多照管不及，评论总意不尽。只是文字本体好，然无精神，所以有照管不到处；无气力，到后面多脱了。"②

钱穆说：

综观朱子一生，出仕则志在邦国，著述则意存千古，而其徜徉山水，俛仰溪云，则俨如一隐士。其视洙泗伊洛，又自成一风格。此亦可窥见朱子性情之一面。凡究心朱子多方面之学者，于此一番遁隐生活，亦深值潜玩也。③

朱熹的弟子吴寿昌曾说：

先生每观一水一石，一草一木，稍清阴处，竟日目不瞬。饮酒不过两三行，又移一处。大醉，则趺坐高拱。经史子集之余，虽记录杂

---

① 黎靖德编：《朱子语类》，中华书局1994年版，第3309页。
② 黎靖德编：《朱子语类》，中华书局1994年版，第3312页。
③ 钱穆：《朱子新学案》第五册，台北：联经出版公司1998年版，第418页。

记，举辄成诵。微醺，则吟哦古文，气调清壮。某所闻见，则先生每爱诵屈原《楚骚》、孔明《出师表》、渊明《归去来》并诗、并杜子美数诗而已。①

以上种种迹象表明，朱熹天理、心性等理学思想与其山水美学总是在"之间"的状态中互相游走。理学的至上性与美学的平和性在朱熹的理论世界中互相起着作用。"之间"所体现出来的"工具"，或表现为他的哲理山水诗，或表现为他对弟子劝学时对文法的不经意的劝导，或是自己在酒酣之际，那一种说不清、道不明却让两种思想无间隙的交叉。朱熹理论的"之间"，是他本我的一种体现。他用一种非本体论的方式，展现了一个鲜活的自我。

这既非道德上严格的"崇高"，也非山水之情中"释怀的自由"，更应是一种"从心所欲不逾矩"的自在。在他的理论世界里，既有严格的道德律令，也有惬意的山水情感。但最主要的不是这两种理论的相互排斥，而是在"之间"的作用下相互"浸入"，互相影响。这样，道德劝导不会成为法家式的"命令"，山水美学也不会成为"丝竹乱耳"②的靡靡之音。这种"之间"既体现了先秦以来儒家一直奉行的中庸之道，也在非神话式的现实世界中，找到了人在现实中超脱的"工具"。这个"之间"，如朱熹在谈论"理先气后"问题时说："此本无先后之可言。然必欲推其所从来，则须说先有是理"③中的"推"，也如朱熹的《宿武夷观妙堂二首》④诗中的"生""遣""启"。"之间"在"间距"的作用下生成，促使朱熹理学与美学以活生生的面貌呈现。这可谓一条看似新颖，其实被久别的老路。这个

---

① 黎靖德编：《朱子语类》，中华书局1994年版，第2674页。
② 全文为：山不在高，有仙则名。水不在深，有龙则灵。斯是陋室，惟吾德馨。苔痕上阶绿，草色入帘青。谈笑有鸿儒，往来无白丁。可以调素琴，阅金经。无丝竹之乱耳，无案牍之劳形。南阳诸葛庐，西蜀子云亭。孔子云：何陋之有？（刘禹锡：《陋室铭》）
③ 黎靖德编：《朱子语类》，中华书局1994年版，第3页。
④ 全诗原文为：阴霭除已尽，山深夜还冷。独卧一斋空，不眠思耿耿。闲来生道心，妄遣慕真境。稽首仰高灵，尘缘誓当屏。清晨叩高殿，缓步绕虚廊。斋心启真秘，焚香散十方。出门恋仙境，仰首云峰苍。踌躇野水际，顿将尘虑忘。（《朱子全书》第20册，上海古籍出版社、安徽教育出版社2002年版，第230页。）

"之间"像动词一样没有具体形态,却在朱熹的理学与美学之间发挥着作用。但为了进一步说明问题,我们依然要让"之间"显现。于是,"之间"的一个"显"的状态便以"虚待"的方式呈现出来。到此,在"虚待"的作用下,朱熹理学与美学之间的关系,便清晰地呈现在世人面前。

第三节　理学与美学的虚待

在朱熹的理学世界中,美学的影子总是以忽隐忽现的方式伴其左右。朱利安将这种理学与美学共存的状态称为虚待(disponibilité)。虚待不是一个概念,更不是一种现象,而应该被称谓为一种状态或一种趋势。[①]朱利安认为虚待的"核心是'共存的可能'(com-possible),也就是'无排除'(non-exclusion)"[②]。他着重指出:"'虚待'意谓着一种开放性。"[③]胡迎建将这种理学与美学相结合的状态称为"理趣",也涵摄了这种思想。

> 何谓理趣,……物境与心中之理相感应,以完整的境界有机地契合心中所要表达的一种道理,两者融合无间,生机盎然,灵机洋溢。……理趣诗必须蕴哲理而有趣味,不离物境与物象。[④]

对于"理趣",钱锺书的解释更为精确:"释氏所谓'非迹无以显本',宋儒所谓'理不能离气',举明道之大纲,以张谈艺之小目,则'理趣'是矣。"[⑤]他又说:"拈形而下者,以明形而上;使寥廓无象者,托物以起兴,恍惚无朕者,著述而如见。譬之无极太极,结而为两仪四象;鸟语花香,

---

① 现象是一种静观,状态或趋势是一种动态。
② [法]朱利安:《间距与之间:论中国与欧洲思想之间的哲学策略》,卓立、林志明译,台北:五南出版公司2013年版,第253页。
③ [法]朱利安:《间距与之间:论中国与欧洲思想之间的哲学策略》,卓立、林志明译,台北:五南出版公司2013年版,第253页。
④ 胡迎建:《朱熹诗词研究》,中山大学出版社2011年版,第276—277页。
⑤ 钱锺书:《管锥编》,商务印书馆2011年版,第1144页。

而浩荡之春寓焉；眉梢眼角，而芳悱之情传焉。举万殊之一殊，以见一贯之无不贯，所谓理趣者，此也。"①

无论是虚待还是理趣，其核心均在"共存性"，这应该是把握朱熹理学与美学的核心。朱熹的二首《观书有感》，将这种状态描写得淋漓尽致。如下：

> 半亩方塘一鉴开，天光云影共徘徊。
> 问渠那得清如许？为有源头活水来。
> 昨夜江边春水生，艨艟巨舰一毛轻。
> 向来枉费推移力，此日中流自在行。②

胡迎建指出："这首诗作于乾道二年（1166），是朱熹与张栻、石子重、许升等人和湖湘学者共同讨论'敬'的存养工夫。……可见是为论学究源之作，而非题咏景物。"③朱熹在给许顺之（即许升）的信中，确实引此诗以作讨论理学思想境界的凭据。

> 此间穷陋，夏秋间伯崇来，相聚得数十日，讲论稍有所契。自其去，此间几绝讲矣。幸秋来老人粗健，心间无事，得一意体验，比之旧日渐觉明快，方有下工夫处。日前真是一盲引众盲耳。此说在石丈书中，更不缕缕。试取观之为如何，却一语也。更有一绝云："半亩方塘一鉴开，天光云影共徘徊。问渠那得清如许，为有源头活水来。"试举似石丈，如何？湖南之行，劝止者多，然其说不一。独吾友之言为当，然亦有未尽处。后来刘帅遣到人时已热，遂辍行。要之亦是不索性也。④

朱熹与许顺之的书信多为理学议题。此信的前一封信讨论《孟

---

① 钱锺书：《谈艺录》，中华书局1984年版，第550页。
② 《朱子全书》第20册，上海古籍出版社、安徽教育出版社2002年版，第286页。
③ 胡迎建：《朱熹诗词研究》，中山大学出版社2011年版，第283页。
④ 《朱子全书》第22册，上海古籍出版社、安徽教育出版社2002年版，第1744—1745页。

子·梁惠王上》的"叟不远千里而来,亦将有以利吾国乎"①,后一封信讨论"乾之为卦,上下纯乾,天之动也,人欲不与焉。潜只得潜,见合当见。三则过矣,君子尤当致谨"②。其他诸信也均以理学思想为讨论核心,可见朱熹与许顺之信引用《观书有感》确实是一种以美学形式印证理学思想的诗作。

在朱熹的《文集》中,这种理学诗,或者以美学样态反映理学思想的诗十分常见。《观书有感》只是其中的代表之作。他的这种亦诗亦理的写作方式,正是朱利安笔下的"虚待",即一种开放性的共存。朱熹理学与美学之间的虚待,既凸显了两者在现实世界中的风景式的临界感状态,又表明了朱熹对人整体把握的整体感。而这个虚待式的临界状态与整体感,正说明了朱熹的理论本为生生之学,即以《易经》思想为本体而演化出太极、天理的理学体系和以《论语》《孟子》思想为主体而演化出人性、情景的美学体系。理学的严肃和美学的释然,在虚待的状态中达成了"从心所欲不逾矩"的最高人生追求,则为朱熹理论的一大特色。

小 结

朱熹的理论本为一体,但受西方分科思想的影响而逐渐分化。这导致我们现在面对朱熹思想时遇到诸多的矛盾现象。而这种矛盾现象的产生,在很大程度上与朱熹本人无关,而是后来学者的研究取舍所致。部分学者纠结于对朱熹理学与美学的清晰分化研究,这注定不是一条明路。以此方法来看待中国古代的其他学者,也存在着相同的问题。朱利安的间距、之间与虚待,意在帮助我们回到中国思想家们被分裂之前的状态,以整体式的方式对其进行观照,进而摆脱非此即彼的研究方式,也排除以对立求偏见的哲学思维模式。

朱利安说:

---

① 顾宏义:《朱熹师友门人往还书札汇编》,上海古籍出版社 2017 年版,第 2915—2917 页。
② 顾宏义:《朱熹师友门人往还书札汇编》,上海古籍出版社 2017 年版,第 2917—2920 页。

第四章　理学美学的间距与之间

哲学的历史就是从提出一个观念开始的，就是不断地提出观念。哲学把一开始提出的观念当成原则，其他的观念都是由此而产生的，思想由此而组织成了体系。这个首先提出的观念成了思想的突出点，有人为它辩护，也有人驳斥它。从提出的这一偏见开始，可以形成一个学说，可以组成一个学派，一场无休止的争论也就由此而开始了。①

但是，

一切首先提出的观念已经是狭隘的观念：它一开始就会独霸一切，并在独霸一切的同时，让人放弃其他的一切。而圣人什么也不会放弃，不会将任何一个方面弃之不顾。但圣人知道，在提出一个观念的同时，对现实就有了一定的偏见，哪怕是临时性的偏见：逻辑联系就像是一束线，如果你选择了其中的一根，选择这根而不是那根，想把它抽出来，取其一而弃其余，那么，你的思想便倒向了很多方面中的一个方面。②

这并不是中国哲学（或中国思想）追求的本初。中国古代先贤追求是一种无意的圣人世界或君子世界，与这种追求偏见的思维显然无法苟同。

提出一个观念，等于从一开始就丧失了你原曾想阐述的东西，不管你在这样做的时候是多么谨慎，多么有条理。你注定了只能有一种特别的视角，不管你做出了多大的努力想重新征服整体，从今往后，你再也摆脱不了这个偏见，你会永远遭受最初的观念产生的偏见的影响。③

---

① ［法］于连：《圣人无意：或哲学的他者》，闫素伟译，商务印书馆2019年版，第9页。
② ［法］于连：《圣人无意：或哲学的他者》，闫素伟译，商务印书馆2019年版，第8页。
③ ［法］于连：《圣人无意：或哲学的他者》，闫素伟译，商务印书馆2019年版，第8—9页。

因此，我们不妨回到最初，回到中国思想还未被分化研究的近代之前来观看它，或许可能更加接近思想的本质。因此，对朱熹理论的研究就需要我们从这种观念偏见和学科偏见中走出来，不是以理学的角度或美学的角度来看待世界，更不是以理学的角度或美学的角度来研究朱熹。而是要将其整合起来，找到联结工具将这些已经分化的研究重新拉回到研究的原点，方可解决这些问题。钱穆说："朱子论学，极重本末之辨，此亦其一端。朱子精熟文章，然不谓明道必求之于诗文。又精熟乐律，亦不谓治诗必求之于声乐。"① 此为研究朱学之要义。在这里，朱利安的间距、之间与虚待，便做了这样的尝试。

---

① 钱穆：《朱子新学案》第五册，台北：联经出版公司 1998 年版，第 404 页。

第五章　朱熹理学美学与山水美学

朱熹的山水诗反映了"理"思想的一个特殊面向，它不同于朱熹与人争辩时突出的道德本心式的外显，而注重一种个人向内心之中寻找的真实体验。这种体验，是一种集"理"与现实为共在的一种心灵境界。一般而言，学者们习惯将朱熹的山水诗界定为对其"理"思想产生的道德本心的反叛，而非"理"思想的坚持与维护。这种理解有违朱熹的立学本意。朱熹的山水诗对"理"思想是持肯定态度的，但需要我们借用当代的研究视角为其诠释。在这一点上，朱利安理论中的"间距"与"之间"，有助于我们更为全面具体地理解朱熹的理学概念，进而走出对理学思想理解的误区。

"间距"与"之间"是朱利安提出的概念，但他一直未给我们明确的界定，这或许是他一直受阿多诺的定义方法影响所致。阿多诺在定义美的时候，说："我们不能定义什么是美，但也不能扬弃美的概念；这正是所谓的二律背反。"[①] 阿多诺的定义方法在朱利安的多次演讲中被其引用，可见其思想构成中，除了王夫之与新儒家（牟宗三等）[②] 外，阿多诺的地位也不能被忽略。这种定义的方法意在打破传统的确定性定义法，打开禁锢思想的牢笼。于是，我们在理解朱利安的"间距"（écart）与"之间"（entre）两个概念时，需要保持一定的耐心。

"间距"概念的提出，是相对于"差异"而言。我们可以从其与"差

---

① 转引自［法］朱利安《间距与之间：论中国与欧洲思想之间的哲学策略》，卓立、林志明译，台北：五南出版公司 2013 年版，第 215 页。
② ［法］朱利安：《间距与之间：论中国与欧洲思想之间的哲学策略》，卓立、林志明译，台北：五南出版公司 2013 年版，第 232—242 页。

异"（différence）对比中，来试图厘清它的内涵。朱利安说：

> 首先，间距并不提出原则认同，也不回应认同需求；但是间距把文化和思想分开，因而在它们之间打开了互相反思的空间（un espace de réfléxivité），思考得以在其间开展。因此，间距的形象（figure）不是整理排列存放（rangement），而是打扰（dérangement），它以探险开拓为其志向（à vocation exploratoire）：间距使众多的文化与思想凸显为多采多姿的丰富资源。最后，我们还可以在间距概念里避免提出——假设——有关人的本性的一些总是带着意识形态的成见（a priori）；间距邀请我们从事我称之为人文的自我反思（auto-réfléchissement de l'human）。①

我们这里似乎要对他的定义做一个"略微精确"的梳理，故将以上材料总结为：间距为区隔文化与思想，打开互相反思空间，并在其间建立反思思考空间的存在。它以打扰的形象为特征。

对于"之间"，朱利安的定义较为简短，即"之间是一切为了自我开展而'通过'（«passe»）、'发生'（«se passe»）之处"②。不过，为了避免误解，朱利安还是做了较为详细的说明：

> 文人画家在笔划之中留下之间，因此使笔划生气蓬勃。这个理所当然的事实却不是一个非存有/不存在或空无的空白（un vide du non-être ou du néant），它与来自印度的佛教里的空（sunya）是不同的，佛教的空仍然属于本体论。它倒是如王弼所注疏的，是有运作力的"无"（«il n'y a pas» foncitionnel），并且"有"乃从无取得"利益"（«profit»）。……我们因此相信最"真实"的（le plus «réel»），或者说最实际的，并不是"东西"（res, la «chose»），而是不任自

---

① ［法］朱利安：《间距与之间：论中国与欧洲思想之间的哲学策略》，卓立、林志明译，台北：五南出版公司2013年版，第33页。
② ［法］朱利安：《间距与之间：论中国与欧洲思想之间的哲学策略》，卓立、林志明译，台北：五南出版公司2013年版，第63页。

第五章　朱熹理学美学与山水美学

已成为"东西"之处（par où）——这是非本体论的，不具属性之处（par où non ontologique, non assigné）——它是事物之"有"，这些事物可以个体化、彼此能沟通、可以自我开展并且互相激励。①

这里，朱利安用王弼和佛教做比喻，凸显"之间"是一个"有"，或者是一个"有的无"，就如中国绘画中的"留白"，看似没有，但不是真的没有。"之间"的界定与朱熹的"性"概念相近。朱熹在处理"性"问题时，他习惯将其与佛老的"空""无"相区隔，即他所谓的"无极而太极"，"无极"不是什么都没有；他谈"尽心知性"而不谈"明心见性"；他认为的"若理，则只是个净洁空阔底世界，无形迹，他却不会造作"②之"净洁空阔"绝不是什么都没有，否则就违反他的立学本意。

对于"间距"与"之间"关系的处理，朱利安认为"之间""是一种工具，它在间距之后并且来自间距"③。虽然朱利安在使用"间距"与"之间"两个概念的时候，意在处理中国和欧洲思想之间的问题，他的本意表现在为两种思想构建一个"面对面"交流的平台，进而达到"除掉一切天真的本体论"④的效果。但朱利安的这种诠释可能需要进一步澄清。他指出：

> 我将把自己定位在这个之间的"无处"（«nulle part» de l'entre），也就是说，定位在这个"非处"（l' «a-topie»）那种没有位子的"之间"里。然而就是通过这个从来不被隔离的，不具有任何特质的，没有本质也没有属性的"之间"而起"作用"（«fonctionnel»），如中文所说的，"用，通"（«communicationnel»），因而操作起来。⑤

---

① ［法］朱利安：《间距与之间：论中国与欧洲思想之间的哲学策略》，卓立、林志明译，台北：五南出版公司2013年版，第63—65页。
② 黎靖德编：《朱子语类》，中华书局1994年版，第3页。
③ ［法］朱利安：《间距与之间：论中国与欧洲思想之间的哲学策略》，卓立、林志明译，台北：五南出版公司2013年版，第73页。
④ ［法］朱利安：《间距与之间：论中国与欧洲思想之间的哲学策略》，卓立、林志明译，台北：五南出版公司2013年版，第73页。
⑤ ［法］朱利安：《间距与之间：论中国与欧洲思想之间的哲学策略》，卓立、林志明译，台北：五南出版公司2013年版，第75—77页。

这种界定十分类似朱熹的体用关系。朱熹在处理山水美学时强调:"一方面,'景要与人共',景对人而呈现,因人生而动;另一方面,'自然触目成佳句',自然美为创作主体提供了丰富的源泉。"①因此我们可以推导出:在朱熹看来,景与人需要"间距"与"之间"。

第一节 理与景的道家式分离

朱利安谈"间距"时指出:

> 面对这个已经变得老套的(欧洲)传统,中文打开了一个间距,因为它并不用字形区分形容词与名词:中文并不分开作为概念的"美"与作为质量的"美"。中国因此不会由名词地位出发导向思考美的概念地位。美因而在中国不会行使一种概念层面的霸权地位。没有任何一个意念具有这样的独裁地位;中文偏好使用双字构词:如秀/润、清/丽、幽/雅等。也就是说,它偏好利用一对意念来表达一种两极性(如同阴/阳),而不是单极地集中于一个品质。或者,中文会维持一整群意念,并使其中没有任一个占着霸权地位:比如"为上"、"活"、"精好"、"佳"、"无穷之趣"、"入神"等。②

我们不妨用朱利安的间距概念来分析一下朱熹的理学。在朱熹的理学世界中,理与气是共生共在的,但讨论它们时,它们又必须分开。只有这样,才能让"理""气"在平等的地位中"面对面"地交流。朱熹曾在回答弟子的疑问时说:

> (或问先有理后有气之说)不消如此说。而今知得他合下是先有

---

① 转引自张立文主编《朱熹大辞典》,上海辞书出版社2013年版,第419页。
② [法]朱利安:《间距与之间:论中国与欧洲思想之间的哲学策略》,卓立、林志明译,台北:五南出版公司2013年版,第171—173页。

第五章 朱熹理学美学与山水美学

理,后有气邪;后有理,先有气邪?皆不可得而推究。然以意度之,则疑此气是依傍这理行。及此气之聚,则理亦在焉。盖气则能凝结造作,理却无情意,无计度,无造作。只此气凝聚处,理便在其中。且如天地间人物草木禽兽,其生也,莫不有种,定不会无种子白地生出一个物事,这个都是气。若理,则只是个净洁空阔底世界,无形迹,他却不会造作;气则能酝酿凝聚生物也。但有此气,则理便在其中。①

后世学者习惯于讨论朱熹的"理先气后"、理气"形上形下",实际上这些先后、上下,并不含有等级次序的内在含义,而只是朱熹为了区分混沌,而对二者拉开的距离,也就是发现一个真实的"间距"。朱熹正是用这种看似相反的对象来阐述自己的山水美学思想,如"恶者,美之变"②。这正如朱利安指出的:"中国的'山水'指相反事物之间的关联性。"③

对朱熹核心概念的处理,如无极与太极、理与气、阴与阳、性与情、静与敬,我们习惯了用"截然为二"或"整齐划一"两种思路去诠释。前一种强调对立概念的差异性,后一种强调对立概念的统一性。两种思路均在朱子理学的研究路径上,贡献非凡。但如果说到此就可以宣布问题完结,显然这样的判断难以被人接受。

朱利安的"间距"概念正试图打开一个研究的新路径——互相反思的空间。于是,当我们将朱熹的核心概念放置在这个路径下时,便会发

---

① 黎靖德编:《朱子语类》,中华书局1994年版,第3页。
② 孝述质疑:"气之始有清有浊,有美无恶。浊者清之变,恶者美之变。以其本清本美,故可易之,以反其本。然则所谓变化气质者,似亦所以复其初也。不知是否?"朱熹回答说:"气之始固无不善,然腾倒到今日,则其杂也久矣。但其运行交错,则其美恶却各自有会处。此上智下愚之所以分也。"朱熹又补充道:"然而本明之体得之于天,终不可得而昧者云云,所以使之即其所养之中,因其所发而启其明之之端也。"(《朱子全书》第25册,上海古籍出版社、安徽教育出版社2002年版,第4814—4815页。)张立文认为:"以这一命题为基础,朱熹又提出'可易之反其本'。认为美恶均是对人而言,人可以变化气质,可以变化气质的根据就在于恶本来就是美的变形,如能反'本然之正',就可以澄浊为清,易恶为美。"(张立文主编:《朱熹大辞典》,上海辞书出版社2013年版,第423页。)
③ 原文为,And yet in China we are thinking no longer of a portion of the land offered up to an observer's eye but of a correlation of opposites: "mountains" and "waters."[法]朱利安:《山水之间:生活与理性的未思》,卓立译,华东师范大学出版社2016年版,第21页。

现，一条光亮的裂缝似乎正在向我们展开。而这个裂缝，便是理与气的"间距"。

"间距"不是现实世界中的物理概念，它本身应该没有时间和空间的部分。如果一定要用时间和空间概念来理解它，那能表达它的也只有时间中的"一念"和空间中的"几希"①。这种"一定要用"就如同朱熹弟子一定要问"理先还是气先"的问题一样，必须用时间给出回答。但这种回答本身是出于无奈。间距只是将混沌的两个存在分开，创建一条界线，并放置于同一个平台上，让二者公平地对话。这种超越时间，而又非形而上、本体论的研究方式，便是"间距"的作用。在朱熹的理学世界中，"间距"要想发挥如上作用，需要停留到朱熹的理学美学世界中。于是，我们似乎帮助朱熹与朱利安的"间距"建立了联系。如，朱熹的《读道书作六首》中，第一篇：

> 岩居秉贞操，所慕在玄虚。
> 清夜眠斋宇，终朝观道书。
> 形忘气自冲，性达理不余。
> 于道虽未庶，已超名迹拘。
> 至乐在襟怀，山水非所娱。
> 寄语狂驰子，营营竟焉如？②

山水此时已非朱熹超越之径，人与山水平等分开，自然面对。一句"山水非所娱"道出朱熹理学美学中的"间距"。一个"忘"字，道出了人在山水中，又在山水外的"间距"。

第三篇：

> 白露坠秋节，碧阴生夕凉。
> 起步广庭内，仰见天苍苍。

---

① 朱熹：《四书章句集注》，中华书局2011年版，第274页。
② 《朱子全书》第20册，上海古籍出版社、安徽教育出版社2002年版，第236页。

东华绿发翁，授我不死方。
愿言勤修学，接景三玄乡。①

一个"接景"，道出了"人我"的"间距"。再如，第四篇：

四山起秋云，白日照长道。
西风何萧索，极目但烟草。
不学飞仙术，日日成丑老。
空瞻王子乔，吹笙碧天杪。②

"四山"与"秋云"，"白日"与"长道"，道出了自然的"间距"。朱熹这三首读道书的感悟，将理与景进行分离。景色已经在前，不在理之中，而心却在其中。山水、理、心构成一个协调平静的姿态——互相观望，互相反思。在一个类似想象的真实世界中，人的性、情、行有序地存在着。也就是说："在朱熹理学美学中，人格美体现为'性'—'情'—'行'三重结构，'性'为道体赋予人的品格，'情'为人的实际体验，'行'为人的现实表现。"③

也只有在"间距"的理路中，我们才能将情与性放置在同一个位阶之上，而不是"情是性之用"④，或者"情者，性之动"⑤，而达成"性""情"同位。这一点，钱穆诠释为：

心情亦常连说，心之发必附有情，舍情亦无以见心。然性根乎内，情发乎外，故性无不善而情或有不善，然亦不得因情有不善而谓心有不善、性有不善也。⑥

---

① 《朱子全书》第20册，上海古籍出版社、安徽教育出版社2002年版，第236页。
② 《朱子全书》第20册，上海古籍出版社、安徽教育出版社2002年版，第236页。
③ 张立文主编：《朱熹大辞典》，上海辞书出版社2013年版，第419页。
④ 黎靖德编：《朱子语类》，中华书局1994年版，第82页。
⑤ 黎靖德编：《朱子语类》，中华书局1994年版，第89页。
⑥ 钱穆：《朱子新学案》第二册，九州出版社2011年版，第119页。

实际上，钱穆的诠释不过是张横渠"心统性情"在朱熹理论中的再次说明。① 而这一思想也体现在朱熹的山水诗中。

于是到这里，我们可以发现，朱熹的山水诗中，景与理已经被其在无形中打开了一道缝隙，这道缝隙不是形而上的超越，而是人在世界中，却欲"跳出来"反观世界，思考自我与山水的共在。于是，本体的自我在"脱离"的那"一念"中，"间距"便随之产生。但此时的诠释有欲将朱熹归为道家之嫌，这明显与朱熹的儒者身份相冲突。因此，只有到了"之间"，我们才能清楚朱熹分离后的统合是如何开展的。

第二节　理与景的儒家式共在

朱熹说："有是理后生是气，自'一阴一阳之谓道'推来。天下未有无理之气，亦未有无气之理。气以成形，而理亦赋焉。"② 朱子谈理气问题时，时常强调理气不离不杂，但他的理气观念，却又不是混沌一团，杂糅难辨。他本身也强调将理气分开来看，以"面对面"的方式，来厘清两者之间的关系，这便形成"间距"。在谈论"理先气后"问题时朱熹说：

> 此本无先后之可言。然必欲推其所从来，则须说先有是理。然理又非别为一物，即存乎是气之中，无是气，则是理亦无挂搭处。气则为金木水火，理则为仁义礼智。③

这实际上是朱熹对于理气的一个简单的厘清。这里，"推"字需要被注意。"推"不可能在空、无中"推"，"推"一定是"有"在推，或推着

---

① 实际上朱熹继承了张横渠心统性情的讲法。朱熹说："性、情、心，惟孟子横渠说得好。"参见黎靖德编《朱子语类》，中华书局1994年版，第93页。
② 黎靖德编：《朱子语类》，中华书局1994年版，第2页。
③ 黎靖德编：《朱子语类》，中华书局1994年版，第3页。

"有"。这其实就是朱利安"之间"概念中涵盖的"通"。"推"是实际的存在,理与气不是虚幻的遐想,而是真实世界中的相互作用。

朱熹的《宿武夷观妙堂二首》云:

> 阴霭除已尽,山深夜还冷。独卧一斋空,不眠思耿耿。
> 闲来生道心,妄遣慕真境。稽首仰高灵,尘缘誓当屏。
> 清晨叩高殿,缓步绕虚廊。斋心启真秘,焚香散十方。
> 出门恋仙境,仰首云峰苍。踌躇野水际,顿将尘虑忘。①

此诗中的"生""遣""启"便是"推"的山水美学表达。"道心""真境""真秘"便是朱熹心中真实的景色,在"仙境"中可以感受到"之间"的实有。在这两首诗中,朱熹正如朱利安所言,"自己定位在这个之间的'无处',也就是说,定位在这个'非处'那种没有位子的'之间'里"②,这个"非处"可能曾经是真境、高灵,可能曾经是高殿、虚廊,可能曾经是仙境、云峰,可能是当下的野水,在这存在的"无中有"和"有中无"中,朱熹体验着"之间"的"通或用"。这也就是朱利安提出的:"人并没与它分开,但只是人后撤而成为万象之一而已。那个被安置的'面对面'乃在世界里,在'山'、'水'之间。"③朱熹从未离开风景,也未逃离山水,他本身就是风景与山水的一部分。但他又试图逃离自己的"在场"④,追求一个超我的视野,观察"之间"。这正是他在谈理气问题时,"推"要表示的现实内涵。

也就是说,朱熹的"之间"体现的是一种人格美学,而"人格美是朱熹理学美学的关注中心"⑤。张立文认为,朱熹在"山水审美过程中能'观

---

① 《朱子全书》第20册,上海古籍出版社、安徽教育出版社2002年版,第230页。
② [法]朱利安:《间距与之间:论中国与欧洲思想之间的哲学策略》,卓立、林志明译,台北:五南出版公司2013年版,第75—77页。
③ [法]朱利安:《山水之间:生活与理性的未思》,卓立译,华东师范大学出版社2016年版,第22页。
④ 肉身及肉身所接触到环境。
⑤ 张立文主编:《朱熹大辞典》,上海辞书出版社2013年版,第419页。

造化之理',从而体现'天地之教'、山水美育的功能"①。朱熹在《至乐斋记》中说:"心平而气和,冲融畅适,与物无际。其观于一世事物之变,盖无往而非吾乐也。"②这是朱熹追求的圣人境界,是达到"心与理一"的境界。张立文指出:"'心与理一'即能'万物皆备于我',我自能在天地间无心而化,无意而顺理。这种人格境界表现在道德行为上,其德性之行也是无须着力而浑成。"③

需要点明的是,朱利安与朱熹的"之间"的共同之处也在于"中立而不倚"④,都存在"通"或"用"的诠释;但二者存在着一定的差异。朱利安的"之间"只是一个现实的状态;而朱熹强调"之间"中的"中",这种"中"便是不偏不倚、无过不及⑤。这一点差别,使朱熹在讨论山水美的"之间"时,增加了一份"和谐"的因素。也就是说,"和谐"是朱熹山水美学不可或缺的一个组成部分。

朱熹的山水美学坚持"有文明而各得其分"的思想。他曾说:"文明以止,人文也。"⑥其中"文明以止",张立文将其诠释为:

> 人的各种所作所为有节制,有分寸,恰如其分,从容中道,这靠人来把握,这也是"人之道",故谓之"人文"。人文之美,正体现在"各得其分"。⑦

他总结说:

> 中国古人最崇尚的"中和"、"中庸"正是"各得其分"的境界。朱熹认为,人既可以观察自然之象,察其刚柔质文交错变化的情况以把握自然规律;也可以通过恰当的文明以教化天下。朱熹的这一观

---

① 张立文主编:《朱熹大辞典》,上海辞书出版社 2013 年版,第 419 页。
② 《朱子全书》第 25 册,上海古籍出版社、安徽教育出版社 2002 年版,第 4977 页。
③ 张立文主编:《朱熹大辞典》,上海辞书出版社 2013 年版,第 435 页。
④ 朱熹:《四书章句集注》,中华书局 2011 年版,第 23 页。
⑤ 朱熹:《四书章句集注》,中华书局 2011 年版,第 22 页。
⑥ 《朱子全书》第 1 册,上海古籍出版社、安徽教育出版社 2002 年版,第 95 页。
⑦ 张立文主编:《朱熹大辞典》,上海辞书出版社 2013 年版,第 421 页。

点，点明"人文"之美基本特征的要义就在于"各得其分"（"止，谓各得其分"）。①

也就是说，朱熹的"之间"强调了人与景的共在，并在自由的彰显中规定了秩序。从这一点来说，朱熹的山水美学并未达到陶渊明山水诗式的自由，因此他才有"枕流漱石自由身"的感叹。不过陶渊明的自由之美一直是朱熹向往的对象，朱熹在其诗中经常提及陶渊明以表达自己的感念，如《丘子野表兄郊园五咏》中的《柳》中言：

> 欲识渊明家，离离疏柳下。
> 中有白云人，良非遁世者。②

又如《题郑德辉悠然堂》中言：

> 高人结屋乱云边，直面群峰势接连。
> 车马不来真避俗，箪瓢可乐便忘年。
> 移筇绿幄成三径，回首黄尘自一川。
> 认得渊明千古意，南山经雨更苍然。③

对这种陶渊明式自由的追求，他自己作诗（《隐求斋》）云：

> 晨窗林影开，夜枕山泉响。
> 隐去复何求？无言道心长。④

可见"道心"的羁绊，让其无法像陶渊明一样真心回归田园。因此，朱熹的"之间"，还是沾染了"为天地立心，为生民立命，为往圣继绝学，

---

① 张立文主编：《朱熹大辞典》，上海辞书出版社2013年版，第421页。
② 《朱子全书》第20册，上海古籍出版社、安徽教育出版社2002年版，第228页。
③ 《朱子全书》第20册，上海古籍出版社、安徽教育出版社2002年版，第352页。
④ 《朱子全书》第20册，上海古籍出版社、安徽教育出版社2002年版，第522页。

为万世开太平"①的儒家道德本心，而无法成为洒脱的道家。因此，将朱熹的山水诗判定为"理性压抑后的释放"，恐怕难逃曲解之嫌，"理"思想从未逃离朱熹本心。

第三节　山水中儒与道的结合

虚待（disponibilité）是朱利安在处理美学问题中的一个概念。"其核心是'共存的可能'（com-possible），也就是'无排除'（non-exclusion）。"②朱利安指出："'虚待'意谓着一种开放性。"③这个开放性，朱利安指出：

> （它）有否定意味的 dis，但它是不守住一个位置（position）。实现某一个可能，并不排除另一个可能。……重点是要避免排除，在建构之中有一种完成，因此受限、排除，而这是要避免的，因此必须尽可能停留于完成之前或之后的阶段，因为完成便是受限。④

虚待是朱利安创造的一个词语，他这么做的目的在于摆脱"已有词汇对读者的误导"，而无法实现"自由"。

朱利安的思想一度受到庄子、王夫之等气论思想的影响。这个影响，不仅表现在我们这里谈到的虚待，也表现在前面谈到的"间距"与"之间"。实际上，我们发现朱利安这三个概念不过是王夫之"气"的三个面

---

① 此为"横渠四句"流传最广的版本，但较之文本文献，存在着一定的问题。《张子全书》的版本为："为天地立心，为生民立道，为去圣继绝学，为万世开太平。"（《张子全书》，林乐昌校对，西北大学出版社 2014 年版，第 259 页。）《张载集》的版本为："为天地立志，为生民立道，为去圣继绝学，为万事开太平。"（《张载集》，中华书局 1978 年版，第 320 页。）虽然三个版本用字不同，但立意几乎一致，故文中引用流行版本。
② ［法］朱利安：《间距与之间：论中国与欧洲思想之间的哲学策略》，卓立、林志明译，台北：五南出版公司 2013 年版，第 253 页。
③ ［法］朱利安：《间距与之间：论中国与欧洲思想之间的哲学策略》，卓立、林志明译，台北：五南出版公司 2013 年版，第 253 页。
④ ［法］朱利安：《间距与之间：论中国与欧洲思想之间的哲学策略》，卓立、林志明译，台北：五南出版公司 2013 年版，第 253 页。

向。中国的气论从汉代开始,已经逐渐走向了形上与形下共在的研究路径。对于明末清初的王夫之而言,其气的思想是对前人的一种系统性总结。蒙培元指出:

> 在王夫之看来,性是形而上者之理,即普遍的超越的道德本体,心则是形而下者之气,即物质实体及其知觉作用。因此,心和性只能是"涵摄"、"认取"关系。从这个意义上说,王夫之所谓性,并不是朱熹所说的心体,即内在的自我超越,而是外在的超越。就是说,性作为客观的外在的伦理本体,"具"于或"涵"于形而下的心中,从而成为人的道德本性。①

而受之影响的朱利安,在理解气概念的过程中衍化出"虚待"②概念,也是顺理成章的事情。当我们顺着这一概念产生的历史脉络,再来反观朱熹山水诗中的气,便可发现其理论的新内涵。

实际上,虽然王夫之与朱熹在理气问题上的观点存在差异,但是二者都应归于宋明理学这个大系统中。朱熹主张的理气不离不杂,是来自张横渠"气论"的影响;而王夫之虽不赞同朱熹的气论,但其气论思想的主体也源于张横渠的"气论"。这从侧面证明了二者具有难以割舍的关系。于是,我们以王夫之的理论为桥梁,借用朱利安的"虚待"来理解朱熹的山水思想,可谓一种新的尝试。

"具"和"涵"应该是朱利安"虚待"的重要特征,因这它们既可以表示"共存的可能",也可以表示"无排除"。在朱熹的山水美学中体现了这一特色。朱熹说:

> 吕氏乃以为"山水言其体,动静言其用",此说则显然以为体用

---

① 蒙培元:《中国心性论》,台北:学生书局1990年版,第468—469页。
② 朱利安说,在其工作中,有一个非常重要的主题(这也和王夫之有关),乃是"虚待"的理念。参照[法]朱利安《间距与之间:论中国与欧洲思想之间的哲学策略》,卓立、林志明译,台北:五南出版公司2013年版,第253页。

之体。既谓之乐山乐水，则不专指体，用亦在其中。①

这个"在其中"，便是"具"和"涵"，也是朱利安的"虚待"。朱熹山水美学中的虚待，以"乐"为前提。他赞同程伊川的"知者乐于运动，若水之流通；仁者乐于安静，如山之定止。知者得其乐，仁者安其常也"②。

他也赞同"乐山乐水，气类相合"和"知者运而不息，故乐水；仁者安于山，故乐山。动则能和，故乐"③。这里的山与水、动与静看似明显对立，却又和谐地共处在一起。二者即"共在"又"不排除"，并且拥有"具"和"涵"的意味，和理内在感应。他是"虚待"的儒家表现形式。

小　结

"间距""之间""虚待"是朱利安提出的概念。"间距"相对于"差异"而言，意为突出矛盾双方的共在；朱利安通过"间距"概念试图打开一个互相反思的空间。"之间"概念表达了一切为了自我而开展的"通过""发生"之处。"之间"是一种工具，它在间距之后并且来自间距，表现为构建一个"面对面"交流的平台。当我们借用朱利安的概念来分析朱熹的理气世界，可以让"理"和"气"处在平等的地位上进行"面对面"的交流。朱熹的山水诗中，景与理已经被他在无形中打开了一道缝隙。这种缝隙是人在世界中，却欲"跳出来"，思考自我与山水的共在的"间距"与"之间"。朱熹的山水诗是真实世界投射到感官上激发出来的影像的综合，是一种既超越又内在的情感表达，这便是他的"虚待"。他处于"入世"的"出世"追求中，寻找着他的归隐与传道的"中庸"之法。他在"入世"的忧虑中渴望着"出世"的安宁，这一切，都融化在他的山水体验之中。

---

① 黎靖德编:《朱子语类》，中华书局1994年版，第827页。
② 黎靖德编:《朱子语类》，中华书局1994年版，第826页。
③ 黎靖德编:《朱子语类》，中华书局1994年版，第826页。

第六章　理学美学的无概念性与超时空性

朱熹的理学与美学为其思想发展的两个面向，但它们不是截然为二，而是一种"同一"。朱熹理学的概念性与时空性，使其以清晰的轮廓指引着后世学人的道德践履；朱熹山水美学的无概念性与超时空性，又凸显出"从心所欲"的自在。两者不是对立的思考路径，而是相互补充，甚至相互渗透，达到一种理学与美学的"间距"与"之间"。其中，理学美学的概括使这种状态凸显，但它并不是一个"概念"，而只是一种状态的代名词。于是，风景就在概念的隐退和超时空的引导下开始出现，进而达到化解人在世界中被束缚的现象。这对化解当代人精神禁锢的状态同样具有积极意义。以朱熹的美学理论为媒介来阐述中国思想本有的这种情怀，具有一定的代表性。

图像的屏幕展示约产生于一百年前，它提供了一种更为直观的思想表达。此种媒介一旦产生，语言和叙事的表达方式便有了退化的迹象。21世纪前后相声艺术的没落，便是这种现象的一种体现。然而有意思的是，近十年内这种艺术表达方式的复兴与火爆，却让我们开始重新审视这个问题。语言和叙事存在的意义到底如何，这一点可能单以相声这种艺术手段无法完全诠释。我们需要回到语言最基本的形式，即诗歌中。

朱熹《诗集传》中的《诗传纲领》有言："故《诗》有六义焉，一曰风，二曰赋，三曰比，四曰兴，五曰雅，六曰颂。"[①] 朱熹说：

[①]《朱子全书》第1册，上海古籍出版社、安徽教育出版社2002年版，第344页。

> 此一条本出于《周礼》大师之官，盖《三百篇》之纲领管辖也。《风雅颂》者，声乐部分之名也。《风》则十五《国风》。《雅》则《大小雅》。《颂》则《三颂》也。赋比兴，则所以制作《风雅颂》之体也。赋者，直陈其事，如《葛覃》、《卷耳》之类是也。比者，以彼状此，如《螽斯》、《绿衣》之类是也。兴者，托物兴词，如《关雎》、《兔罝》之类是也。①

也就是说，语言回归到诗中，会激发出一种比、兴的存在。而比、兴与概念和时空无关。《螽斯》里的昆虫、《绿衣》里的衣服、《关雎》里的女孩、《兔罝》里的捕捉工具，已经不重要，其背后要表示的多子多孙、怀念先夫、追求后妃之德和崇尚勇武才是关键。概念在这些诗里完全失效，人们重视的是由这些概念激发起的联想。这种联想超越于时空，却又真实存在，无法用固定的概念将其固定。虽然心理学家曾试图用动机、镜像、印刻等各种概念在外围描述它，但一旦言说出来就处于一条错误的道路上，这不是它本身的存在。因此，这种关于比和兴的诗，实际上就构成一种无概念与超时空的美学世界。于是，朱熹说："诗者，人心之感物而形于言之余也。"②也正是这种思想的表达。当然，我们这里并不准备对诗歌进行过于深入的考察，而是要借此引出朱熹理学美学的一个特征。很显然，朱熹的理学是有固定的概念指称的，如太极、理气、心性等。但这些概念如果细加追查，似乎与我们熟悉的概念也不能完全吻合。更有甚者，在朱熹的山水美学中，这种概念描绘的失效性就更为明显。我们似乎可以明白他要讲一些什么，却无法将其固定。因为这些山水诗背后所暗含的义理思想看似固定，但配合于美学的无法固定，则形成一种别意的思想世界。

第一节 山水美学存在的无概念性

朱熹的山水美学并不是他独创的产物。它实际上是两宋美学的一个常

---

① 《朱子全书》第1册，上海古籍出版社、安徽教育出版社2002年版，第344页。
② 《朱子全书》第1册，上海古籍出版社、安徽教育出版社2002年版，第350页。

态，只是在朱熹这里达到了集大成。这是一个不太严密的判准，但基本上可以说明一个存在的现实。徐复观说：

> 不仅山水画到了北宋，已普及于一般文人；并且北宋以欧阳修（永叔·一○○七—一○七二）为中心的古文运动，与当时的山水画，亦有其冥符默契，因而更易引起文人对画的爱好；而文人无形中将其文学观念转用到论画上面，也规定了尔后绘画发展的方向。①

他在这里指出了文人对画的影响。但是，他指出的"冥符默契"，也从另一个角度道出了画对文人固有观念的解构。我们难以说明这其中是否有佛教参与的因素，但仅从"文道相依"的角度来看，概念在两宋文人之间就难有成效。

概念的概括作用在两宋的失效，并不是概念本身出了问题，而是概念描述的对象与之不相适应。在美学与诗学包裹下的理学思想，本身就含有一种无法聚集、难以形成核心概念的反趋势。雅克·朗西埃（Jaques Rancière）说：

> 诗学强调的是对形式与主体的关系的解构。这不仅让其在所有被再现之物平等的基础上出场，而且，从更广阔的意义上说，也让各种形式不再隶属于其所采用的主题和布局的等级结构。②

当然，我们这里所谈的并不是雅克·朗西埃所要主张的"大历史时代"③，而是要说明在朱熹的理学美学系统中，概念是难以存活的。这既缘于朱熹对魏晋玄学和隋唐佛家的继承，又有理学思想内在的主旨需要。即使是儒家核心观念"仁"本身也无法封闭，其所繁衍出的其他"概念"也无法被聚集，故可以认为它们不具有"概念"性。

---

① 徐复观：《中国艺术精神》，台北：学生书局1966年版，第354页。
② ［法］雅克·朗西埃：《历史的形象》，蓝江译，华东师范大学出版社2018年版，第81—82页。
③ ［法］雅克·朗西埃：《历史的形象》，蓝江译，华东师范大学出版社2018年版，第83页。

朱熹美学研究

这是一个很大的问题，儒家的概念合理性曾一度成为"中国哲学"这个概念存在合理性的一个标尺。但问题不在这里，两宋理学美学的内涵和外延是十分不清晰的，特别在朱熹这里表现得尤其明显。如朱熹在讨论理气问题时，经常出现理气前后关系的矛盾论说。① 这种矛盾并不是理、气之间的关系或界定标准出现了问题，而是理、气本来就不是两个封闭的概念，它们不是静止存在的两物。相反，二者在过程中体现，并相互开放。如朱熹谈道：

> 此本无先后之可言。然必欲推其所从来，则须说先有是理。然理又非别为一物，即存乎是气之中，无是气，则是理亦无挂搭处。气则为金木水火，理则为仁义礼智。②

这里，借助于"推"字，实际上是朱熹对于理气的一个简单的厘清。"推"的存在，一是证明理与气不是虚幻的遐想而是真实世界中的存在，一是预示着概念的名词性或指示代词性在这里可能会消失。两宋美学思想中动词的介入和"之"这个字的存有意义，严重打破了概念的稳定性。朱利安说：

> 中文里有这样一个虚词"之"，它既不是指示词，也不是重复代词，而是只让前面的词成为动词：有了这个"之"字，动词的宾语便是不确定的，或者更准确地说，为了不局囿于物体的概念，我们可以说这时候动词表示的动作指向了不确定的事物。③

因此，我们可知朱熹等古代学者，对概念是持有一定的排斥态度的。在庄子的理论中，"比"与"兴"的运用让这种排斥性更加明显。如《逍遥游》中的鲲和鹏，我们可以有多种解读，但以概念的方式来诠释，可能

---

① 陈永宝：《朱熹的理学世界》，台北：翰卢图书出版有限公司2019年版，第210—221页。
② 黎靖德编：《朱子语类》，中华书局1994年版，第3页。
③ [法]于连：《圣人无意：或哲学的他者》，闫素伟译，商务印书馆2019年版，第63—64页。

第六章 理学美学的无概念性与超时空性

就离题很远。这是中国思想的一种显著特征，发展到两宋时则尤为突出。

朱熹的理学思想与山水美学碰撞后，激发出一种非常突出的矛盾现象。潘立勇指出：

> 在宋代审美意识领域，一个非常突出的矛盾现象是：一方面，伦理教化说对审美领域发动了前所未有的紧逼；另一方面，审美领域又出现了对伦理教化说的空前背离。表现在审美意识上，则是功利与超功利、言志与表情、载道与吟味、学思与心悟、质理与情文等等日益明显的对立与交峙。①

这种矛盾让朱熹的理学美学在概念面前无法兼容。虽然，我们可以用气韵等词语来说明这些现象，但这些词语本身是否就能构成概念，也是需要被讨论的事。这些词语本身无法解释，即使给出解释也只是同义反复，如气韵被诠释为韵味或意境，这其实是没有做出解释。它的存在是靠一种感悟，而不是像桌子、being 等具有严格的界定。相比于前者，后者可被普遍直观或检验，而前者可能多靠感觉或体悟，甚至是"不经意的出神"。它们可能是一种风景式的存在，而不是一堆理性的概念堆砌。前者像房子，后者像砖头的堆砌。前者无法言明②，后者清晰可见。前者用后者一分析，房子便消失了；后者用前者一分析，则只剩下幻想或谎言。

因此，朱熹理学美学，是无法用概念来诠释和说明的。一旦说明了，它也就消失了。这种概念的缺失反而促进了朱熹山水美学的存在。概念存在的意义之一便是使混沌的现象清晰可见，进而有进一步的讨论空间。而朱熹的山水美学却拒斥这种清晰化现象，一旦清晰，美便开始后退。这便是郭熙（约1000—1090）针对山水观照提出"三远"的原因：

> 山有三远。自山下而仰山巅，谓之高远。自山前而窥山后，谓之深远。自近山而望远山，谓之平远。高远之色清明，深远之色重

---

① 潘立勇：《朱子理学美学》，东方出版社1999年版，第70页。
② 房子是什么，梁、墙、地板？都不是。它只是整体的自己，不是自己的部分。

107

晦，平远之色，有明有晦。高远之势突兀，深远之意重迭，平远之意冲融而缥缥渺渺。其人物之在三远也，高远者明了，深远者细碎，平远者冲澹。①

这三远，就决定了朱熹的山水美学，已经在发生之初就与概念保持了一定"间距"。这种"间距"呈现出现人与物的"之间"。"之间是一切为了自我开展而'通过'、'发生'之处"②，而不是概念性的存在。

第二节　理学美学的无时空规定性

与两宋山水画一样，朱熹的山水美学缺乏"历史的存在"。朱熹的山水诗只有产生，而没有结束。它们没有死亡的可能，只有介质的被替换，或本身的被遗忘。由山水诗所影射出来的风景也没有历史的存在，它们无法被把捉，更不可被测量。我们无法确认人在山水之间何时产生风景，也不清楚他的风景在何时消亡。山水画与风景都是超时空性的存在，这构成了它们存在的基础与命运。我们以朱熹对《诗集传》的"序"这个时空概念的批评就可见其端倪。

朱熹在《诗集传》中说：

> 某向作《诗解》，文字初用《小序》，至解不行处，亦曲为之说。后来觉得不安，第二次解者，虽存《小序》，间为辨破，然终是不见诗人本意。后来方知，只尽去《小序》，便自可通。于是尽涤旧说，《诗》意方活。③

他对《诗经》的这种处理，实际上是要道出"诗"存在的本意，即

---

① 徐复观：《中国艺术精神》，台北：学生书局1966年版，第342—343页。
② ［法］朱利安：《间距与之间：论中国与欧洲思想之间的哲学策略》，卓立、林志明译，台北：五南出版公司2013年版，第63页。
③ 黎靖德编：《朱子语类》，中华书局1994年版，第2085页。

第六章　理学美学的无概念性与超时空性

"学者当'兴与《诗》'"①。朱熹追求的不是诗的存在，或者对诗的诠释，而是由诗而来的"兴"。②朱熹说："读《诗》正在于吟诵讽诵，观其委曲折旋之意，如吾自作此诗，自然足以感发善心。"③近代学者郑振铎也表示了这样的观点，他说："《毛诗序》最大的坏处，就在于他的附会诗意，穿凿不通。"④苏源熙（Haun Saussy）说：

> 从朱熹到郑振铎的批评谱系，逼真而不是简单事实上的准确一直是衡量《诗序》缺点的最好标准。对朱熹与郑振铎这样的读者而言，只要指出注释偏离了诗歌就足以令注释消失于人们视野之中。⑤

从以上材料中，我们虽不能判定朱熹与郑振铎的观点是否正确，但可得知朱熹在诗意与美学中所在乎的是超时空的"逼真"，而不是历史的真实。我们再次借用朱熹的山水诗来说明这个问题。如《送谢周辅入广》：

> 夫君壮节与奇谋，屈首微官世所羞。
> 揽辔未妨聊蘷铄，赋诗直为写离忧。
> 苍茫岭海三年别，珍重亲朋几日留。
> 满意分携一杯酒，登山临水不能休。⑥

又如，《登山有作次敬夫韵》：

> 晚峰云散碧千寻，落日冲飙霜气深。
> 霁色登临寒夜月，行藏只此验天心。⑦

---

① 黎靖德编：《朱子语类》，中华书局 1994 年版，第 2085 页。
② 陈永宝：《从朱利安的功效论谈朱熹的"兴"观念》，《哲学与文化》2019 年第 9 期。
③ 黎靖德编：《朱子语类》，中华书局 1994 年版，第 2086 页。
④ 郑振铎：《读毛诗序》，载《古名辨》，香港：太平书局 1962 年版，第 388 页。
⑤ ［美］苏源熙：《中国美学问题》，卞东波译，江苏人民出版社 2009 年版，第 60 页。
⑥ 《朱子全书》第 20 册，上海古籍出版社、安徽教育出版社 2002 年版，第 353—354 页。
⑦ 《朱子全书》第 20 册，上海古籍出版社、安徽教育出版社 2002 年版，第 377 页。

朱熹美学研究

人在时空中，却言时空外，是朱熹山水诗的一个特征。实际上，朱熹山水诗的这种特征广见于两宋美学之中。《四库全书总目》中《山水诀》一卷（浙江鲍士恭家藏本）便道中了这种超时空的取向，即"凡画山水，意在笔先"。宋初画家李成作画，也不考虑时空的因素。他的画虽尽画山水，其意则在山水之外。如其诗云：

> 六幅冰绡挂翠庭，危峰迭嶂斗峥嵘。
> 却因一夜芭蕉雨，疑是岩前瀑布声。[①]

后人评论说："识者以为实录。成之于画，精通造化，笔尽意在，扫千里于咫尺，写万趣于指下。"[②] 也道出了这层道理。

无论是朱熹本人，还是两宋以来一贯的对时空的山水美学的态度，实际上都让我们看到这种美学不是对时空的复制，而是对时空的超越。因此，朱熹理学美学的这种"超时空"不是"无时空"，它并不否定时空在美学中的作用，而是意图在时空中达到对时空的超越，寻找时空外的气韵或留白。这种对时空的超越，不是对时空的形而上的追求，也不是对时空形而上的形式的论述，它是一种此岸存在的状态。它真实存在，既非理性的概括，也非逻辑的推衍。它真实地存在着。

朱利安习惯用"虚待"（disponibilité）来形容这个现象。所谓虚待指一种"共存的可能"（com-possible），也就是"无排除"（non-exclusion），"虚待"意谓着一种开放性。这里不能将这个"虚待"看成一个概念，应该和"气韵""留白"一样，将其视为一种指称。它也类似于物理学中"熵"的表达，它的核心就具有不确定性，但它的存在不可怀疑。于是，对于朱熹来讲，他的山水美学所展示出来的，是一种无历史的沟通，而非一种历史的存在。以这种背景来重新审视朱熹的理论，就会发现他所提出的回到五代圣人之学的思想，并非历史的回归与复原，而是一种超历史的现代构思。朱熹在讲述《尚书》时就表述过这种思想。

[①] 云告编著：《宋人画评》，湖南美术出版社1999年版，第55页。
[②] 云告编著：《宋人画评》，湖南美术出版社1999年版，第55页。

舜禹相传，只是说"人心惟危，道心惟微；惟精惟一，允执厥中"。只就这心上理会，也只在日用动静之间求之，不是去虚中讨一个物事来。"惟皇上帝降衷于下民"，"天叙有典"，"天秩有礼"，天便是这个道理，这个道理便在日用间。存养，是要养这许多道理在中间，这里正好着力。①

朱熹说："尧舜禹汤文武治天下，只是这个道理。圣门所说，也只是这个。虽是随他所问说得不同，然却只是一个道理。"② 于是，以理学为背景的朱熹山水美学，一切便可一以贯之。朱熹理学美学对时空的超越，是坚信圣人之道千古为一，天下共此一理。

第三节　理学与美学的融合

朱熹的理学与美学实为一源，却习惯于被一分为二。各取所需自然是研究的必要，但分而治之却也对朱熹的理论进行了肢解。在对朱熹的研究中，承载朱熹美学的诗与承载朱熹理学的《朱子语类》，二者从编校与体例来看，皆是完全不同的两种作品。我们较少能看到《朱子语类》中对诗③的描述，即使以论"文"为核心的第一百三十九卷和第一百四十卷。相反的情况我们也可以从朱熹《文集》中收录诗的现象看到。这些诗独立存在，似乎没有任何关联。我们很难确认它们书写的时间，也不知道朱熹为什么而作。而只有少量的诗可被后来学者证明写成的时间和地点，但也多争议。以《观书有感》为例：

半亩方塘一鉴开，天光云影共徘徊。

---

① 黎靖德编:《朱子语类》，中华书局1994年版，第2015—2016页。
② 黎靖德编:《朱子语类》，中华书局1994年版，第2016页。
③ 朱熹的诗，不是《诗经》。《朱子语类》中出现的诗，多指《诗经》。

朱熹美学研究

> 问渠那得清如许？为有源头活水来。[①]

此诗是作于朱熹年少时生活的尤溪，还是作于成年后长期居住的五夫里，或是其祖籍地婺源，难有共识。毕竟在南宋的福建、江西一带，拥有"半亩方塘"和"清渠"的地方数不胜数。故在这里我们可以看出诗的超时空性的另一种表现，即即使我们无法确认诗产生的时空，诗本身存在的意义和存在的可信度，是不用怀疑的。可以说，朱熹的诗是一种非真理性的存在。它不一定与外界世界完全符合（符合论），其所陈述的判断也不一定是准确的（冗余论），也不一定要构成交流的目的（履行论）。诗本身可能含有知识的成分，但它从来不以它们为中心。以《诗经》赋、比、兴这三个维度来讲，朱熹的诗多倾向于"兴"这个维度。因此，我们在重新审视朱熹的诗作时，这种超时空感才有如此显著的呈现。

相较而言，在朱熹的理学世界里有一个严格的时空界定。无论是对尧、舜、禹、汤、文、武、周公的道德肯定[②]，还是对孔、孟、二程等人的继承，均有明确的时间性与空间性。由此看来，似乎朱熹的美学与理学存在于两个不同的维度是有理可寻的。然而，朱熹主张继承孔子的"吾道一以贯之"，又有突破时间限制的倾向。朱熹说：

> 夫子之一理浑然而泛应曲当，譬则天地之至诚无息，而万物各得其所也。自此之外，固无余法，而亦无待于推矣。曾子有见于此而难言之，故借学者尽己、推己之目以著明之，欲人之易晓也。盖至诚无息者，道之体也，万殊之所以一本也；万物各得其所者，道之用也，一本之所以万殊也。以此观之，一以贯之之实可见矣。[③]

[①]《朱子全书》第20册，上海古籍出版社、安徽教育出版社2002年版，第286页。

[②] 如朱熹说："人之生，适遇其气，有得清者，有得浊者，贵贱寿夭皆然，故有参错不齐如此。圣贤在上，则其气中和；不然，则其气偏行。故有得其气清，聪明而无禄者；亦有得其气浊，有福禄而无知者，皆其气数使然。尧舜禹汤文武周召得其正，孔孟夷齐得其偏者也。"黎靖德编：《朱子语类》，中华书局1994年版，第8页。

[③] 朱熹：《四书章句集注》，中华书局2011年版，第71页。

第六章　理学美学的无概念性与超时空性

《朱子语类》记载："圣人之道，见于日用之间，精粗小大，千条万目，未始能同，然其通贯则一。如一气之周乎天地之间，万物散殊虽或不同，而未始离乎气之一。"① 又如：

> 圣人所以发用流行处，皆此一理，岂有精粗。政如水相似，田中也是此水，池中也是此水，海中也是此水。不成说海水是精，他处水是粗，岂有此理！缘他见圣人用处，皆能随事精察力行。不过但见圣人之用不同，而不知实皆此理流行之妙。且如事君忠是此理，事亲孝也是此理，交朋友也是此理，以至精粗小大之事，皆此一理贯通之。②

以上，皆可见朱熹的理学有突破时空限制的倾向。于是，理学与美学在这一层面，似乎殊途同归。我们再看美学。

朱熹的山水诗中大量引用时空，但并非真正留意于时空。如《邵武道中》：

> 风色戒寒候，岁事已透迟。劳生尚行役，游子能不悲？
> 林壑无余秀，野草不复滋。禾黍经秋成，收敛已空畦。
> 田翁喜岁丰，妇子亦嘻嘻。而我独何成，悠悠长路岐。
> 凌雾即晓装，落日命晚炊。不惜容鬓凋，镇日长空饥。
> 征鸿在云天，浮萍在青池。微踪政如此，三叹复何为？③

此诗中关于空间的名词如空畦、林壑、长空、云天、青池；关于时间的名词有秋成、晓装、落日、鬓凋、征鸿，然则朱熹真正要表达的是"悠悠长路岐"和"三叹复何为"这两个没有时空存在的隐含。这就如同两宋的山水画：

---

① 黎靖德编：《朱子语类》，中华书局1994年版，第674页。
② 黎靖德编：《朱子语类》，中华书局1994年版，第686页。
③ 《朱子全书》第20册，上海古籍出版社、安徽教育出版社2002年版，第227页。

"掇景于烟霞之表","发兴与溪山之巅",而发现其"奇崛神秀,莫可穷其要妙"。即是能在自然中发现出它的新地生命。而此新地生命,同时即是艺术家潜伏在自己生命之内,因而为自己生命所要求,所得以凭借而升华的精神境界。①

于是,我们看到了两者的"融合"。而这种"融合"并不是研究者的肆意撮合,而是它们本就一体。只是研究者将视角由局部跳到整体概观。这就如同我们用放大镜精细地观察一个名画的细节,猛然拿回工具,后退一步,而惊讶到画作整体的美。因此,朱熹理论中的理学与美学是统一的,甚至只是一个"一"。这个"一"也就是他的理学美学。②

小 结

时至近代,牛顿力学的空间观以绝对的优势拒斥一些传统思维。而美学领域似乎也难逃时空诠释的入侵。这种做法虽在一定程度上将美学引向清晰的维度,为现代的工艺美学铺平了理论道路,但失去了山水画带来的独特的风景感受。当代人对这种思维的反思,成为今日呼吁山水诗画再现的一个缘由。由时空构建的概念体系,构成了一个清晰的理性世界。至此,人的存在有了明显的边界和遵行的标准。而这些边界,却在另一个维度上成为束缚的源头。即使近代西方一直呼吁的"自由"标准,也因"自由"本身的清晰再次成为一种新的束缚。

于是,我们不妨将视角"倒退",从历史的蛛丝马迹中寻找人存在的真实世界。在那个世界中,时空并未被清晰地分割,看似笼统模糊,实际却真实地呈现。这些生活方式不是局囿于理性的干预中,而是一种人与天地的融合。或者说,人没有肆虐地"与天争斗",自然也没了那些压力。近代工业世界的飞速发展,本为解放人类心性的工具迭代,却变成了人类心性的新的沉重的枷锁。风景的缺失让物欲的满足缺乏了生活的调料,生

---

① 徐复观:《中国艺术精神》,台北:学生书局1966年版,第333页。
② 潘立勇:《朱子理学美学》,东方出版社1999年版,第6页。

活的无趣和枯燥也成了时代新的主题。

我们从朱熹的理学美学中可以见到的是风景的呈现，它向我们展示着一个被遗忘了的世界：人必须在各种束缚中存在，但风景的感受可以达到"从心所欲不逾矩"。人并不需要追求超验的精神世界，也不必屈从鬼神的慰藉，风景本身就可以填补物质世界的残缺。于是，我们将目光由分割的世界状态拉回到整体和临界之中，直面地感受世界带来的"非真理式"的真实。我们不再被知识式的思维所困惑，也不需要各种心理学名词来排除压力，风景自会帮助我们达到预期的目的。

风景不会受到概念和时空的局囿，而自发形成，疏解心怀。这不是对现代世界的否定，而中国古代智慧对现代生活的补充。朱熹的理学美学，在这一点上给出了一个理想的参照，值得现代人反思。

第三部分　朱子美学的伦理内核

第七章 朱子美学与"兴"观念

朱利安提出的"功效论"包括势、意、情、景、显、隐等概念,这被他认为是中国传统圣人思维中美学思想的几个典型特征。朱熹的诗学与美学思想与朱利安的思考在一定程度上有重合之处。于是,这就有助于我们借助朱利安的思想架构来挖掘朱熹理学思想中暗含的美学思想。这种诠释的优点在于跳脱出了分科治学后产生的"观念的偏见",使我们能有机会重新回溯到朱熹理学思想的本真,进而可以理解朱熹美学思想的全貌。这样,可以使朱熹的研究者们避免在某一个偏见的诱引下,滑落到对其思想理解的偏见陷阱之中。无疑,作为当代思想家的朱利安为我们了解中国传统文化,特别是朱子理学的实质内涵,提供了一条可用的诠释之路。

朱熹的"兴"观念可以被看作其对《诗经》理解的一个核心角度。在这个观念的影响下,他的美学思想也被凸显出来。可以说,"兴"观念在儒家主张道德哲学的大背景下,是解放人心性束缚的一种标志。同时,这也成为儒家一直对法家思想保持警惕的界限之一。朱利安在建构功效论(Traité de l'efficacité)时,也察觉到了中国传统儒家思想背后隐含的这一层。他指出:"在战事平台上,主张道德至上的儒家其实毫不注重军事兵法,所以不太重视势。他们认为,贤君以德化民,其德将化解战事。……从社会和政治方面,儒家训诫人民对赋予势的权力要漠不关心,这么做是以道德价值胜于其他的价值为名义的。"① 于是,朱利安提出了功效论(efficacité)来处理这个问题。结合"兴"与功效论,我们可以发现,运

---

① [法]朱利安:《势:中国的效力观》,卓立译,北京大学出版社2009年版,第42页。

用朱利安的势（propension）、意（will）、情（emotion）、景（landscape）、显（manifest）、隐（hidden）等概念或许可以帮助我们更为清晰地理解朱熹"兴"观念的实质内涵。

第一节 朱熹"兴"观念的背景

朱利安在《势：中国的效力观》（*La propension des choses*）中对中国传统的"势"观念作了一个系统的整理。他指出：

> 中文字典和词典都将它（势）解释为"位置"（position）或"情势"（circonstances），也解释做"权力"（pouvoir）或"趋势、潜能"（potentiel）。①

这里，朱利安对影响到儒家思想的"势"的面向作了基础的诠释。他认为这些"势"可能会构成影响儒家思考的一个强大的"势"模型（modèle）。朱利安说：

> 我们建立了一个理想的形式（eidos），把它当作目标（telos），之后我们以行动来使得它在现实中实现。所有这些都是自然之理——目标、理想和意志：我们把目光固定在模型（modèle）上，这是我们所设想的，也是我们投射在世界上的，我们并且作了计划来实现它，我们选择在世界中进行干预，为现实赋予形式。而且，在我们的行动中，如果我们越能贴近这个理想形式，我们成功的机会就越多。②

这里，朱利安对影响儒家思想发展的"势"模型的解读隐含了西方一神观的背景，类似于亚里士多德的不动的推动者（unmoved mover）的模

---

① ［法］朱利安：《势：中国的效力观》，卓立译，北京大学出版社 2009 年版，引言第 2 页。
② ［法］朱利安：《功效论：在中国与西方思维之间》，林志明译，台北：五南出版公司 2011 年版，第 20 页。

式。不论我们对其称谓如何，这里的"势"皆属外在力量。如其所说"是我们所设想的，也是我们投射在世界上的"，这种势模型投射在世界上即属于外显者。相对于中国哲学，"势"更倾向于内在本有的存在，如孔子将儒家定位为"为己之学"，儒家强调其"势"必有"人"加入（"天"的）"势"中而成为"天人合一"的型态。两者虽然在向内、向外的侧重上有所不同，但是由于其"势"模型而凸显出来的问题却趋于一致。这便是儒家思考中容易受到外在与内在思想的束缚而限于某种偏见之中。因此，朱利安在这里试图点明儒家在处理"势"问题时所处的窘境，这是值得我们省思的。

于是，我们借助这种思考模式来看朱熹的理论，它的理学中也存在三个势的理想模型：一是圣人之德的理想存在；二是太极、理的天地本有；三是格物与穷理的效果显现。朱熹说"圣人之德无不备"[1]，它便是朱熹一生追求的理想存在；而他的"太极只是天地万物之理。在天地言，则天地中有太极；在万物言，则万物中各有太极。未有天地之先，毕竟是先有此理。动而生阳，亦只是理；静而生阴，亦只是理"[2]，便是太极、理的天地本有；而格物与穷理，则为朱熹工夫的外在形式。以朱利安的架构来看，朱熹的理学理论给出了层次分明的工夫实践系统，依之就可以达到儒家工夫次第的修行效果。其中，"势"模型的本然存有影响着工夫的发展与实践。如朱熹认为的"只是穷理、格物，性自在其中，不须求，故圣人罕言性"[3]，便是这种思想的表达。于是，单看朱熹的理学架构，我们似乎也发现了其中出现的问题。

基于此，朱利安上面提出的讨论并不是要指出势的存在对中国哲学发展是如何合理的，而是借这个模式来指出儒家在思考时将会面临的现实问题。为了说明这些问题，朱利安借用柏拉图《理想国》中建筑城邦匠人的事例来给出解释：

---

[1] 黎靖德编：《朱子语类》，中华书局1994年版，第509页。
[2] 黎靖德编：《朱子语类》，中华书局1994年版，第1页。
[3] 黎靖德编：《朱子语类》，中华书局1994年版，第83页。

"把目光"放在本质的绝对面,他尝试能在他的同类的风俗习性中实现他在"天界所曾感知到的"(《理想国》,Ⅵ,500c)。存在于"天界"中的是永恒的形式、完美的美德,但只有沉思观照的精神才能加以领会。同样的,为了建立政治上良好的宪法计划,建构城邦的匠人就像是一位"画家",他以"神圣的范本"为工作对象,寻求其细心的复制。①

这里,朱利安首先借助西方思想中出现的"模型"或"习性"(pli)的样态,及这种"模型"或"习性"发展到亚里士多德的时候变成了一种"明辨"(prudence, *phronesis*),来引出"势"与"明辨"的关系。朱利安通过"模型"或"习性"将"势"与"明辨"嫁接在一起,引出了围绕"势"而展开的理学形态。于是,朱利安指出"势"的存在(思维的模型)及"势"的化解(明辨)这一思考路径。同时,朱利安借用《尼各马科伦理学》对明辨的解释,即"明辨即拥有一实践能力:明辨之人'有能力正确地慎重考虑什么对他是善和有利的。'(《尼各马科伦理学》,Ⅵ,5)"②并对这一条作了进一步解释:

> 由于这考量只能作用于偶发事件,明辨并不是一门科学;但它也不是一门技艺(techné),因为它的对象是行动(praxis)而不是生产。通过这两个区分,我们便能辨识它明确的作用:它不再是科学的延伸,而是位在科学之旁,要求理性灵魂的另一块领地。这灵魂的科学部分专注于观照所有不能不是它现在所是的事物(形上学或数学的对象),它的"后勤"的部分则负责行动中的需要,它的工作环境是个持续变动的世界,而在其中它必须计算及考量以获得较佳的成果。③

---

① [法]朱利安:《功效论:在中国与西方思维之间》,林志明译,台北:五南出版公司2011年版,第21页。
② [法]朱利安:《功效论:在中国与西方思维之间》,林志明译,台北:五南出版公司2011年版,第25页。
③ [法]朱利安:《功效论:在中国与西方思维之间》,林志明译,台北:五南出版公司2011年版,第25页。

在朱利安看来，以上的知识论与工夫论已经完全接近儒家思想的内省工夫。对于明辨工夫的确立似乎影射着宋明理学家的尽心知性（《孟子·尽心上》）。虽然朱利安的知识论立场并不完全适合套用在儒家的研究上，且与宋明理学的工夫论系统有很大的出入，但两者在主张由内治外的思考架构上却有诸多相似之处。于是，在朱利安看来，内在的"明辨"体悟成为克服外在的"势"模型束缚的有效工具。这已经接近了宋明理学家的工夫系统。以此来看，虽然朱熹对圣人之德、太极、天理及格物穷理等模型"明辨"式的化解与亚里士多德有诸多不同，但朱熹亦采用"明辨"式的方式来思考他的理学思想，并将它体现在人的"气质之性"上。在朱熹看来，人的"气质之性"的清浊，是决定人能否体悟到圣人之德的关键。于是这种"明辨"，在朱熹的美学理论中多以"意"的观念表达出来。但与朱利安"明辨"有为思想不同的是，朱熹的"意"常表现为一种无为状态。①这便是朱熹山水美学一直追求的"从心所欲不逾矩"的自在状态。于是到了这里，我们借助朱利安笔下的柏拉图和亚里士多德的理论，将他理论中的"势"与朱熹的"意"桥接在了一起。

朱熹的"意"观念构建在天理观与人性论的基础上，它本身也是朱熹理学美学中的一个部分。在朱熹的理论中，"理/性"构成它思考世界的本根存在，他的一切工夫论都是要围绕"天理/人性"而展开。而朱熹的工夫论，主要是以格物与穷理两个面向，围绕"敬"思想而展开的一种"意向"。朱熹说："心固是主宰底意，然所谓主宰者，即是理也，不是心外别有个理，理外别有个心。"②便是这个道理。同时，朱熹理与性的一个结合点，便是儒家的"仁"，它构成了朱熹的行动指南。朱熹说：

> 故仁者，仁之本体；礼者，仁之节文；义者，仁之断制；智者，

---

① 这里需要说明的是，虽然朱熹的意常以"无为"状态显现，但并不能否定它本身存着"有为"的面向。

② 黎靖德编：《朱子语类》，中华书局1994年版，第4页。

仁之分别。犹春、夏、秋、冬虽不同，而同出乎春。春则春之生也，夏则春之长也，秋则春之成也，冬则春之藏也。自四而两，自两而一，则统之有宗，会之有元矣。故曰五行一阴阳、阴阳一太极，是天地之理固然也。①

其实这种向"仁"之意，是孔子及其门人的根本设定，如《论语·述而》中说："仁远乎哉？我欲仁，斯仁至矣。"② 这也是一种普遍的"意"的表达。

于是，我们借朱利安的"势"观念看清楚了朱熹理学的一个问题，那就是在"理/性/仁"的强大吸引下，朱熹从事外王的理学工夫是有着强大的"势/意"。在这种模式下，早期朱熹的理学思考在一开始就被"限制"了方向，而将"世界"本身外推给"人欲"。在这种强大的"势"下，理学观照只能遵循"向善去恶"这一个简单的维度，格物穷理也只能停留在解决"回归善"或"看见善"这种理学取向中。这几乎构成了宋明理学在理学践行中一贯的工夫进路。在这种思维模式下，陆九渊和王阳明的后学更加偏激，进而招来了陈亮、戴震、颜元的激烈批评。值得一提的是，陆九渊等人的"更加偏激"反而促进了朱熹对"意"思想的再思考，这便构成了他对"文"如此重视的一个重要原因。

可以说，朱熹的理学思想虽然完整而又严密，但它的过分"集中"却成为后人对之诟病的主要原因。这就要求，朱熹将自己严密的理学体系打开一个缺口，或者装上一个释放压力的阀门，这便是他的理学美学。朱熹的"兴"观念是朱熹理学美学中的一个重要观念，它对解决朱熹理学践行中"势"的困扰有着重要的意义。对"兴"观念的讨论离不开朱熹的诗、画，因此有必要回到他的诗、画中去。

另需要说明的是，虽然"意"无疑是朱熹理学美学的一个主要观念，但"意"在性/仁本身的吸引下，还无法有"自由"的朗现。相比而言，"兴"由于是随机而发，反而能具有一种向"势"的反方向进行扩展的能

---

① 《朱子全书》第23册，上海古籍出版社、安徽教育出版社2002年版，第2780页。
② 朱熹：《四书章句集注》，中华书局2011年版，第96页。

力。因此，从某种程度上说，朱熹的"兴"是"意"一种积极面向，而"意"虽然相对于"欲"来讲更为积极，却不如"兴"来得干脆。于是，这里我们点出了朱熹"兴"的一个主要面向。但是，如果我们要想更加明确地说明朱熹的"兴"观念，还需要借助朱利安的情与景（emotion and landscape）的理论来继续讨论。

第二节　朱熹"兴"观念的表向

朱利安是在其"诗"中来讨论"兴"的情与景的问题。关于"诗"，朱利安说：

> 通过诗歌，我要追溯那能够从文化角度制约我们托付给现实的方法的因素。因为，"诗"最容易说明，并在语言层面上使之突然出现的东西，就是意识与世界结成的关系；诗在我们的"经验"的源头上重建我们。按照在中国理解诗的现象的方法，诗人是"借"景以抒发内心感受；他受到外部世界的"刺激"，又反过来引起读者的感动。……从诗言语的优越地位出发，一种区分开始在我们将不断探寻的接近现实的方法中露头。①

在这里，有三个面向需要被注意：一是中国的诗歌提供了一种去"势"的方法；二是中国的诗歌是一种"情与景"的交融；三是诗歌可能会更加接近现实。同时，朱利安在这里点明中国古代美学是对理学束缚的一个突破，尤其是以"诗"为载体的美学。在诗的世界里，道德和理学均不发生作用，即使主张"文从道出"的两宋理学美学，依然遵循着这个自在的原则。而"诗"中这个原则体现为"兴"。

朱熹在诠释《诗经》时，对"兴"多有侧重。朱熹说：

---

① ［法］朱利安：《迂回与进入》，杜小真译，生活·读书·新知三联书店1998年版，第141页。

> 至比、兴、赋，又别：直指其名，直叙其事者，赋也；本要言其事，而虚用两句钓起，因而接续去者，兴也；引物为况者，比也。立此六义，非特使人知其声音之所当，又欲使歌者知作诗之法度也。①

朱熹在这里谈论"兴"观念时的定义式表达，颇类似朱利安提出的"语言层面上使突然出现的东西"；随后，他对"兴"的观念作了进一步的阐述，可以说是对原有观念的进一步升华。朱熹说：

> 说出那物事来是兴，不说出那物事是比。如"南有乔木"，只是说个"汉有游女"；"奕奕寝庙，君子作之"，只说个"他人有心，予忖度之"；《关雎》亦然，皆是兴体。比底只是从头比下来，不说破。兴、比相近，却不同。《周礼》说"以六诗教国子"，其实只是这赋、比、兴三个物事。《风雅颂》诗之标名。理会得那兴、比、赋时，里面全不大段费解。今人要细解，不道此说为是。如"奕奕寝庙"，不认得意在那"他人有心"处，只管解那"奕奕寝庙"。②

这里，"兴"明显已经不同于赋、比，而是具有一个向外的面向。这颇类似朱利安所说"诗在我们的'经验'的源头上重建我们"。《朱子语类》曰：

> 问："诗中说兴处，多近比。"曰："然。如《关雎》、《麟趾》相似，皆是兴而兼比。然虽近比，其体却只是兴。且如'关关雎鸠'本是兴起，到得下面说'窈窕淑女'，此方是入题说那实事。盖兴是以一个物事贴一个物事说，上文兴而起，下文便接说实事。"③

---

① 黎靖德编：《朱子语类》，中华书局1994年版，第2067页。
② 黎靖德编：《朱子语类》，中华书局1994年版，第2069页。
③ 黎靖德编：《朱子语类》，中华书局1994年版，第2069页。

第七章 朱子美学与"兴"观念

　　这也与朱利安提出"从诗言语的优越地位出发,一种区分开始在我们不断探寻的接近现实的方法中露头"。也就是说,我们在这里借助朱利安的理论,将朱熹美学面向给充分地挖掘了出来。他的美学思想相对于他的理学,可能更加接近"真实"。

　　但这不能说朱熹的理学在他的思想中是"不真实的",如果我们坚持这样判准就会陷入另一个极端之中。之所以说朱熹的美学是一种理学美学,就在于朱熹本人坚信形上的天理和心性本体的存在,他的工夫论不能回避"仁"思想对其的牵涉。正因为如此,在现实生活中,他的美学思想的建立才有存在的必要。我们说朱熹的"兴"的美学更接近真实,是说他的"兴"观念是一种在天理范围内的"无拘无束"的畅游,是一种物我合一的真心朗现。也正是因为这样,朱熹的理论才有机会避免"以理杀人"的可能性。也就是说,人无法在极其严苛的理学规范下存活,而总是希望在现实生活中能展现一种"抒发自我"的真实。这种"真实",类似于庄子所说的真我,也似儒家"学而复其初"的"初我"。

　　朱利安的诗歌理论实际上是告诉我们一个关于"兴"的"情与景"交融的世界。他说:

> 　　在诗的话语的种种形态之中与"兴"紧密相关的重要性,只有当人们把它与中国人从诗中形成的最普遍的表象联系起来,才能得到全面的理解。因为,很容易看到,这种被如此排列于其他之中的诗话语的特殊形态,它同时不是其中的一种;它摆脱了话语形态的范围,并回归于诗现象的起源上去。它从根本上说明了意识与现实之间的联系。……孔子已经用"兴"来分析诗歌。"兴于诗,立于礼,成于乐。"(《论语》8、9)"兴"在此回归于诗对读者施加的影响。孔子赋予诗歌一种首要价值,因为诗有能力激励意志并使之趋向善。后来,同样的动词"兴"被诗评家们用于诗的源头说明物用以起情和诗的多

义产生的方式。……"盖睹物兴情。"①

在这里，朱利安搭建了"兴"与"情、景"的一个互通平台，即诗"盖睹物兴情"。这里，他引出《文心雕龙·诠赋》篇为理论的根据：

情以物兴，故义必明雅；
物以情观，故词必巧丽。②

于是，朱利安指出："'兴'的概念足以把从'触物'中产生的诗的存在（情感）根源与其表达的成功联系起来。"③"情只是在忧虑的气氛中才擅长制造效果；物色只有通过随意自然和内心感触才能显示出创造力。"④最后他总结道：

诗的过程在完美的内在性中发挥，可以说，这就是造就诗的彻底内在性。因为，诗的过程不仅仅限于意识与世界的关系之上，而且来自于它们的相互作用，情起于景，景激起情。⑤

也就是说，朱利安在这里点明了诗的一个重要面向，即诗意。而诗意则是"内心的流"（flow）。"人们在'兴'中发现的、在超越词语之外发挥诗意的正是这种流。"⑥

在朱熹的观念里，"兴"应该为"情"的一种，且属于"情"的已发。只不过，这个"兴"与喜怒哀乐和"四端之情"不可以等同，它不具有恒常性。也就是说，孟子所说的"今人乍见孺子将入于井，皆有怵惕恻隐之心"⑦是恒常之情，且是人人如此的内发之情；而"兴"之情则需要"桥

---

① ［法］朱利安：《迂回与进入》，杜小真译，生活·读书·新知三联书店 1998 年版，第 154 页。
② 刘勰：《文心雕龙注释》，周振甫注，台北：里仁书局 1984 年版，第 138 页。
③ ［法］朱利安：《迂回与进入》，杜小真译，生活·读书·新知三联书店 1998 年版，第 155 页。
④ ［法］朱利安：《迂回与进入》，杜小真译，生活·读书·新知三联书店 1998 年版，第 155 页。
⑤ ［法］朱利安：《迂回与进入》，杜小真译，生活·读书·新知三联书店 1998 年版，第 156 页。
⑥ ［法］朱利安：《迂回与进入》，杜小真译，生活·读书·新知三联书店 1998 年版，第 156 页。
⑦ 朱熹：《四书章句集注》，中华书局 2011 年版，第 220—221 页。

梁"或者"外在刺激"才能生成，它是偶然之情，是内在与外在共同作用之情。朱熹说："兴是借彼一物以引起此事，而其事常在下句。但比意虽切而却浅，兴意虽阔而味长"①，便是这个意思。

第三节　朱熹"兴"观念的超越

"隐、显"其实是"兴"观念的超越，朱利安常用"圣人无意"来谈论兴的这一状态。他说：

（圣人）所有的观念都有同样的可能性，都同样可以理解，其中的任何一个都不比其他的优先，都不会遮盖其他的，都不会让其他的观念变得黯淡。总而言之，任何一个观念都没有特权。

"无意"的意思就是说，圣人不持有任何观念，不为任何观念所局囿。从更加严谨的意义上说，从严格的字面意义上说，圣人不提出任何观念。②

朱利安总结说：

圣人告诉我们说，只要开始提出一个观念，那么一切的现实（或一切可以思想的事物），都会向后退去，更准确地说，都会消失在观念的后面，以后再想接近它们，就需要付出许多努力，需要通过很多的媒介。③

也就是说，"兴"的超越必须先要排除原有观念的遮蔽，它才能起到接近原初思想的目的。这可以看成是"兴"的一种对"观念"的超越。只有这样，才能避免我们的"观念的独断"。朱利安说：

---

① 黎靖德编：《朱子语类》，中华书局1994年版，第2069—2070页。
② ［法］于连：《圣人无意：或哲学的他者》，闫素伟译，商务印书馆2004年版，第7—8页。
③ ［法］于连：《圣人无意：或哲学的他者》，闫素伟译，商务印书馆2004年版，第8页。

> 一开始提出的观念打破了围绕在我们周围的明证性之本（le fond d'évidence）；这个观念将我们指向事物的一个方面，同时也使我们倒向了专断；我们倒向一面，另一面也就丧失了。这是不可救药的失落。……一切首先提出的观念已经是狭隘的观念：它一开始就会独霸一切，并在独霸一切的同时，让人放弃其他的一切。①

相反，圣人有独特的分辨能力，以使自己不至于滑落到"观念独断"的陷阱中。同时，圣人也会给我们提出相应的警告，以帮助我们免于掉进这个陷阱中。朱利安说：

> 圣人什么也不会放弃，不会将任何一个方面弃之不顾。但圣人知道，在提出一个观念的同时，对现实就有了一定的偏见，哪怕是临时性的偏见；逻辑联系就像是一束线，如果你选择了其中的一根，选择这根而不是那根，想把它抽出来，取其一而弃其余，那么，你的思想便倒向了很多方面中的一个方面。因此，提出一个观念，等于从一开始就丧失了你原曾想阐述的东西，不管你在这样做的时候是多么谨慎，多么有条理。你注定了只能有一种特别的视角，不管你做出多大的努力想重新征服整体。从今往后，你再也摆脱不了这个偏见，你会永远遭受最初的观念产生的偏见的影响。你还会不断地回到这个观念上来，想抹掉它；为了抹掉它，你会不断地以其他的方式把思想的整个领域揉皱。但是，你将永远丧失思想的平平整整、无褶无皱。②

这一段描述不可谓不精彩。朱利安在这里道出了"单独观念"的"显"实际上意味着对"其他所有观念"的"隐"，这种显—隐的状态决定了人对世界认知。而且，不同的显—隐状态也决定了人们对世界的不同认识图像。我们操纵着不同的"显—隐"状态而构建出不同的"偏见共

---

① ［法］于连:《圣人无意：或哲学的他者》，闫素伟译，商务印书馆2004年版，第8页。
② ［法］于连:《圣人无意：或哲学的他者》，闫素伟译，商务印书馆2004年版，第8—9页。

第七章 朱子美学与"兴"观念

同体",相反,实物的本来面貌却离我们越来越远。当然,这是对朱利安"显—隐"状态最初级的了解。

事实上,"显—隐"状态在朱利安的概念系统里,还存着另外一种表达方式。这种表达类似于中国传统思想中的"阴—阳"。也就是说,"显—隐"状态引出偏见问题的根源不在于"显—隐"状态本身,而是对"显"的过度偏向。换句话说,我们在运用观念的时候,过分注重事物表象的"显",而对它的"隐"重视不足。这就导致了"显—隐"状态的失调,进而无法构成一种和谐。因此,在朱利安的理论中,处理这个问题最终将他引到"中"观念之中。朱利安说:

> "中"的思想,并不是胆小或无可奈何,害怕极端,津津乐道于折中,让人生活得不能尽兴;"中"的思想正是游刃于极端之间的思想,是在两极之间变化,因为它不会采取任何带有偏见的观点,不会将自己禁锢在任何观念当中,所以才能够展现现实的所有可能性。①

到此为止,我们已经在朱利安的"显—隐"观念中看到了朱熹理论的影子,而我们接下来要做的,就是顺着这条线索,将朱熹的理论和思想挖掘出来。现在看来,这并不是一件困难的事。

在朱熹的观念中,"中"是一个至关重要的观念。无论是在他"观象授时"实践中论证天理存在的合法性而采用的"求地中"和"测影之中"之法(如朱熹答蔡伯静时说:"浑象之说,古人已虑及此,但不说如何运转。今当作一小者,粗见其形制,但难得车匠耳。"②又答林择之时说:"竹尺一枚,烦以夏至日依古法立表以测其日中之景,细度其长短示及。"③),还是在解《论语·尧曰》篇时对"允执厥中"思想加以关注,(如,尧曰:"咨!尔舜!天之历数在尔躬。允执其中。四海困穷,天禄永终。"④)。"中"思想可以称为朱熹思想体系中一个主要的核心观念。

---

① [法]于连:《圣人无意:或哲学的他者》,闫素伟译,商务印书馆2004年版,第26页。
② 《朱子全书》第25册,上海古籍出版社、安徽教育出版社2002年版,第4713页。
③ 《朱子全书》第22册,上海古籍出版社、安徽教育出版社2002年版,第1968页。
④ 朱熹:《四书章句集注》,中华书局2011年版,第180页。

朱熹美学研究

朱熹说:

> 《中庸》何为而作也?子思子忧道学之失其传而作也。盖自上古圣神继天立极,而道统之传有自来矣。其见于经,则"允执厥中"者,尧之所以授舜也;"人心惟危,道心惟微,惟精惟一,允执厥中"者,舜之所以授禹也。尧之一言,至矣,尽矣!而舜复益之以三言者,则所以明夫尧之一言,必如是而后可庶几也。①

于是,"中"便是我们打开朱熹"兴"观念的窗口。也就是说,朱熹的"兴",绝不是单单只引出"另一物"或者另一种"表象",而是要引出"中"观念。朱熹诗学及美学中"显—隐"的升华,实际上是他追求诗意或绘画中显—隐之"中",这样才能达到"文从道出"的境界,才是他美学理论的最终归处。朱熹的"兴"思想,一定要有"显"的部分,但"显"的部分一定要有一个"适度",但这不是一种"约束";也一定要有"隐"的部分,但"隐"的部分也不能过度。也就是说,整个诗的创作中不能是不着边际,而是要让"众人"有痕迹可寻。但是这个"痕迹"的样态是自由的,而不是单一的或偏见的;这如同在绘画的创作中,"隐"不是完全的"留白",而有一个思维主旨。这就是说画"无"并不是什么都不画,画"踏花归去马蹄香"至少要有马,"隐"的部分只是"香",或者是用香的替代品来唤起人们关于"香"的"意隐",而不能是"全隐"。这其实是朱熹理学美学追求画论"中"的一种"自由观"。在朱熹"兴"的美学领域中,他的这种自由观是一种追求"无观念自由"的路径或桥梁,正如"敬"思想是他理学领域达到中道的路径和桥梁一样。

于是,我们在朱熹的理论中找到了朱利安的"圣人无意"式的体验的落脚点。在朱熹的理论框架中,美学构成了其理学的升华,因此后人形容其美学是理学美学,也反映了朱熹美学的一个特征。在朱熹的理论世界中,

---

① 朱熹:《四书章句集注》,中华书局2011年版,第16页。

第七章　朱子美学与"兴"观念

"从心所欲"的"乐"的境界,是他一生最终的追求。朱熹说:"如'从心所欲,不逾矩',是也。然此理既熟,自是放出,但未能得如此耳。"① 这是朱熹美学思想中的自由观。朱熹谈《聚星亭赞》时说:

> 名画想多有之,性甚爱此,而无由多见。他时经由,得尽携以见,顾使获与寓目焉,千万幸也。彼中亦有画手,能以意作古人事迹否?
> ……
> 聚星阁此亦已令草草为之。市工俗笔,殊不能起人意。②(《答巩仲至》)

这里的朱熹所爱,非画非楼阁,而是画中的"意",画中的"兴"。第二句中的"人意",实际上就是指朱熹"兴"的升华。正是看到了这一点,钱穆才认为:"朱子晚年,荀陈家风,朱子向所不喜。而为此一画,几经筹度,往返商讨,不厌不倦。甚于游艺、格物双方精神之兼畅并到,正可因此想见。"③ 也就是说,朱熹晚年对"兴"的关注,已经成为他理学思想中对自由向往的一个重要方面。于是,美学的思想在其理学的作用下慢慢展开,也就是顺理成章的事情。

小　结

朱利安提出了功效论中的势、意、情、景、显、隐等观念,帮助我们打开了研究朱熹理学思想的另一个面向,他清晰地指出了我们在运用近代西方哲学研究朱熹思想时被忽略的问题。长期以来,我们研究中国传统文本,习惯于用某一个观念作为我们研究的起点,进而对这个观念进行合理法的证明以进行逻辑推演。于是,我们看似得到了世界的本真,而实际上只获得了世界给我们的某一个表象。于是,朱利安指出,我们需要换个角

---

① 黎靖德编:《朱子语类》,中华书局 1994 年版,第 1240 页。
② 《朱子全书》第 23 册,上海古籍出版社、安徽教育出版社 2002 年版,第 3108—3110 页。
③ 钱穆:《朱子新学案》第五册,九州出版社 2011 年版,第 396 页。

度，从中国传统的思维中汲取营养，来纠正正在分化中的思维世界。

　　在朱熹的思想世界中，圣人的无意是其追求的最终目标。这个境界我们借助于朱利安美学思想，将其清晰地表达了出来，可谓是一种新的角度。近代学者对朱熹思想的分析中，更偏向于他的理学，而对他的美学思想有所忽视，这是需要被补充的。与此同时，由于传统的研究方法中，我们习惯于分科治学的模式，而无法关注到观点的固着对理解真实世界的影响这个问题，也值得我们深思。因此，本章借助朱利安对中国传统哲学的研究路径，重新审视了这些被忽视的方面，确实做出了一定的贡献。

第八章　朱子美学与"势"观念

"势"观念是朱利安对中国思想的一种解读。在这种解读中他剖析了中国思想语词模糊性的特征。朱利安的"势"思想包括潜势状态、两极思维及交互趋势三个方面,是一种理解中国古代思想的新路径。"势"思想常被两宋士大夫应用于道德工夫的推进,成为其通过君王之势来影响国家臣民走向道德的有效工具。朱熹的道德工夫论是其中一个典型代表。在朱熹看来,圣王之势是其道德工夫存在的本体依据,构成了工夫的道德动力源。同时,两极思维框架可以勾勒出道德工夫推进的基本轮廓,但需要警惕将两极简单理解为"对立"状态。需要指出的是,两极之间的交互趋势是朱熹追求道德工夫进路的核心。因此借用朱利安的"势"观念,可帮助我们更加清晰地认识到朱熹伦理学的道德工夫的动力、状态及方向;同时通过对朱熹文本的解读发现朱利安对"势"思想的判定可能存在值得商榷之处,对他理解的"势"的思想需要进行进一步的修正。

如,朱利安认为"势"的思想以中国法家为代表,而不是儒家道德思想的一个典型标志,他的这种"表述"可能需要进行一定的修正。实际上,中国古代的士大夫阶层,对"势"的掌握往往认为儒、法一致。也就是说,无论是法学家在军事上以"势"胜敌,还是儒家在思想上以"德"立心,在行为方法论上基本是趋同的。因此,在儒家思想中士大夫借助君王之"势"而行道德教化之功,是十分常见的现象。在两宋,无论是以王安石、司马光为主要代表的北宋士大夫们,还是以朱熹为主要代表的南宋士大夫们,在教化民众与治国安邦的方法上往往都趋向于借助"君势"以行己道。因此,以这个角度来看朱熹等人主张通过"正君心"来还原

"圣王"之势，再借助"圣王"之势进而达到臣民之伦理教化的历史结果，也就顺理成章了。

在朱利安看来，"势"在中文字典和词典中一般被解释为"位置"（position）或"情势"（circonstances），也可解释为"权力"（pouvoir）或"趋势、潜能"（potentiel）。[①]他同时指出：

> 势即执，此字表示一只手执着某个东西，象征力量，随后又加上力作为部首。许慎认为这只手握着一块泥土，因此象征把某个事务放到某一个位置上面、放在一种"情势"里。由是之故，势在空间上与时间上是相呼应的，表示时机、机会；有时候，这两个字可通用。[②]

除此之外，朱利安还指出"势"这个概念在中文语境中的诠释"不精确性"。他说：

> 除了在一个明确的领域里（如政治），翻译家和注解家们为了弥补在翻译中的不精确，最常用的做法就是在页脚加一个注释，仅说明这是一个多义字。……这好像是我们只在处理中国思想中许许多多不精确（不够"准确"）的用字当中的一个，我们必须为它选取一种解释，我们还得习惯这种用字不精确的情况呢。[③]

综上，我们可以看出朱利安"势"概念的三个特征：一是"势"的不精确性，这消除了对"势"诠释中出现的局限性；二是"势"的决定性，这凸显了"势"存在的功能性，即不可逆性；三是"势"的显隐性。其中，显隐性可以看成"势"的多义性，及方便性或变通性，也表示出"势"概念应用范围的广泛性。朱利安将上述"势"的特征进一步整理，就演变为"潜势状态""机能运作的两极性"和"交互作用的趋势"三个

[①] ［法］朱利安:《势：中国的效力观》，卓立译，北京大学出版社2009年版，引言第2页。
[②] ［法］朱利安:《势：中国的效力观》，卓立译，北京大学出版社2009年版，引言第2页。
[③] ［法］朱利安:《势：中国的效力观》，卓立译，北京大学出版社2009年版，引言第2页。

方面。①"势"所呈现出来的是一种可能方向,这与中国传统中"道""理"的恒定方向不同。朱利安说:

> 势不像"道"、"理"等被列入中国人的思想主题;于是我们不得不从一个场域到另一个场域追踪势的出现,才能正确地把握它的含义:从战争到政治,从书法与绘画到文学理论,或是从历史反思到"第一哲学"(la philosophie première)。②

这是将"势"以上三个特征作了一个具体形象的说明。同时,三个特征反映出"势"的三种现象:

> 首先,策略上"局势所产生的可能性"与政治上"势位"具有决定性的特点;其次是,书法字之形体所显露的力量、绘画画面之布局所揭示的张力,及文学作品所展现的效果;最后是,历史中各种情况的演变趋势,及推动自然的大演变(le grand procès de la nature)的势(propension)。③

至此,我们将朱利安的"势"概念基本梳理清楚。在朱熹的理论中,"势"也是一个重要的概念。"势"在朱熹所著的文本中,大致有三个方向的诠释,一是"理势"④,如山川河流的走势,军事上的强势;二是"文势"⑤,如朱熹在解释四书时常用的一种判断方法,意在了解文字间隐藏的道德意涵;三是"权势"⑥,如朱熹嘲讽小人的趋炎附势的做法。而在朱熹的"势"思想中,理势和文势是他道德思想的正向趋势,此为本章的讨论

---

① [法]朱利安:《势:中国的效力观》,卓立译,北京大学出版社 2009 年版,引言第 3 页。
② [法]朱利安:《势:中国的效力观》,卓立译,北京大学出版社 2009 年版,引言第 4 页。
③ [法]朱利安:《势:中国的效力观》,卓立译,北京大学出版社 2009 年版,引言第 4 页。
④ 朱熹说:"《易》之为书,大抵于盛满时致戒。盖阳气正长,必有消退之渐,自是理势如此。"(黎靖德编:《朱子语类》,中华书局 1994 年版,第 885 页。)
⑤ 朱熹说:"读书,须看他文势语脉。"(黎靖德编:《朱子语类》,中华书局 1994 年版,第 173 页。)
⑥ 朱熹说:"阿附权势,讨得些官职富贵去做了,便见别人阿附讨得富贵底,便欲以所以恕己者而恕之。"(黎靖德编:《朱子语类》,中华书局 1994 年版,第 426 页。)

重点。需要指出的是，虽然朱利安关于"势"的三个特征不可能与朱熹关于"势"的三个面向一一对应，但是我们可通过朱利安的这三个方面来分析"势"在朱熹道德哲学中的不同面向，进而了解那些常被研究者忽视的德行思维与道德环节。

第一节　潜势状态的圣王之势

"势"的潜势状态在朱利安看来主要有以下三个方面，一是"势"是从一个领域探索到另一个领域[①]，具有潜在性；二是"势"总在设法达到既定的目标而避免把个人的优点列入考虑之内，具有强迫性[②]；三是"势"只从内在出发去观看各种不断被取代的"多种话语组合"（configurations discursives），具有多样性。这三个方面实际上代表着"势"潜势状态的三个角度。

在朱利安看来，中国的"势"类似于一种直觉。这种直觉可以从两个方面去阐述。一是"任何事实都可视为现实的一个趋势（un dispositif），人们应该凭借它而且让它发挥作用"[③]。他指出："中国人的智慧和他们所创造的艺术，便是有策略地运用势、发展势——使其产生最大的功效。"[④] 这是他关于潜势的直觉效力论。

这个直觉效率论更为直观的解释是："势总能在某一个特定的领域，将直觉反映成人们偏爱的典范。势不会单独表达这个共同的了解基础之直觉，但它让我们可以侦查出该直觉并且找出其中的道理。"[⑤] 在这里，朱利安要表达的是，"势"营造了一种潜在的强力，这种潜在的强力是由内而外地彰显，并在运行中牵动外在的"偏好"而达到原本设定的功效。从这一点来看，"势"虽无显见的外在形式，却是同直觉一样让"势中人"紧紧围绕其进行运行、发展，最终"达势之愿"，也就是说，完成"势"的

[①] ［法］朱利安：《势：中国的效力观》，卓立译，北京大学出版社2009年版，引言第4页。
[②] 或者说是某种"确定性"。
[③] ［法］朱利安：《势：中国的效力观》，卓立译，北京大学出版社2009年版，引言第6页。
[④] ［法］朱利安：《势：中国的效力观》，卓立译，北京大学出版社2009年版，引言第6页。
[⑤] ［法］朱利安：《势：中国的效力观》，卓立译，北京大学出版社2009年版，引言第6页。

功效（Traité de l'efficacité）。

在朱熹看来，圣王之道是儒家理论存在的主要合法性依据。如朱熹在《大学章句序》中说：

> 《大学》之书，古之大学所以教人之法也。盖自天降生民，则既莫不与之以仁义礼智之性矣。然其气质之禀或不能齐，是以不能皆有以知其性之所有而全之也。一有聪明睿智能尽其性者出于其间，则天必命之以为亿兆之君师，使之治而教之，以复其性。此伏羲、神农、黄帝、尧、舜，所以继天立极，而司徒之职、典乐之官所由设也。①

其中所言伏羲、神农、黄帝、尧、舜皆为朱熹视野中儒家"势"的存在依据。另外，如朱熹在《中庸章句序》中言：

> 《中庸》何为而作也？子思子忧道学之失其传而作也。盖自上古圣神继天立极，而道统之传有自来矣。其见于经，则"允执厥中"者，尧之所以授舜也；"人心惟危，道心惟微，惟精惟一，允执厥中"者，舜之所以授禹也。尧之一言，至矣，尽矣！而舜复益之以三言者，则所以明夫尧之一言，必如是而后可庶几也。②

则为一。

> 夫尧、舜、禹，天下之大圣也。以天下相传，天下之大事也。以天下之大圣，行天下之大事，而其授受之际，丁宁告戒，不过如此。则天下之理，岂有以加于此哉？自是以来，圣圣相承：若成汤、文、武之为君，皋陶、伊、傅、周、召之为臣，既皆以此而接夫道统之传，若吾夫子，则虽不得其位，而所以继往圣、开来学，其功反有贤

---

① 朱熹：《四书章句集注》，中华书局2011年版，第2页。
② 朱熹：《四书章句集注》，中华书局2011年版，第16页。

于尧、舜者。①

则为二。

除《大学》与《中庸》外，朱熹在诠释《论语》与《孟子》中关于尧、舜之言时势也常现其间。在这一点上，他既肯定了孔子对圣人思想正确性的肯定，又为道德工夫系统的建构寻找到道统的"势"源。

在朱熹的道德工夫进路中，动力源和目标必须是确定的。而这个确定的"源"潜在于整个朱熹理学系统之中。无疑，无论是对仁、心的阐述，还是对无极、太极、理、气、性、情等观念的介绍，尧、舜的"道德势源"都是其存在的基础。而朱熹这种"道德势源"的思想，多是潜在于其整个理论之中，也就是朱利安所言的潜势状态。

当我们用潜势状态来看朱熹道德工夫的"势源"问题时，就可明晰一些长期困扰学者的问题，如为什么朱熹不对尧、舜等先贤做道德的合理性与合法性证明。这就是说，尧、舜等先贤本身就已经形成了一个道德至上之"势"，如河的上游的湖泊，它必然成为整个河流流动的势源，这是天然的而无须多言。同时，对于朱熹而言，尧、舜等先贤正是河上游湖泊一样的道德存在，他们本身的德行自然已经构成后世学者道德践行之"势"，而不需要再来论证其存在的"势"是否可信。

也就是说，在朱熹这里，他对尧、舜等先贤的道德势能作了先天设定。这种设定是先天本有，类似孟子的"怵惕恻隐之心"（《孟子·滕文公上》）。孟子说：

> 所以谓人皆有不忍人之心者，今人乍见孺子将入于井，皆有怵惕恻隐之心。非所以内交于孺子之父母也，非所以要誉于乡党朋友也，非恶其声而然也。②

这里所谈的"先天本有"，应为上文表述中的"皆有"之意。如朱熹

---

① 朱熹：《四书章句集注》，中华书局2011年版，第16—17页。
② 朱熹：《四书章句集注》，中华书局2011年版，第220—221页。

说:"人本来皆具此明德,德内便有此仁义礼智四者。只被外物汨没了不明,便都坏了。"① 既然"皆有",它自然是一种可被所有人认同的公理。既然是"公理",证明便在这个"尧舜等先贤先天具有德行是公理"的判准中自然失效。

显然,朱熹的判准得到了两宋儒家体系的认同。他们对此坚信不疑。因此,尧、舜等先贤的道德势能自然就构成了朱熹等人工夫路径的"势"源。在这种"情势"的作用下,道统的德行修养之路才能得以有效的展开。

这种"势源"潜在地意含了三个向度,其一就是从道德领域探索到政治领域,即《大学》中所言的正心、诚意、修身的道德领域到齐家、治国平天下的政治领域的过渡,这种过渡是潜移默化的。其二是尧、舜等先贤的设定,既达到了既定的道德教化目标,也避免了气质之蔽对个人达到道德践行的干扰。也就是说,尧、舜为圣人,但其本质依然是人。因此,只要正常的人克治其气欲之弊,都可能达到圣人的境界。这里的"都可能"是一个确定的强力(或强迫性)。其三是人因气质的不同,呈现出道德进路的多样性,但因圣人之势的引导,皆可完成"成圣成贤"的道德功效。

> 本心陷溺之久,义理浸灌未透,且宜读书穷理。常不间断,则物欲之心自不能胜,而本心之义理自安且固矣。②

同时,在朱熹等人看来,这种道德的势能是一种人人本有的直觉。朱熹说:"人皆有个明处,但为物欲所蔽,剔拨去了。只就明处渐明将去。然须致知、格物,方有进步处,识得本来是甚么物。"③ 也就是说,人之所以无法成圣成贤,是物欲之蔽导致的直觉受染,只要通过格物、致知等将外面的遮蔽物祛除,就能让本心朗现。朱熹说:"心如个宝珠,气如水。若水清,则宝珠在那里也莹彻光明;若水浊,则和那宝珠也昏浊了。"④

---

① 黎靖德编:《朱子语类》,中华书局1994年版,第262页。
② 黎靖德编:《朱子语类》,中华书局1994年版,第176页。
③ 黎靖德编:《朱子语类》,中华书局1994年版,第262页。
④ 黎靖德编:《朱子语类》,中华书局1994年版,第1397页。

同时，在朱熹看来，道德之势除了外显的尧、舜等先贤之外，内在的"性"也是其一个方面。朱熹说："性如宝珠，气质如水。水有清有污，故珠或全见，或半见，或不见。"①而回归心之本性，理的直觉洞察是一条明路。他说：

> 理者，如一宝珠。在圣贤，则如置在清水中，其辉光自然发见；在愚不肖者，如置在浊水中，须是澄去泥沙，则光方可见。今人所以不见理，合澄去泥沙，此所以须要克治也。至如万物亦有此理。天何尝不将此理与他。只为气昏塞，如置宝珠于浊泥中，不复可见。②

又说：

> 禀气之清者，为圣为贤，如宝珠在清冷水中；禀气之浊者，为愚为不肖，如珠在浊水中。所谓"明明德"者，是就浊水中揩拭此珠也。物亦有是理，又如宝珠落在至污浊处，然其所禀亦间有些明处，就上面便自不昧。③

至此，我们从朱利安的"潜势之态"将朱熹道德进路中的"势"源，或道德的"动力源"及"目标指向"梳理清楚。那么，当我们确定了朱熹道德工夫进路的势源后，他的道德进路是如何展开的，可能需要我们运用朱利安的机能运作的两极性的理论来进一步分析。

第二节 两极思维的二分工夫

朱利安在诠释"势"思想时，总是伴随着显与隐等阴阳观的理念。他认为整个中国思想中都充斥着"得势，取势—失势"这一套整体逻辑。朱

---

① 黎靖德编:《朱子语类》，中华书局1994年版，第1898页。
② 黎靖德编:《朱子语类》，中华书局1994年版，第375页。
③ 黎靖德编:《朱子语类》，中华书局1994年版，第73页。

第八章　朱子美学与"势"观念

利安借顾恺之《论画》解释道:

> "得势、取势—失势",这些说法使人想起古代君王得势位具有效能的政治概念(人君占有它或者放弃它)。势进入绘画评论的范畴里(这是书法评论的延伸),之后,随着画人物或画马,人们对势的概念摇摆于布局均称与活力奔放之间。①

这里面基本点明了"势"类似阴阳观的两极性。而这个两极在他总结王夫之《宋论》时将其表达为"历史必然是'张弛'、'伸屈'、'治乱'、'盛衰'、'抑扬'"②。至此,朱利安关于势的"两极"思想已经十分明显地表达了出来。

实际上,在朱利安的一系列作品中,"两极"思想一直存在。如《大象无形》(*La grande image n'a pas de forme*:*ou du non-objet par la peinture*)中的有—无、隐—显,《淡之颂》(*Eloge de la fadeur*)中的淡—漠,《画中影》(*L'Ombre au tableau*:*Du mal ou du négatif*)中的善—恶,《间距与之间》(*L'éart et l'entre*)中的间距—之间。这种"两极"思想是朱利安在诠释中国思想时的一种表达方法,近似中国传统的阴阳观。

需要点明的是,这种"两极"思想不可以理解为简单的"对立的两极",而是有关联的两个部分,其中对立是它的一种面向。也就是说,正如"阴—阳"一样,对立是理解阴—阳的一个面向,但同一性、交融性、主次性也是理解阴—阳的第二、第三、第四个面向。因此,在理解朱利安的"两极"思想时,不排除对两极对立思维的理解(有—无),但更应关注两极思想的同一思维(淡—漠)、交融思维(显—隐)和主次思维(间距—之间)的考量。

这就是说,在理解中国思想中,朱利安企图摆脱西方形而上思想中"非此即彼"的清晰的概念分析方法,强调概念生成、发展等流动过程中的冲突面向。朱利安说:

---

① [法]朱利安:《势:中国的效力观》,卓立译,北京大学出版社2009年版,第60页。
② [法]朱利安:《势:中国的效力观》,卓立译,北京大学出版社2009年版,第170页。

这不是任何形而上学原理投射到时间的流动的结果，而是一切进程内在需要所产生的必然现象：正在起作用的正面或负面的要素，肯定会走到尽头，而与其互补的要素便会起而代之。①

这种关于势的"两极"思想所要强调的不是概念在个人或群体中所起到的功效作用，而是强调在"势"流变过程中两种交互的力量。这两种"力量"无论是概念层面，还是现实层面，都不是稳定不变的；当然，这种变化并不意味着二者相互转化、"此变成彼"，而是其中一方可能被另一种新的力量完全代替，并与残留下的一方重新构成新的两极。当然，我们在概念上虽然依然可以用旧的概念为之冠名②，但这是一种不得已的处理办法。因为我们无法确认"两极中新生的概念"来自哪里，而且会持续多长时间（它甚至是超时间的，或是不能在时间内讨论的）。

这是朱利安在处理中国传统思想时的一个理解维度。它的好处是，减少"哲学偏见"对"势"理解的干扰。"哲学偏见"是他在《圣人无意》（*Un sage est sans idée ou l'autre de la philosophie*）中所言的：

> 哲学的历史就是从提出一个观念开始的，就是不断地提出观念。哲学把一开始提出的观念当成原则，其他的观念都是由此而产生的，思想由此而组织成了体系。这个首先提出的观念成了思想的突破点，有人为它辩护，也有人驳斥它。从提出的这一偏见开始，可以形成一种学说，可以组成一个学派，一场无休止的争论也就由此开始了。③

---

① ［法］朱利安：《势：中国的效力观》，卓立译，北京大学出版社2009年版，第170页。
② 因为"新"的一极的广度过大而无法赋予一个新的概念来加以确定，正如"间距"对应着"之间"，同时它也可以对应着"虚待"；或者"之间"对应着"虚待"。当然也可以用别的词。但"两极"思维的状态是不可改变的。而这变动的"两极"都是"势"在生成、发展过程中必须面对的状态。
③ ［法］于连：《圣人无意：或哲学的他者》，闫素伟译，商务印书馆2019年版，第9页。

第八章 朱子美学与"势"观念

在朱利安看来，西方的哲学思维存在着两个问题，一是固化了概念自产生后的恒常性，而忽视了它的生长性和可替代性。① 二是固化了概念之间关系的恒定性，常以"对立"关系来确定"两极"关系。相反，在中国传统思想体系中，它们在中国圣人的思想中却从未成为问题。正如朱利安说：

> 圣人不会从很多观念中单独提取一个：圣人的头脑中不会先有一个观念（"意"），作为原则，作为基础，或者简单说就是作为开始，然后再由此而演绎，或至少是展开他的思想。②

清晰了朱利安的"两极"思维，我们来看朱熹的道德在"势"的作用下的构成与衍化，便可了解朱熹的道德工夫中，明显是存在着这个两极思维的。

首先，天理与气质是朱熹讨论道德工夫的第一对两极思维；天理与气质在朱熹这里隐含了一种对立思维。这种对立思维类似王阳明所说的"利根之人"和"习心之人"。王阳明说：

> 二君（指钱德洪、王畿）之见，正好相资为用，不可各执一边。我这里接人，原有此二种，利根之人，直从本原上悟入，人心本体原是明莹无滞的，原是个未发之中；利根之人一悟本体即是功夫，人己内外一齐俱透了。其次不免有习心在，本体受蔽，故且教在意念上实落为善、去恶，功夫熟后，渣滓去得尽时，本体亦可尽了。汝中之见，是我这里接利根人的，德洪之见，是我这里为其次立法的。③

但朱熹的思想里并不是只有这种简单的二分法。实际上，在鹅湖之会上陆九渊提出的只要克服气禀之弊就可以达到"明心见性"的问题，一直

---

① 这里所说的"生长性"，是概念本身演化为一种新的概念，不是"附加新的概念"而成为概念群或概念系统。
② ［法］于连：《圣人无意：或哲学的他者》，闫素伟译，商务印书馆 2019 年版，第 7 页。
③ 邓艾民：《传习录注疏》，基隆：法严出版社 2000 年版，第 394 页。

就是朱熹警惕的"易简工夫"①。在朱熹看来,"两极"思维在人成圣成贤的方面固然重要,但对两极思维要有一个清晰的厘清。这两极是天理与人欲的两极,而不是人气禀的两极。所以其格物工夫,是以外求内的致知行为。这在他的理论中即以礼修德,或以礼束人。朱熹对张载礼学思想的重视,基本上是从这个面向考虑的。

因此,对立的两极概念共存虽常见于朱熹的理论文本之中,但这是朱熹的道德的治学本意,还是当代学者有意谋划的对立哲学之偏见,可能还存在着讨论的空间。

其次,心与性、情构成了朱熹讨论道德工夫的第二对两极思维。这三个概念可进一步划分为心—性、心—情与性—情。即使他继承了张载的"心统性情"论,也是心—性、性—情的两极思维。在朱利安"势"的理论中,概念之间的关系并不是一种恒定的存在,而是一种生长式的存在。因此,非此即彼式的概念关系可能存在着问题。

以朱熹道德工夫中关于心、性、情三者的关系来看,三者的搭配是任意的。这种任意性表达出心、性、情在面对德行时的不同面向。心—性关系侧重于道德本体思想的表述,如"仁"思想;性—情关系侧重于道德工夫思想的表述,如"敬、义"思想;心—情关系侧重于伦理美学思想的表述,意在摆脱道德僵化的传播路径。

朱熹思想里这三种不同的关系路径,与朱利安所谈到的间距(écart)、之间(entre)与虚待(disponibilité)的关系②相类似。因此,摆脱两极的僵化的关系构成,可能是我们研究朱熹思想的一条路径。

最后,理学与美学构成了朱熹讨论道德工夫的第三对两极思维。朱熹理学与美学的"两极"思维,不是一种如东—西、南—北式的对立思维,而是一种交融性思维。这如方向中的东和南、西和北、东和北、南和西的组合。于是,我们可能在这种两极思维中,不必将理学与美学局囿在对立的思维中。这样,我们既不用将思考局限于此消彼长的思维中,又不用通

---

① 此为在"鹅湖之会"上陆九渊为立己意和反驳朱熹所作的一首诗。全诗原文为:墟墓兴哀宗庙钦,斯人千古不磨心;涓流积至沧冥水,拳石崇成泰华岑。易简工夫终久大,支离事业竟浮沉;欲知自下升高处,真伪先须辨只今。(《陆九渊集》,中华书局1980年版,第301页。)

② 陈永宝:《从朱利安的风景论看朱熹的山水美学》,《思想与文化》2019年第12期。

过凸显一方而使自己得到存在证明。与之不同的是，两极的双方既可自由地结合，亦可单独地发挥作用。以此观之，朱熹的理学体系与美学体系，在道德教育中既可结合使用，亦可分别强调道德的义务性与美育的自在性。这是朱熹两极思维的一种表达。

值得一提的是，朱熹的两极思维在道德中的交互趋势，是他道德工夫进路的一大特征。这既为朱熹的道德思想的践行提供了本体论的确认（如指明了向仁的方向），又变通了朱熹道德践行的灵活方式（如"文以载道"）。这均需要进一步说明。

第三节 交互趋势的道德"推势"

朱利安在解读"情势"时指出："一方面，我们思考现实的情势（la disposition des choses）——条件、轮廓、结构，另一方面，我们思考所谓的力量和运动。换句话说，一方是静止的（statique）而另一方是活动的（dynamique）。"① 为了防止将我们的思考引向静止一方，朱利安作了进一步的解释：

> 正如所有的二分法，这种二元对立（dichotomie）是抽象的，只是方便理性思维的一种手段，是一个被用来认知现实的权宜之计，很清楚但过于简单。我们应该质问，那些被遗留在二元之间的事实——即使我们很清楚它们才是唯一实际存在的事实，它们却是理论无法证明而肯定的，因而大部分是没被思考过的——这些事实会是什么样子？②

这里朱利安着重指出"势"存在的模糊式场域及其模糊式的存在方式（或存在状态）。他点明了，正是"势"的这种模糊性，成为它被忽视的一个重要原因。朱利安认为，清晰的、静止的、逻辑的思维可能会阻碍人对

---

① ［法］朱利安：《势：中国的效力观》，卓立译，北京大学出版社 2009 年版，引言第 1 页。
② ［法］朱利安：《势：中国的效力观》，卓立译，北京大学出版社 2009 年版，引言第 1 页。

现实世界的思考，演化为一种羁绊。他说：

> 这个问题被我们的逻辑推理工具压抑了，却不断回来扣问，那就是如何经由现实本身的局势来思考它们的活动力？或者说，每一种情况如何能同时被感知为是现实发展的过程（comme coursdes choses）？①

这就是说，我们对"势"的理解除了前面所讨论的两极思维，另一个重要的方面就是两极之间的过程式的交互，即势的"模糊的、运动的、非逻辑的"存在方式。它在现象层面表现为一种"单纯的互相作用（interaction）而自然产生（sponte sua）的倾向（tendance）并且以交替方式发展（战事的演变、作品的铺展、历史状况或现实的发展过程）"②。

这是一种极为普通，又常被人所见的现象，但人们往往受两极的影响，而不愿关注其中的过程。这里的"不愿"有两个层面的原因，一是"势"以"非人"干预的表象影响着人的判断，将对"势"的理解简单客观化，如中国思想里的"道"；二是人对"势"的干预常受制于两极的简单思维（非此即彼的对错、好坏等）和命定论，如朱熹所言的"气禀之弊"，而难以将势放到"理"的思维中去理解，即客观与主观的交互趋势。

朱利安将以上"不愿"看成是"西方哲学的偏见"。他说：

> 西方哲学中有某种偏见，其"传统"的性质似乎也如此，而且从外部被感知时，就更明显；……它偏向独一、"超越"的极化，而不是互相依附和相互性；它最终强调自由（liberté），而不是自发性（spontanéité）。③

这时，朱利安将交互趋势的核心点了出来。这种"交互趋势"，朱利

---

① ［法］朱利安：《势：中国的效力观》，卓立译，北京大学出版社 2009 年版，引言第 1 页。
② ［法］朱利安：《势：中国的效力观》，卓立译，北京大学出版社 2009 年版，引言第 5 页。
③ ［法］朱利安：《势：中国的效力观》，卓立译，北京大学出版社 2009 年版，引言第 7 页。

第八章　朱子美学与"势"观念

安用中国关于龙、云的绘画及书法做比喻,他说:

> 在中国的美学观里,空间绝对不可能事先设限的,它绝不限于一个部分或一个角落,而是宇宙的全部,从空虚的深渊逐渐变成现实,并且由此向无限展开。这样的交互作用是本质上的并且仔细观看就看得出来:围绕龙体的云彩让人联想到书写草书时空间因笔划而渐渐紧凑,同时,朦胧的云雾之轻盈与饱满的笔划之力量结合之后,使作品的架构有紧张也有舒缓,还可以使该作品吐露它的生命力。①

以上,可反映出朱利安"势"的交互性的本质特征,这些特征表现为模糊性、运动性、非逻辑性及生命性(即生生)。我们以此来观看朱熹的道德论,也可发现在朱熹道德哲学中常被忽略的一个面向,即道德的两极交互性及发展的生生。

在朱熹道德哲学理论中,两极对立的概念是其主要的特征,如本体论中的无极—太极、理—气、性—情、仁—心,工夫论中的已发—未发、格物—致知、格物—穷理、知—行。②这种以西方哲学为背景的研究范式是学者研究朱熹思想时常用的。但这种研究经常面临着一个十分棘手的问题,即这种对立两极之间是如何发生关联的?也就是对立概念之交互性之联结点是什么?因此,对这种研究路径可能还需要我们重新思考,是否还需要增加更多的新论证材料。

但是,以朱利安"势"的理论来看朱熹的两极概念,便可以化解这一窘境。虽然朱熹的两极概念之间似乎也符合上述原则,但无极—太极遵循的是太极趋向无极之势;理—气遵循的是气禀达理之势;性—情遵循的是归情达性之势,即以性规范情的道德要求;仁—心遵循的是以心归仁之势。这些两极思维之"势"就是两极之间的互通。实际上,我们在朱熹的文本中可以捕捉到这个"势"的迹象。诸如朱熹谈理气论时所说:

---

① [法]朱利安:《势:中国的效力观》,卓立译,北京大学出版社2009年版,第135页。
② 陈来:《朱子哲学研究》(生活·读书·新知三联书店2010年版)中关于朱熹概念的分法和组合。

（理气）此本无先后之可言。然必欲推其所从来，则须说先有是理。然理又非别为一物，即存乎是气之中，无是气，则是理亦无挂搭处。气则为金木水火，理则为仁义礼智。①

只一"推"字已显理一气之势。这种"推势"实际上就是一种"势必至此"②之势，这是朱熹道德工夫进路中不可改变，也是其期望达到的理想的状态。在这种思维下，朱熹看到了圣人在"推势"缺乏时的无力感，他说："圣人固视天下无不可为之时，然势不到他做，亦做不得。"③关于这一点，他在谈论周、孔之德时也有论述。朱熹引《左传》说：

周自日前积累以来，其势日大；又当商家无道之时，天下趋周，其势自尔。至文王三分有二，以服事殷，孔子乃称其"至德"。若非文王，亦须取了。孔子称"至德"只二人，皆可为而不为者也。周子曰："天下，势而已矣。势，轻重也。"周家基业日大，其势已重，民又日趋之，其势愈重。此重则彼自轻，势也。④

可见，无"推势"之作用，道德的践行则缺乏有效的动力。如朱熹说：

仁言恻隐之端，如水之动处。盖水平静而流，则不见其动。流到滩石之地，有以触之，则其势必动，动则有可见之端。如仁之体存之于心，若爱亲敬兄，皆是此心本然，初无可见。及其发而接物，有所感动，此心恻然，所以可见，如怵惕于孺子入井之类是也。⑤

---

① 黎靖德编：《朱子语类》，中华书局1994年版，第3页。
② 《朱子语类》记载："问：'当其知不至时，亦自不知其至于此。然其势必至于自欺。'曰：'势必至此。'"
③ 黎靖德编：《朱子语类》，中华书局1994年版，第2684页。
④ 黎靖德编：《朱子语类》，中华书局1994年版，第945—946页。
⑤ 黎靖德编：《朱子语类》，中华书局1994年版，第1287页。

第八章　朱子美学与"势"观念

这表示了一种积极的道德之"推势"的取向。这种"势"的作用是不可被忽视的。朱熹说："势自是如此。有人主出来，也只因这个势，自住不得，到这里方看做是如何。惟是圣人能顺得这势，尽得这道理。"① 这是朱熹对"势"的肯定。同时，朱熹谈道：

> 且封建自古便有，圣人但因自然之理势而封之，乃见圣人之公心。且如周封康叔之类，亦是古有此制。因其有功、有德、有亲，当封而封之，却不是圣人有不得已处。若如子厚所说，乃是圣人欲吞之而不可得，乃无可奈何而为此！不知所谓势者，乃自然之理势，非不得已之势也。②

在朱熹看来，"势"的多种维度与道德显然构成了取向一致的可能性，而这种思想在朱熹的道德工夫论中体现得较为真切。朱熹的内心是渴望通过对"势"的掌控来达到教化万民的功效的。这也说明了他屡次辞官且又喜为帝师的矛盾行为，这其实是他面对"推势"的不同判断后给出的不同选择。朝堂的"道德之势"未成，则以隐居待之；帝君改革之势有成的迹象，则力图用之。

小　结

用朱利安的势观念来看朱熹的道德工夫进路，可以帮助我们厘清关于朱熹研究的以下三个问题：一是两极思维的存在与朱熹的道德一致性的矛盾是如何解决的；二是朱熹道德进路是一还是二的问题；三是朱熹理论矛盾现象的源头在哪里。同时，从朱利安的势观念，我们也可以看到朱熹的儒家思想不仅吸收了道家与佛家的内容，对法家的内容也有一定的借鉴。这改变了我们用单一取向分析朱熹理论的弊端。对这最后一点，我们可以从朱熹对诸葛亮的推崇中见其端倪。朱熹曾说："诸葛武侯未遇先主，只得

---

① 黎靖德编：《朱子语类》，中华书局1994年版，第597页。
② 黎靖德编：《朱子语类》，中华书局1994年版，第3303页。

退藏，一向休了，也没奈何。孔子弟子不免事季氏，亦事势不得不然，舍此则无以自活。"① 虽然朱利安本人一直认为中国的"势"思想只和军事、政治和美学有关，和道德的联系并不大，但事实上并非如此。中国儒家自孔子，经董仲舒到朱熹所一贯进行的道德行为，往往都是借"君王"之势以达化育万民之功，这是儒家一贯的思想。同时，在朱熹诠释儒家经典的核心概念时，也将势的思想贯穿其中。这既有他山水美学思想的体现，也是他理学美学思想的必然。在这一点上，我们将朱利安的"势"思想与朱熹的道德思想相桥接，是存在一定的可能性的。总之，从朱利安的"势"思想，我们可以挖掘出朱熹思想中被学者忽略的层面。同时，对朱熹理论的阐述，也进一步纠正了朱利安在研究中国思想中的视域局限及判定的失误。这对二者的研究，均存在着一定的意义。

---

① 黎靖德编:《朱子语类》，中华书局 1994 年版，第 248 页。

第九章　朱子美学与"情"观念

"情"思想是朱熹美学的一个重要概念。在朱熹的理论中,"情"有两个含义:一是自然之"情",此为中性词;二是过度之情,即朱熹存世文本中的"人欲"。两者之间有一个分界线,即人正常的"欲望",如饮食男女。过度之情,我们可以用"欲"来代替。为了说明这个问题,我们首先需要对情、欲进行界分。

第一节　情之偏、欲之引

从美学的角度来分析"情"和"欲",朱熹对它们的界定是比较模糊的。美既有一种"满山青黄碧绿"的平和淡然式的恬静,又有一种"鸢飞鱼跃"式的情感激荡。前者在朱熹的思想里表现为"情",而后者常表现为"欲"。一般来看,在伦理学层面,朱熹的"天理"与"人欲"是相对立而存在的。因为他提出:"天理只是仁、义、礼、智之总名,仁、义、礼、智便是天理之件数。"[①]同时又指出"天理"与"人欲"之别在于"合道理底是天理,徇情欲底是人欲"[②]。但我们如果转化到美学视角,两者的关系则可以看成是"同行异情"。人的"情"在与"天理"相对时则为"人欲",符合天理时则是"情"本身。"情"在这里并无好坏之分,而是达到了一种美学式的直面。

朱熹说:

[①]　《朱子全书》第 22 册,上海古籍出版社、安徽教育出版社 2002 年版,第 1838 页。
[②]　黎靖德编:《朱子语类》,中华书局 1994 年版,第 2015 页。

> 天理人欲是交界处，不是两个。人心不成都流，只是占得多；道心不成十全，亦是占得多。须是在天理则存天理，在人欲则去人欲。尝爱五峰云"天理人欲，同行而异情"，此语甚好。①

也就是说，朱熹这里的"天理人欲"其实可以看成是"天理人情"。"欲"语词的使用实际上包含两个部分，一是"正常的欲求"，二是"不好底欲"（朱熹所批判的"人欲"）。朱熹的"欲"，其实是"情"的一种超过，一种过度。在朱熹的美学思想中，"欲"其实是一个超越而内在的存在，它属于"情"但与"情"有所不同。《朱子语类》中有这样一段记载：

> 或问："天理人欲，同体而异用，同行而异情。"曰："胡氏之病，在于说性无善恶。体中只有天理，无人欲，谓之同体，则非也。同行异情，盖亦有之，如'口之于味，目之于色，耳之于声，鼻之于臭，四肢之于安佚'，圣人与常人皆如此，是同行也。然圣人之情不溺于此，所以与常人异耳。"②

这里说明，"情"是一种在"心之外"又在"体之中"的存在。它与心有一定的距离，但又在"心"的辐射范围之内。对于朱熹美学思想中的情观念，张立文指出："'情'不再纯为善恶未定或是恶，它也可以是善。"③这也就是说，"欲"作为人的自然欲望，与"天理"相对时表现为人欲，不与天理相对时则只是生理生存的正常欲望，表现为"情"。"情"可指生活中的欲念，人欲是情的过度。因此，朱熹认为"情"不再只是善恶未定，或是只是恶，它也可以是善。

"情"与"欲"相比，"欲"表现为一种心外的存在，它对"情"有一

---

① 黎靖德编：《朱子语类》，中华书局1994年版，第2015页。
② 黎靖德编：《朱子语类》，中华书局1994年版，第2591页。
③ 张立文主编：《朱熹大辞典》，上海辞书出版社2013年版，第244页。

种非常强的吸引力，它的中节状态便为"慾"。情在"欲"的吸引下，向慾靠近。如果"情"能达"慾"，便为"情"的中节。过或不及，都有产生恶的可能。而这两种可能中，"过度"是产生恶的根本原因。而不及，只能在某种程度上间接地影响"情"变恶，这里的"欲"便是一种催化剂，是否能真正产生恶，还要看"情"的克己能力。

"欲"其实是"情"的一种，但与"情"有所分别。那么，"情"与"欲"的界限在哪里？张立文总结朱熹思想时指出：

> "情"本来至善，但有时也会流于恶，这就要看"情"之所发是否"中节"，即合乎节度，只有中节才为善；不中节，不论是过还是不及都流于恶。①

也就是说，"情"本至善，但这是"情"的未发，或已发后的"中节"状态，即只有中节才为善。如果不中节，过或不及都可能会沦为恶，"情"由内而发而趋近"慾"或超过欲。这也就是说，情、欲的区别有三点：一是"情"是内在所发，"欲"是外在吸引；二是"情"不动与"性"十分相近，"情"动中节表现为"慾"，但欲不可能有静止的状态，所以它与性有一定的距离；三是"情"与"欲"有重合的可能性，"欲"在中节的时候表现为"慾"。

总体来说，"情"为内在所发，"欲"是外在吸引。只要"情"与"欲"重合，便无恶的产生，或无恶产生的可能。相反，如果"情"超过"慾"，进而让"情"继续前进，"情"就变成了"欲"。这便是朱熹批评的"人欲"。其实，当"慾"作为一个稳定形态，它本身是非恶的；这与"情"未发时十分相似，即本质非恶。如人正常的吃饱穿暖，夫妻交合，这些正常的"情"不能被看成是恶的行为。相反，如果把这样的"情"看成是恶的，就有流入禅宗之嫌。朱熹说：

---

① 张立文主编：《朱熹大辞典》，上海辞书出版社2013年版，第244页。

> 问:"五峰所谓'天理人欲同行异情',莫须这里要分别否?"曰:"'同行异情',只如饥食渴饮等事,在圣贤无非天理,在小人无非私欲,所谓'同行异情'者如此。此事若不曾寻着本领,只是说得他名义而已。说得名义尽分晓,毕竟无与我事。须就自家身上实见得私欲萌动时如何,天理发见时如何,其间正有好用工夫处。"①

实际上,人的正常之"情"在朱熹这里也被看成是天理的一种。朱熹说:

> 圣人则表里精粗无不昭彻,其形骸虽是人,其实只是一团天理,所谓"从心所欲,不逾矩"。左来右去,尽是天理,如何不快活!②

也就是说,在朱熹这里,问题不在"情"本身,而在"情"发动后,能否有"敬义"的夹持。朱熹说:

> 修身,齐家,治国,平天下,都少个敬不得。如汤之"圣敬日跻",文王"小心翼翼"之类,皆是。只是他便与敬为一。自家须用持着,稍缓则忘了,所以常要惺惺地。久之成熟,可知道"从心所欲,不逾矩"。颜子止是持敬。③

于是在这种情况下,"情"本身也许有恶的可能性,但在"敬"与"义"的作用下,这个"情"被严格地控制在"慾望"之内,无法达到"纵欲",也就是无法达到朱熹所谓的"人欲"的状态。圣人与普通人不同的是,他们已经将"情"控制在"慾望"之内,其先天具有并在后天形成一种习惯。朱熹说:

---

① 黎靖德编:《朱子语类》,中华书局1994年版,第2808页。
② 黎靖德编:《朱子语类》,中华书局1994年版,第750—751页。
③ 黎靖德编:《朱子语类》,中华书局1994年版,第208页。

第九章 朱子美学与"情"观念

> 程子曰:"孔子生而知之也,言亦由学而至,所以勉进后人也。……从心所欲,不逾矩,则不勉而中矣。"又曰:"孔子自言其进德之序如此者,圣人未必然,但为学者立法,使之盈科而后进,成章而后达耳。"①

也就是说,无论圣人做什么,或者采取什么样的方法,他们的行为都是在慾望的界限之内的。于是,他们才可能"从心所欲"。所谓"不逾矩",这里的"矩"应该指我们文中所说的"情",即人合理的慾望。朱熹说:

> 矩,法度之器,所以为方者也。随其心之所欲,而自不过于法度,安而行之,不勉而中也。②

朱熹这里的"中",即中庸或中道,其实也就是我们在文中所谈的"慾望"。区别在于,朱熹强调这个"慾望"的外显,即为法度之器。此法度,则为天理与人欲的分界线。只有这样,才能处理好朱熹在"情"与"欲"两者之间的矛盾。这应该符合朱熹的本意。朱熹谈天理人欲的界限时说:

> 天理人欲之分,只争些子,故周先生只管说"几"字。然辨之又不可不早,故横渠每说"豫"字。③

在这里,朱熹的"慾望"又表现为周濂溪说的"几"和张横渠所谓的"豫"。遗憾的是,朱熹在其文本中并没有将"慾望"当成一个核心概念,而是强调"天理"与"人欲"的共存。这便给后人带来了很多的困惑。明清儒者对朱熹多有误解,也是源于朱熹对"情"与"欲"这个问题没有交

---

① 朱熹:《四书章句集注》,中华书局 2011 年版,第 56 页。
② 朱熹:《四书章句集注》,中华书局 2011 年版,第 56 页。
③ 黎靖德编:《朱子语类》,中华书局 1994 年版,第 224 页。

朱熹美学研究

代清楚，给了后世学人自由联想的空间。但朱熹对人"情"的肯定，是不容质疑的。朱熹说：

> 周先生只说"一者，无欲也"，然这话头高，卒急难凑泊。寻常人如何便得无欲？故伊川只说个敬字，教人只就这敬字上捱去，庶几执捉得定，有个下手处，纵不得，亦不至失。要之，皆只要人于此心上见得分明，自然有得尔。①

这里，朱熹的"欲"其实就是"情"。这就是朱熹"情""欲"观念混淆的一个表现。当然，我们可以为朱熹所做的辩解是，他既要尊重先秦文本对"欲"的肯定使用，也要表达自己对"欲"的贬义诠释。故在这个问题上，我们只能接受，而不需要过多地指责。

其实，这种现象十分常见。如朱熹在自己的理论中从未清晰地标注出天理与人欲之间的界线。但是，他却为后学指明了"存天理，去人欲"的方法，这也是一件有趣的事。朱熹说：

> 有个天理，便有个人欲。盖缘这个天理须有个安顿处，才安顿得不恰好，便有人欲出来。
>
> "天理人欲分数有多少。天理本多，人欲便也是天理里面做出来。虽是人欲，人欲中自有天理。"问："莫是本来全是天理否？"曰："人生都是天理，人欲却是后来没巴鼻生底。"
>
> 人之一心，天理存，则人欲亡；人欲胜，则天理灭，未有天理人欲夹杂者。学者须要于此体认省察之。
>
> 大抵人能于天理人欲界分上立得脚住，则佗长进在。②
>
> 敬则天理常明，自然人欲惩窒消治。③

---

① 黄宗羲：《宋元学案》，中华书局1986年版，第1545—1546页。
② 黎靖德编：《朱子语类》，中华书局1994年版，第223—224页。
③ 黎靖德编：《朱子语类》，中华书局1994年版，第210页。

虽然，朱熹的理论中出现了"情""欲"混杂难分的现象，但在"去人欲"方面，他却给了我们明确的方法。至此，我们明白了朱熹美学思想"从心所欲不逾矩"的理学内涵，也接近了朱熹美学的伦理学面向。

第二节　情的两种状态

一　情之善恶

朱熹说："心有善恶，性无不善。若论气质之性，亦有不善。"① 我们从"欲""情"是心的一部分这个角度来看，朱熹这里的心有善恶，其实说的就是"情"有善恶。而这时候的"情"以"欲"的形态表现出来。也就是说，在"正常欲望"之内的"欲"，在未发之前是"情"，它无限地接近于"性"或者"仁"；但已发之后，它便具有一种向善或向恶的可能性。这种可能性，表现出来可能是"善"的行为或是"非恶"的行为。此时的"情"有变成"人欲"的可能。如果人的气质继续受到外界欲望的吸引而过度，则沦为"恶"。在朱熹看来，"恶"本身并无一个确定性的实体，而是一种"情"的过度。因此，在朱熹的理论里，我们说心有善恶，和说"情"有善恶，二者的区别不大。我们这里将"情"从"心"的观念中分析出来，就是要寻找到朱熹在化解"人欲之恶"时的真实落脚点。否则，他无法与陆九渊的"易简工夫终久大"的方法论相抗衡。

善、恶均是人的"情"在"已发"之后的产物。朱熹说：

> 心是动底物事，自然有善恶。且如恻隐是善也，见孺子入井而无恻隐之心，便是恶矣。离着善，便是恶。然心之本体未尝不善，又却不可说恶全不是心。若不是心，是甚么做出来？古人学问便要穷理、知至，直是下工夫消磨恶去，善自然渐次可复。操存是后面事，不是善恶时事。②

---

① 黎靖德编：《朱子语类》，中华书局1994年版，第89页。
② 黎靖德编：《朱子语类》，中华书局1994年版，第86页。

我们在这里做这种区分的好处是，帮助朱熹化解了他在分析"心"概念时的不纯粹。

  心无间于已发未发。彻头彻尾都是，那处截做已发未发！如放僻邪侈，此心亦在，不可谓非心。
  问："形体之动，与心相关否？"曰："岂不相关？自是心使他动。"曰："喜怒哀乐未发之前，形体亦有运动，耳目亦有视听，此是心已发，抑未发？"曰："喜怒哀乐未发，又是一般。然视听行动，亦是心向那里。若形体之行动心都不知，便是心不在。行动都没理会了，说甚未发！未发不是漠然全不省，亦常醒在这里，不恁地困。"
  问："恻隐、羞恶、喜怒、哀乐，固是心之发，晓然易见处。如未恻隐、羞恶、喜怒、哀乐之前，便是寂然而静时，然岂得块然槁木！其耳目亦必有自然之闻见，其手足亦必有自然之举动，不审此时唤作如何。"曰："喜怒哀乐未发，只是这心未发耳。其手足运动，自是形体如此。"①

在朱熹看来，心是一个"虚灵明觉"，一团"活气"。这里一方面说明了朱熹的心观念有巨大的包容性，另一方面也说明了朱熹对心观念的运用无法清晰地说明"恶"的问题。他的理论终归是要回到孟子的体系中去谈心与恶的关联，强调"恶"为心之恶，并在心上做工夫，即所谓的"求放心"。但朱熹这里又明显不满足这一点，他需要的是将工夫落实到具体的、可操作的伦理实践中，而非只是在心的问题上纠缠不清。这也就是朱熹在己丑之悟后，对张横渠的"心统性情"如此关心的原因之一。如下：

  问："先生前日以挥扇是气，节后思之：心之所思，耳之所听，目

---

① 黎靖德编：《朱子语类》，中华书局1994年版，第86—87页。

之所视，手之持，足之履，似非气之所能到。气之所运，必有以主之者。"曰："气中自有个灵底物事。"

虚灵自是心之本体，非我所能虚也。耳目之视听，所以视听者即其心也，岂有形象。然有耳目以视听之，则犹有形象也。若心之虚灵，何尝有物！

问："五行在人为五脏。然心却具得五行之理，以心虚灵之故否？"曰："心属火，缘是个光明发动底物，所以具得许多道理。"①

二 情的不及与欲之过度

"情"的不及是指"情"从心体发出，到达正常慾望满足之前的状态。这一阶段，虽属于"情"的已发，但未达到朱熹批判的"人欲"状态。

相对于朱熹将"人欲"定性为绝对的"恶"来说，"情"这时只具有"恶"的潜能。在这一状态，"情"所表现出来的，要么是"善"，要么是"非恶"，即一种中性的存在，即非善非恶。前者如孺子入井时表现出来的善，后者如日常的衣食住行，无所谓善恶。也就是说，朱熹真正要做"常惺惺"工夫的地方，应该在这里。而对于"人欲之恶"，朱熹是一定要反对的，但它的作用往往是"警惕""反例"之用，而不是朱熹思想中格物致知的主要方向。

或云："过非心所欲为，恶则心所欲。"曰："恶是诚中形外，过是偶然过差。"

杨氏云："苟志于仁矣，未必无过举也，然而为恶则无矣。"先生问学者："过与恶，如何分别？"曰："过非心所欲为，恶是心所欲为。"曰："恶是诚于中，形诸外，所以异也。"②

在"情"已发而未达到正常慾望的满足时，恶只是潜伏在心中。

---

① 黎靖德编：《朱子语类》，中华书局1994年版，第87页。
② 黎靖德编：《朱子语类》，中华书局1994年版，第646—647页。

在朱熹的理论中,"恶"是否有本体性的存在,还是"恶"只是"善"的偏移?这是一个需要讨论的问题。首先,我们假使朱熹的"恶"存在着本体,那么对于朱熹来讲,他完全可以认同陆九渊"易简工夫"的方便法门。他要做的,要么是恪守本心,以防"恶本体"的侵扰;要么是加强"火力",将"恶本体"消灭。然而,朱熹"格物致知"的为学修身法门,是无法容许"恶本体"存在的。朱熹说:"今日格一物,明日格一物,正如游兵攻围拔守,人欲自消铄去。"①可见在朱熹这里,"恶"很难是"一",而是"多"。既然是"多",就无法构成以"一"为形式存在的本体。这种本体论实际上我们在谈论"情本体"或者"欲本体"的时候,也同样存在,那就是如何面对它们的唯一性问题。李泽厚提出的"情本体"之所以受到如此大的争议,估计也有这方面的原因。

如果"恶"没有本体,那么"恶"是什么?在朱熹的观念里,"恶"应该是"善的缺如"。他在谈孟子"人有鸡犬放,则知求之;有放心,而不知求。学问之道无他,求其放心而已矣"②一段时,解释说:

学者须是求放心,然后识得此性之善。人性无不善,只缘自放其心,遂流于恶。③

心无形影,教人如何撑拄。须是从心之所发处下手,先须去了许多恶根。如人家里有贼,先去了贼,方得家中宁。如人种田,不先去了草,如何下种。须去了自欺之意,意诚则心正。诚意最是一段中紧要工夫,下面一节轻一节。④

心之本体何尝不正。所以不得其正者,盖由邪恶之念勃勃而兴,有以动其心也。⑤

"苟志于仁矣",方志仁时,便无恶。若间断不志仁时,恶

---

① 黎靖德编:《朱子语类》,中华书局1994年版,第207页。
② 朱熹:《四书章句集注》,中华书局2011年版,第312页。
③ 黎靖德编:《朱子语类》,中华书局1994年版,第203页。
④ 黎靖德编:《朱子语类》,中华书局1994年版,第304—305页。
⑤ 黎靖德编:《朱子语类》,中华书局1994年版,第306页。

又生。①

这里，朱熹的观念里"恶"明显有"多"的面向，而不是一个实体。也就是说，在朱熹看来："恶者却是无了天理本然者，但实有其恶而已。"② 这需要被我们重视。

第三节 情的诚意以复性

一 诚以去欲达仁

朱熹说：

> 《书》曰"人心惟危，道心惟微，惟精惟一，允执厥中"：圣贤千言万语，只是教人明天理，灭人欲。天理明，自不消讲学。人性本明，如宝珠沉溷水中，明不可见；去了溷水，则宝珠依旧自明。自家若得知是人欲蔽了，便是明处。只是这上便紧紧着力主定，一面格物。……所以程先生说"敬"字，只是谓我自有一个明底物事在这里。把个"敬"字抵敌，常常存个敬在这里，则人欲自然来不得。③

朱熹的工夫最终还是要回到"仁体"这个地方。也就是说，朱熹的"情"在发动之后，受慾望的吸引，有趋向过度的可能。一旦过度，"人欲"或"恶"便随之显现。然而，朱熹并没有在此就将问题搁置。不是"情"一旦入"恶（人欲）的领域"就毫无办法，听之任之，而是通过"涵养穷理"的方式，使人的"情"重新亲见本心，重新识"性"而达"仁"。也就是说，当"情"看到"宝珠依旧自明"，此"宝珠"天然能产生一种吸引力，而这种吸引力正处于与人欲的吸引力方向相反，更加强烈地将人的"情"拉回"性本体"的身边。这就是朱熹在已发工夫中的一个主要面

---

① 黎靖德编：《朱子语类》，中华书局1994年版，第646页。
② 黎靖德编：《朱子语类》，中华书局1994年版，第335页。
③ 黎靖德编：《朱子语类》，中华书局1994年版，第207页。

向，即穷理。

于是，我们看朱熹与弟子下面这段对话：

> 郑仲履问："先生昨说性无不善，心固有不善。然本心则元无不善。"曰："固是本心元无不善，谁教你而今却不善了！今人外面做许多不善，却只说我本心之善自在，如何得！"
>
> 心、性、理，拈着一个，则都贯穿，惟观其所指处轻重如何。如"养心莫善于寡欲，虽有不存焉者寡矣"。"存"虽指理言，然心自在其中。"操则存"，此"存"虽指心言，然理自在其中。①

实际上，这里面谈的善，是从"心"作为整体而言的。"恶"相对于"心"来说，相当于善的变异。这种"变异"有两个方面：一是气质的清浊。"气"的"清"表现为心的善，"气"的"浊"表现为心的恶，但是源于善的变异；二是"情"的中道与过度、不及。"情"的中道为善，"情"的过度变异为恶，"情"的不及有恶的可能。

在朱熹看来，人的整个"心"还是要坚持孟子人性本善这个基本的大前提。而人欲之恶的产生，只是"情"在欲望上过了度。而这种过"度"，如果没有格物穷理的工夫加以扭转，整个人就会因为人欲而陷入无穷无尽的恶的深渊。因此，朱熹之所以一直强调格物穷理工夫，是他的"敬"思想在"人欲"中已经达成既定事实。在这种情况下，如果再坚持陆九渊的"恪守本心"，或者道南学派的"默坐澄心"，显然在工夫力度上是无法真正地维持"心向善"这个回转的状态的。

也就是说，在朱熹这里，"人欲"是一种"既本有又外在"的存在，它本身引吸着"情"超越人的正常欲望而进入恶。它已经具有一个强大的"势能"。而抵消这个"势能"的方法也需要人借用另一种"既本有又外在的外力"，这就是程伊川所讲的"敬"，用"敬"的反向动能将"情"拉回到"性"的身边。也就是说：

---

① 黎靖德编：《朱子语类》，中华书局1994年版，第89页。

性者，心之理；情者，性之动，心者，性情之主。①

这里"情"的"欲之动"与"敬之动"达到一个"相对静止"，趋于一种"和谐"或"平衡"，反归于"静"，最终复归于"性"。接下来，才是用道南学派的"守静"工夫将"情"控制住。这便是朱熹在"情"方面的工夫论。

二 修心以至诚

钱穆说：

> 学问修养，应能到达心与理一之境界。朱子论忠恕，谓忠近诚，恕近仁；诚与仁，则心与理一。②
> 实理在物，指在外；诚悫在心，指在内。③

钱穆这里表达了两层意思：一是朱熹的"诚"近乎忠，也近乎敬；二是"诚"可作为"人欲"后具有弥补性的一种可能性存在。朱熹说："诚者，合内外之道，便是表里如一，内实如此，外也实如此。"④这也就是说，在"人欲"的既定事实形成后，如何反身而诚，则是敬工夫在穷理方面要做的主要工作。朱熹说："大抵'诚'字在道则为实有之理，在人则为实然之心。"⑤回归本然，诚是不可以绕过的一环。

作为朱熹工夫论中不可绕过的"诚敬"思想，朱熹曾说："能尽其诚敬，便有感格，亦缘是理常只在这里也。"⑥也就是说，在朱熹这里，诚与敬是人一种"向外"与"向内"的工夫途径。"诚"相对于敬更倾向于"向

---

① 黎靖德编：《朱子语类》，中华书局1994年版，第89页。
② 钱穆：《朱子新学案》第二册，九州出版社2011年版，第515页。
③ 钱穆：《朱子新学案》第二册，九州出版社2011年版，第516页。
④ 黎靖德编：《朱子语类》，中华书局1994年版，第543页。
⑤ 《朱子全书》第22册，上海古籍出版社·安徽教育出版社2002年版，第2123页。
⑥ 黎靖德编：《朱子语类》，中华书局1994年版，第46页。

外","敬"相对于"诚"更倾向于"向内"。二者虽然没有清晰的分界，但在朱熹的理论中大体来说，有这样的倾向。

当然，这里我们需要明确的是，"诚"和"欲"依然是"情"的一种。只不过，"欲情"有趋向"恶"的可能，而"诚情"则有趋向"善"的趋势。在朱熹的语境中，不是说人的慾望没有"倾向善的可能"，只是他更强调"人欲"倾向"恶"这个面向。我们也就从他的这个方面来界定"欲"。而他的"诚"在某一个方面也可以被看成"欲"，但是这时候的"欲"则只有倾向"善"的可能。因此，为了将问题讨论清楚，我们依然坚持将朱熹的"欲"界定为趋向恶的倾向，将"诚"界定为趋向善的可能。而这两种状态不过是"情"的两个面向。

于是到这里，我们已将朱熹的情、欲、诚三个概念梳理清楚。那么接下来要做的是，朱熹是如何以"诚"克"欲"，以致帮助"情"回到"性"的本身，达到助情还仁？朱熹说：

> 诚是在思上发出。诗人之思，皆情性也。情性本出于正，岂有假伪得来底！思，便是情性；无邪，便是正。[①]

这是朱熹给出的较为温和的做法。然而，如果只强调"思"，这与他批评的湖湘学派"察识涵养"工夫做得不到位，就没有什么两样。因此，朱熹决不会只停留在这里。朱熹在与孟子思想碰撞时提出了"反身而诚"，这才达到了其"以诚治欲"的工夫力道，前者明显不如后者的"势力强"。钱穆在《朱子新学案·论诚》中强调先"反身而诚"后"思无邪"，实际上应该是他所达到的先"'反身而诚'后'思无邪'"产生的工夫路径，与我们这里谈的并不冲突。

《朱子语类》曰：

> 上蔡说："穷理只寻个是处，以恕为本。"穷理自是我不晓这道理，

[①] 黎靖德编：《朱子语类》，中华书局1994年版，第545页。

所以要穷,如何说得"恕"字?他当初说"恕"字,大概只是说要推我之心以穷理,便碍理了。龟山说"反身而诚",却大段好。须是反身,乃见得道理分明。如孝如弟,须见得孝弟,我元有在这里。若能反身,争多少事。①

"反身而诚",则恕从这里流出,不用勉强。未到恁田地,须是勉强。

所谓"万物皆备于我",在学者也知得此理是备于我,只是未能"反身而诚"。若勉强行恕,拗转这道理来,便是恕。所谓勉强者,犹未能恕,必待勉强而后能也。所谓恕者,也只是去得私意尽了,这道理便真实备于我,无欠阙。

或问:"'万物皆备于我'章后面说'强恕而行,求仁莫近焉',如何?"曰:"恕便是推己及物。恕若不是推己及物,别不是个什么。然这个强恕者,亦是他见得'万物皆备于我'了,只争着一个'反身而诚',便须要强恕上做工夫。所谓强恕,盖是他心里不能推己及人,便须强勉行恕,拗转这道理。然亦只是要去个私意而已。私意既去,则万理自无欠阙处矣。"②

朱熹诸多语录,皆有此层意思。

三 诚之意的朗现

如果我们将朱熹的"诚"固定在"忠恕"上,那么他的"诚"也未免有一些消极的悲观色彩。而此种带有"强恕"的"诚",也不会成为朱熹最终希望得到的结果。他的"诚"还是要与"意"结合,才能让"诚"以一种积极的态度作工夫。于是,讨论朱熹的"诚"就必须回到《大学》中"所谓诚其意者:毋自欺也"③一段。

朱熹说:

---

① 黎靖德编:《朱子语类》,中华书局1994年版,第417页。
② 黎靖德编:《朱子语类》,中华书局1994年版,第1435—1436页。
③ 朱熹:《四书章句集注》,中华书局2011年版,第8页。

> 诚其意者，自修之首也。毋者，禁止之辞。自欺云者，知为善以去恶，而心之所发有未实也。……言欲自修者知为善以去其恶，则当实用其力，而禁止其自欺。①

这里，朱熹实际上指出了从"诚意"到"意诚"的关键，点出了"意"对于"诚"的关键作用。朱熹说："圣贤直是真个去做，说正心，直要心正；说诚意，直要意诚；修身齐家，皆非空言。"②又说："《大学》曰：'物格，而后知至；知至，而后意诚。'才意诚，则自然无此病。"③

在朱熹的理论中，他的"意"有三个主要的诠释面向：一是"意"乃"心之所发"。如朱熹说"意者，心之所发也"④；二是意是人欲。如朱熹说"私意既去，则万理自无欠阙处矣"⑤；三是意为"从心所欲不逾矩"。如朱熹说"意诚以下，则皆得所止之序也"⑥。也就是说，"意"在朱熹的理论里存在着多维面向。

在穷理诚意中，所强调的是"心之所发"。朱熹说："'心，言其统体；意，是就其中发处。正心，如戒惧不睹不闻；诚意，如慎独。'又曰：'由小而大。意小心大。'"⑦

在修心至诚，强调去除私意。《朱子语类》曰：

> 问："心，本也。意，特心之所发耳。今欲正其心，先诚其意，似倒说了。"曰："心无形影，教人如何撑拄。须是从心之所发处下手，先须去了许多恶根。如人家里有贼，先去了贼，方得家中宁。如人种田，不先去了草，如何下种。须去了自欺之意，意诚则心正。诚意最是一段中紧要工夫，下面一节轻一节。"或云："致知、格物也紧要。"

---

① 朱熹：《四书章句集注》，中华书局2011年版，第8页。
② 黎靖德编：《朱子语类》，中华书局1994年版，第133页。
③ 黎靖德编：《朱子语类》，中华书局1994年版，第214页。
④ 朱熹：《四书章句集注》，中华书局2011年版，第5页。
⑤ 黎靖德编：《朱子语类》，中华书局1994年版，第1436页。
⑥ 朱熹：《四书章句集注》，中华书局2011年版，第5页。
⑦ 黎靖德编：《朱子语类》，中华书局1994年版，第304页。

曰:"致知,知之始;诚意,行之始。"①

在"意"诚所止,则强调"意"在天理范围内的自由朗现。此为我们下一章要讨论的内容。

小　结

在朱熹的观念里"情"的观念是无善恶可言的。"情"甚至在特殊的情况下无"动静"可言。当"情"不动时,它表现为"性"。因此,在朱熹的观念里,"情"是一个难以琢磨的存在,却也是他的工夫的用力之处。

"情"之发动存在一个外部原因,这个原因就是"慾望"。朱熹本人并没有对"慾望"做一个界定,而是将"慾望"归于"人欲"的观念中。但是,我们从朱熹的"行文"中发现,一定存在着一个"合理的人欲",这应该是"慾望"之内的"情"。在这一点上,我们需要为朱熹作出补充。

"情"受"慾望"的吸引开始发动,便容易超过慾望而进入"人欲"之中。"人欲"也是"情"的一部分。但与"情"不同的是,"欲"是"情"的过度状态,它没有回归到"性"的可能性。相反,只有"去欲"才能达"性"。这便是朱熹"存天理,去人欲"的工夫论式的表达。

我们借助"慾望"这个观念,将朱熹的"情"分成两个部分。一部分是在"情"发动之前,到达人的正常慾望之前的这一部分,这是人的正常的"欲",它的状态无善恶可言,但存在变"恶"的可能;一部分是"情"超过人的正常慾望的部分,这就是朱熹文本中经常出现的"人欲"观念,这是朱熹格物穷理的主要对象。

朱熹与道南学派及陆氏门人在伦理学方面最大的不同是,他允许人有"为恶"的可能。也就是说,人们在日常的洒扫应对中,会出现"种种恶",这些"恶"并非天然本有,而是"善"的缺如②。也就是说,朱熹的"恶"在"已发"阶段都有返回"善"的可能,而帮助"恶"复归于善,

---

① 黎靖德编:《朱子语类》,中华书局1994年版,第304—305页。
② 缺如,也称隐语、隐缺、漏字,在楹联中是一种特殊的表现手法。

便是朱熹"敬"工夫的主要任务。

　　朱熹的"敬"的内容，在"未发"时表现为恪守本心，让"情"与"性"紧密结合在一切，这便是他所强调的"常惺惺法"；本心发动，"情"受"慾望"吸引，朱熹采取"敬义夹持"的工夫论，让"情"停留在正常的慾望范围内，不至于贪欲过度；如果"慾望"过强而让"情"突破正常的"慾望"，这便是朱熹一直批判的"人欲"，则需要借用格物致知、穷理尽性的工夫，使其复归于性。

　　这种复归于性，不是再让"情"只回到正常慾望的边界之内，而是要回到"性"本身，重新让"情"与"性"合。这便是朱熹"心"动的一个回还。只有"情"与"性"合，朱熹的"心"才能"以善的方式"朗现，如宝珠出浑水。此"宝珠"并非只停留到"性"处不朗现，它的朗现便是"从心所欲不逾矩"，这便是朱熹思想中的"意"。而这个"意"，便代表着朱熹的伦理思想向美学思想的升华。《朱子语类》将《论文》放置在最后两卷（一百三十九、一百四十），估计黎靖德已观察到朱熹思想的这个特点。

　　朱熹的美学思想是在其理学思想下产生的一个庞大的思想体系，绝非区区几千字可以道尽，需要进行更多的挖掘与梳理。然这并非本节所要承载的具体工作，故只能在此先将其搁置。虽有遗憾，但也是一个新的路程的开端。

第十章 朱子美学与"意"观念

每一个人的自然存在,都不可能完全按照伦理规范而行事,因为人本身具有自主性。这种自主性,显然不是人欲泛滥,胡作非为,而是在天理框架内的一种自我洒脱,是一种人对美的自由的追求。显然,在一般人看来,朱熹是一个典型的道德君子,这个道德君子似乎是那种不食人间烟火的神仙,他的一举一行完全符合伦理纲常,他又是以这种古板的样子教育着他的弟子,成就他一生的学术。这种看似有道理的推论,我们只要将它放在日常生活中,就能发现是无法成立的。朱熹也是一个人,一个活生生的人,那么他也一定有他所追求的生活价值,或美的需要。而这一切,均在他的山水美学中体现了出来。这种美学思想,并不是一种独立于其伦理学思想之外的一种新思想,而是在其伦理学思想基础上的"美"的升华,可谓是一种伦理美学。而他的这种伦理美学,是与其"意"思想分不开的。于是,关于"意"的工夫论,便成为我们下面要讨论的问题。

第一节 意的工夫论

我们讨论"情"与"欲"的纠葛时,给人的直观感觉往往是压抑。无论是"守情于性"的未发工夫,还是"敬义夹持"的已发工夫,"情"都处在一个被动的位置上。它被"欲"吸引,受"诚"夹持,处处都无法自由。后世学人也正是看到了这一点,才导致他们即使看到了理学的高妙,也不愿意以理为用,甚至以此批判朱熹理学思想者也大有人在。

其实,我们如此界定朱熹理学,恐怕朱熹本人也不会赞同。作为影响

朱熹美学研究

中国千年的思想伟人，对自由的向往应该是他的人生追求。也就是说，他的"敬"如果都是"被决定"，那这个"敬"和"死敬"就无法区分。朱熹说：

> 敬有死敬，有活敬。若只守着主一之敬，遇事不济之以义，辨其是非，则不活。若熟后，敬便有义，义便有敬。静则察其敬与不敬，动则察其义与不义。如"出门如见大宾，使民如承大祭"，不敬时如何？"坐如尸，立如齐"，不敬时如何？须敬义夹持，循环无端，则内外透彻。①

朱熹虽然并未将"敬"限制住，但此处之敬依然有"死敬"之嫌。也就是说，朱熹的"敬"要想得到自由，必要先返回到"性"这个层面，形成一个回还。再从"性"出发，以"意"的方式呈现出来，这便达到了他的美学境界。这样，他才有自由的可能。这个"意"，便是他的"从心所欲"，即"乐"的境界。朱熹说："如'从心所欲，不逾矩'，是也。然此理既熟，自是放出，但未能得如此耳。"②这便是朱熹伦理思想中"敬"的自由观。

朱熹谈《聚星亭赞》时说：

> 名画想多有之，性甚爱此，而无由多见。他时经由，得尽携以见，顾使获与寓目焉，千万幸也。彼中亦有画手，能以意作古人事迹否？③（《答巩仲至》）

又说：

> 聚星阁此亦已令草草为之。市工俗笔，殊不能起人意。④（《答巩

---

① 黎靖德编：《朱子语类》，中华书局1994年版，第216页。
② 黎靖德编：《朱子语类》，中华书局1994年版，第1240页。
③ 《朱子全书》第23册，上海古籍出版社、安徽教育出版社2002年版，第3108页。
④ 《朱子全书》第23册，上海古籍出版社、安徽教育出版社2002年版，第3110页。

第十章　朱子美学与"意"观念

仲至》）

钱穆认为："朱子晚年，荀陈家风，朱子向所不喜。而为此一画，几经筹度，往返商讨，不厌不倦。甚于游艺、格物双方精神之兼畅并到，正可因此想见。"① 也就是说，朱熹晚年对"意"的关注，已经成为他伦理思想中的一个重要方面。于是，美学的思想在其伦理学的作用下慢慢展开，也就是顺理成章的事情。潘立勇认为：

> 在伦理本体，非功利的绝对命令，立法普遍性和意志自律方面，朱子理学与康德有近乎之处。……就其哲学的伦理内涵、人学目的论而言，确乎朱熹与康德相近。所以，我……将朱熹与康德的比较的切入点定位于审美目的论，即伦理美学。②

在潘立勇的引导下，我们可清晰地明白朱熹为什么要将伦理思想向美学上扩展。借用康德对"美"与"道德"关系的表达，可将朱熹的这一思想展露出来。

康德说：

> 理想的鉴赏具有一种从外部促进道德性的倾向。——使人在自己的社交场合温文尔雅，这虽然并不能等于是说，把他塑造成道德上善的（有道德的），但毕竟通过在这种场合使别人愉悦（受到喜爱或者赞赏）的努力而为此做好了准备。——以这种方式，人们就能够把鉴赏称为外在表现上的道德性；尽管这一表述在字面上看包含一种矛盾；因为温文尔雅毕竟包含着道德上善的外貌或者仪态，甚至包含着某种程度的道德上的善，也就是说，包含着也把道德上善的外表做一种价值的偏好。③

---

① 钱穆：《朱子新学案》第五册，九州出版社 2011 年版，第 396 页。
② 潘立勇：《朱子理学美学》，东方出版社 1999 年版，第 533 页。
③ 《康德著作全集》第 7 册，李秋零编，中国人民大学出版社 2003 年版，第 238 页。

虽然康德的理论并非能完全表达朱熹的全意，但他的这种解读对于朱熹主张格物致知以达"性之本真"来讲，却有几分道理。同时，美的存在，也确实会让朱熹的伦理思想得以延续。同时也会让"敬"思想给人带来的"崇高感"变得温和一些。这也正是康德所说：

> 在人选良好的社交中谈话有时达到的高尚感受，必须在这期间消解为活泼的玩笑，而笑逐颜开的欢乐应当与激动的、严肃的神态形成美的对照，这对照使两类感受无拘无束地交替出现。①

虽然用康德的思想来诠释朱熹存在着一定的风险，但康德此时毕竟是清晰地指明了伦理与美感的关系问题。对于我们理解朱熹对"意"的关注，是有启发意义的。

第二节　意的敬之本心

朱熹说：

> 胡氏曰："圣人之教亦多术，然其要使人不失其本心而已。欲得此心者，惟志乎圣人所示之学，循其序而进焉。至于一疵不存、万理明尽之后，则其日用之间，本心莹然，随所意欲，莫非至理。盖心即体，欲即用，体即道，用即义，声为律而身为度矣。"②

此时之"意"，便是自然流动之意，是人与自然的和合，同时又是朱熹在《题郑德辉悠然堂》中"认得渊明千古意"之意。原诗为：

> 高人结屋乱云边，直面群峰势接连。

---

① 《康德著作全集》第 2 册，李秋零编，中国人民大学出版社 2003 年版，第 212 页。
② 朱熹:《四书章句集注》，中华书局 2011 年版，第 56 页。

> 车马不来真避俗，箪瓢可乐便忘年。
> 移筇绿幄成三径，回首黄尘自一川。
> 认得渊明千古意，南山经雨更苍然。[①]

朱熹的"意"，是一种即存在即活动的美学存在，也是其伦理学最后要达到的目标。它相对于"欲"有伦理的自觉性、自律性，相对于"诚"没有他律的限制，相对于"情"更为精密。可以说，朱熹的"意"实际上化解了"敬"思想中那种严肃的威严感和崇高感，让"敬"以一种平易近人的姿态出现在人们面前。

在"意"的作用下，朱熹的天道伦理思想不再是一个只有"千仞之高"、无法触及的崇高存在，而化为日常生活中的"情感可知"。在这里，伦理学与美学并不是完全分离的、不可兼容的存在，它们有一定的共通性。甚至在朱熹这里，道德构成了"美"存在的基础。潘立勇甚至认为：朱熹"对审美和艺术的伦理功用过分的强调，这在实践上起着束缚、压抑艺术发展的消极作用，有时甚至导致吞并、否定艺术本身"[②]。虽然我们对潘立勇提出的"朱熹的伦理思想会吞并、否定艺术"这种讲法存有异议，但他提出的朱熹的伦理学是其美学思想的基础却是个事实。伦理学与美学交融，这种思想与朱熹讲《小学》与《大学》的思路如出一辙。朱熹曾说：

> 学之大小固有不同，然其为道则一而已。是以方其幼也，不习之于小学，则无以收其放心，养其德性，而为大学之基本。及其长也，不进之于大学，则无以察夫义理，措诸事业，而收小学之成功。是则学之大小所以不同，特以少长所习之异宜，而有高下浅深先后缓急之殊，非若古今之辨义利之分，判然若如薰莸冰炭之相反而不可以相入也。今使幼学之士，必先有以自尽乎洒扫、应对、进退之间，礼、乐、射、御、书、数之习。俟其既长，而后进乎明德、新民，以止于

[①]《朱子全书》第20册，上海古籍出版社、安徽教育出版社2002年版，第352页。
[②] 潘立勇：《朱子理学美学》，东方出版社1999年版，第581页。

至善，是乃次第之当然，又何为而不可哉？①

朱熹在这里，将《小学》视为《大学》的基础，也指出《大学》《小学》非"古今之辨、义利之分，判然若如薰莸、冰炭之相反而不可以相入也"的状态，而是一个人生长的层次不同。同样，在朱熹的伦理学与美学之间，也是这样一种存在状态。这是朱熹二元结构中一贯的思想。这里，我们除了要注意朱熹思想的一贯性，还应注重朱熹在诠释其伦理思想时，也颇为关注"简易"的方法。当然，这种"简易"不同于陆九渊的"易简工夫"。

朱熹在讲《大学》时反复强调《小学》的洒扫应对工夫，也是这种思想的体现。这种思想，便是以平易近人的方式完成"存天理、去人欲"的道德理想追求，最终达到治国平天下的政治夙愿。

第三节 意的敬之美

朱熹的"意"实际上是沟通朱熹伦理学与美学的桥梁，正如"自由"是沟通康德实践伦理学与美学思想的核心概念。实际上我们说，朱熹的"意"之所以不同于康德的"自由"，就源于他的"意"是一种"敬的自由"，而非无条件的法则。也就是说，朱熹的伦理思想不可能像康德那样纯粹。这既有时代的原因，也有东西方文化的差异。但不管怎么说，朱熹的"意"为人的伦理实践打开了一个"自由"的视窗，使伦理学以一种不太"冷冰冰的"面孔来面对世人。于是，"意"帮助"敬"走进了美学领域。

潘立勇认为：

> 持理本体论的朱熹认为"文皆从道中流出"，"鸢飞鱼跃"是"道体随处发现"，"满山青黄碧绿，无非天地之化流行发现"，它们的美

---

① 赵顺孙：《大学纂疏中庸纂疏》，华东师范大学出版社1992年版，第16—17页。

学内涵在于：美的本体是先验的"道"或"天理"，美的产生是道或天理的流行发现。①

确实，朱熹的"文皆是从道中流出"②，"鸢飞鱼跃"是"道体随处发现"，"满山青黄碧绿，无非天地之化流行发现"③，这些均道出了他伦理思想中美学的迹象。

朱熹认为："道者，文之根本，文者，道之枝叶。惟其根本乎道，所以发之于文，皆道也。三代圣贤文章，皆从此心写出，文便是道。"④这也就是说，朱熹的美学是以伦理学为基础，也是以伦理学为发展导向的。这一点，通过他对苏轼和欧阳修不同的评价便可以看出来，他说：

> 今东坡之言曰："吾所谓文，必与道俱。"则是文自文而道自道，待作文时，旋去讨个道来入放里面，此是它大病处。只是它每常文字华妙，包笼将去，到此不觉漏逗。说出他本根病痛所以然处，缘他都是因作文，却渐渐说上道理来；不是先理会得道理了，方作文，所以大本都差。欧公之文则稍近于道，不为空言。⑤

朱熹提出"圣人之言，因言以明道"的美学思想。他认为："今人作文，皆不足为文。大抵专务节字，更易新好生面辞语。至说义理处，又不肯分晓。"⑥他进一步指出：

> 圣人之言坦易明白，因言以明道，正欲使天下后世由此求之。使圣人立言要教人难晓，圣人之经定不作矣。若其义理精奥处，人所未晓，自是其所见未到耳。学者须玩味深思，久之自可见。⑦

---

① 潘立勇：《朱子理学美学》，东方出版社1999年版，第24页。
② 黎靖德编：《朱子语类》，中华书局1994年版，第3305页。
③ 黎靖德编：《朱子语类》，中华书局1994年版，第2795页。
④ 黎靖德编：《朱子语类》，中华书局1994年版，第3319页。
⑤ 黎靖德编：《朱子语类》，中华书局1994年版，第3319页。
⑥ 黎靖德编：《朱子语类》，中华书局1994年版，第3318页。
⑦ 黎靖德编：《朱子语类》，中华书局1994年版，第3318页。

这里朱熹依然强调道德对美学的主导作用，点出"美"存于"道德"中。正是在这种思想下，他对苏轼、韩愈的美学思想进行了批评。他认为苏轼文辞矜豪谲诡，与道甚远。

朱熹提出："文字之设，须达意得理。"他说：

> 文字之设，要以达吾之意而已，政使极其高妙而于理无得焉，则亦何所益于吾身，而何所用于斯世？乡来前辈盖其天资超异，偶自能之，未必专以是为务也。故公家舍人公谓王荆公曰："文字不必造语及摹拟前人。孟、韩文虽高，不必似之也。"况又圣贤道统正传见于经传者，初无一言之及此乎。①

同时，在朱熹的伦理学美学系统中，他认为义理为美的前提。如其所说：

> 古之圣贤所以教人，不过使之讲明天下之义理，以开发其心之知识，然后力行固守以终其身。而凡其见之言论、措之事业者，莫不由是以出，初非此外别有岐路可施功力，以致文字之华靡、事业之恢宏也。……所谓修辞立诚以居业者，欲吾之谨夫所发以致其实，而尤先于言语之易放而难收也。②

他强调说："'辞欲巧'乃断章取义。有德者言虽巧、色虽令无害，若徒巧言令色，小人而已。"③可见朱熹的"文从道出"的本心一直未变。

潘立勇指出：

> 朱熹美学具有严密的系统性，突出的伦理性、深刻的矛盾性，最

---

① 《朱子全书》第 23 册，上海古籍出版社、安徽教育出版社 2002 年版，第 2974 页。
② 《朱子全书》第 23 册，上海古籍出版社、安徽教育出版社 2002 年版，第 3094 页。
③ 《朱子全书》第 22 册，上海古籍出版社、安徽教育出版社 2002 年版，第 1779 页。

第十章　朱子美学与"意"观念

充分最典型地体现了理学美学的特色。……他对于确立"气象"这个美学范畴，对于推动时代崇尚以人为主体精神浑成于艺术的整体风貌之自然风格为主要特征，以"气象浑成"为审美理想所起的开风气之先的作用；以及他的美学构架的浓厚的伦理气息对后代产生的深远的文化模式影响，仅从他对严羽和王夫之这两位中国古典美学大家的直接影响之深，就不难见朱熹在中国古典美学中的影响的重大。[1]

朱熹的美学实际上是为其伦理学服务的。他的美学思想实际是对他伦理思想的强化和理性的超越。

小　结

朱熹"文与道一"的理念在理想的状态下，反映了朱熹情感的强烈、丰富和深刻，使他自身的文学创作在美学思想的引领下，掌握了更多的艺术技巧，并将其与其诗文相结合，开创出如此庞大的朱子理学系统。然而，

> "文与道一"的理念在其道是作为现存的社会伦理规范，尤其是统治者的伦理意识尺度来绝对定义的时候，人的真实自由的生命体验和表达必然受到严格的限制和束缚，艺术就可能沦落为片面的伦理宣传工具，承受单一的明道功能。这样，审美和艺术自身的特殊规律就不可能得到重视，审美的形式和艺术的技巧就可能被绝对地排斥而得不到基本的关注，文坛和艺坛就可能被枯燥僵死的伦理说教所充斥。[2]

朱熹美学的伦理取向所造成的这种负面后果也是真实存在的。这也就是朱熹理学美学一直被后人诟病的原因之一。不过，我们也应该看到：

---

[1] 潘立勇：《朱子理学美学》，东方出版社1999年版，第43—44页。
[2] 潘立勇：《朱子理学美学》，东方出版社1999年版，第579页。

理学美学的伦理本体追求也体现了中华民族自我人格认识的自觉和深化，审美和艺术作为人的精神世界的自我观照和自我实现的重要方式，有意识地在其中弘扬作为人文导向的人格精神或伦理精神，也是有其一定的积极意义的。这种伦理精神取向对于审美和艺术领域的无病呻吟的颓态和唯形式主义的靡绮之风，有着一定的纠偏作用。①

伦理与美学，暗示朱熹理学美学中的理想与现实。当然，以上难题的化解也许朱熹早已料到，这就是他在人生晚年重视《大学》和《中庸》的原因。不依不倚，取其中道，也许也是其美学和伦理学的工夫秘诀。

---

① 潘立勇:《朱子理学美学》，东方出版社 1999 年版，第 580 页。

第四部分　朱子美学的现代转化

第十一章　朱子美学与草稿思维

　　草稿思维是艺术创造过程中出现的一种思考方式。它的特点是原初性、潜在性、未完成性与目的指引性。这种思维侧重个人体验而不是理论推导。因此，以此为路径探讨宋明理学的代表作之一的《朱子语类》，是一个大胆的尝试。语录体是草稿思维的一个展现方式，因此借用语录体的表达将为用草稿思维来解读《朱子语类》带来了可能。草稿思维因其直面《朱子语类》文本本身，减少了读者在与作品交流时受到外来"偏见"的干扰，使作品的解读恢复到知行合一的立论初衷。这或许更为符合朱熹的治学本意。因此，用草稿思维将《朱子语类》看成一幅画作，可能更适合学者对草稿思维的理解。同时，草稿思维的目的指向，即想象力与启示，可能需要被重视。

　　草稿（sketch）是艺术创作过程中的一种形式，也是一种思维方式。与之相关的类似概念为素描、图示，后两者均在某一个层面上是草稿思维的"再描述"或"具体化"，三者常常混合使用。因此，我们既要草稿思维，又需要将其与素描与图示等诸多概念放在一起进行讨论，方可将问题说清楚。

　　草稿思维的一个重要表现形式是素描，因此，我们借助于对素描的诠释即可揭示理解草稿思维的主要特征。让—吕克·南希（Jean-Luc Nacny）指出：

　　　　素描是形式（forme）的敞开。这可以用两种方式来思考：一个开端、启程、本源、遣派、冲动或草拟的意义的敞开，以及一种自由支配或固有能力的意义上的敞开。根据第一种意义，素描唤起了描绘的姿势而不是被描摹的形象。根据第二种意义，它指示了形象的本质的未完成性，形式的未完结或非整体化。无论以何种方式，素描一词保持着一种动态的、活力的、发端的价值。①

这里，让—吕克·南希通过素描给出了草稿思维的四个特征：原初性（开端、启程、本源、遣派）、潜在性（描绘的姿势而不是被描摹的形象）、未完成性（非整体化）和目的指引性（动态的、活力的、发端的）。这种思维与中国美学思想中的"不了"思维十分相近。幽兰说：

中国文人绘画与书法，尤其是草书，与"不了"之画，所强调的并不是已完成的图作，亦即立刻能了解、无需解释、而不引起任何争论的图作；反而强调"不了"的画，让观者按照自己的想象力与感受去理解的草稿的图。但由于这种图作并不是之后完成的作品的第一个阶段，只能称之为"迹"，是能够"印"人"心"之"迹"。②

这里，幽兰所表达出来的也是一种草稿思维，亦是在突出草稿思维的原初性（迹）、潜在性（让观者按照自己的想象力与感受去理解）、未完成性（不了）与目的指引性（"印"人"心"之"迹"）。草稿思维并不仅只是中国艺术绘画中关于草图、素描、笔划等技艺手法的描述，在中国古人的世界里更表现为一种对世界的思考方式，这便是"文从道出"③的思想。这种思考方式在中国哲学的研究领域，表现出来的形式多为格言和语录体的文体样式。这两种形式，主要是通过几句简短的话将人的思维从困顿的窘境中脱离出来，重新赋予它一个新的开端或发展空间，不具体约束之，以获得精神上的指引，这是中国传统思想的一个典型特征。而这一特点，

---

① [法]让-吕克·南希：《素描的愉悦》，尉光吉译，河南大学出版社2015年版，第1页。
② 幽兰：《草稿与不了的颂扬：中国艺术词汇的美学解析》，《哲学与文化》2018年第534期。
③ "文从道出"，或"文道合一"的思想出自《朱子语类》。朱熹说："道者，文之根本；文者，道之枝叶。惟其根本乎道，所以发之于文，皆道也。"黎靖德编：《朱子语类》，中华书局1994年版，第3319页。

类似于禅宗"答非所问"的传道之法,以"非明晰性"的特点为受困者打开一个思维的前空间或新向度,但两者不能等同。

第一节 草稿思维与中国文化

什么是草稿?刘千美指出:

> 草图的法文 esquisse、英文 sketch,均来源自意大利文 schizzo,含有急忙草率的暴力倾向之意。不过,在欧洲的词典里,通常从艺术作品的角度来定义草图的内涵,亦即,草图是未完成的、草略的画;画家用草图画出最初的意念、作为后来有可能呈现细节的作品的预备。①

幽兰对草稿观点做出了进一步详细的解释,指出:

> 以法文与欧洲语言来说,草稿、草图、略图(esquisse/sketch)首先是指之后完成的作品的"首要阶段"(Un "premier temps")。另一个意义则与 esquisse 一字的字源有关。据法文字典 esquisse 源自意大利文 schizzo。原意是"泼洒的液体造成的污点"、"泼出的污水"(Tache que fait un liquid qui gicle);意味"匆匆忙忙作的事"(Faire sur le champ, travailler à la lâte),总含有急忙草率的暴力倾向。②

以上两则材料中核心在于"首要阶段""初次体验"和"对想象的许诺"③,是草稿思维的典型特征。草稿思维所针对的既是作品完成前的第一个阶段,也指相对于"已完成的作品"的一个参照存在。

草稿思维在中国哲学或中国文人艺术思想里较为常见。幽兰说:

---

① 刘千美:《草稿思维与艺术实践专题》,《哲学与文化》2020 年第 550 期。
② 幽兰:《草稿与不了的颂扬:中国艺术词汇的美学解析》,《哲学与文化》2018 年第 534 期。
③ 幽兰:《草稿与不了的颂扬:中国艺术词汇的美学解析》,《哲学与文化》2018 年第 534 期。"对想象的许诺"是狄德罗(Denis Diderot,1713—1784)1765 年的《沙龙》中的说法。

中国传统文人绘画理论，所重视的是与工笔画相对比的"写意"画，可以说是与草图很有关的画。简言之，中国文人艺术理论与实践主要关心的不是华丽色彩完成的工笔画作品，而是草稿、草图、"不了"之类的作品。①

这也就是说，在中国传统文人的思维中，"虚空""不了"等核心观念构成了文人创造的一个追求向度。准确来说，唐宋之际的文人思想风气更接近于这种虚静的创作模式。

在中国的传统思维中，文人对时间的拘囿是持警惕态度的。他们自先秦以来，就以各种形式（书、画、文等）来突破时间对人的约束，或是人对时空的狭隘偏见。庄子说："正则静。静则明。明则虚。虚则无。无则无为而无不为。"（《庄子·庚桑楚》）这基本上是中国古代文人对时间的一个基本衡量标度。老子的"虚而不屈，动而愈出"（《道德经》第五章），荀子的"虚一而静"（《荀子·解蔽》），张载的"太虚无形"（《正蒙·太和篇》），朱熹的"虚明不昧"均是这一草稿思想的表达。

这一草稿思想对时空的把握，我们可借徐复观对中国古代文人思想中"不将不迎"思想的解读来将其明晰地表达出来。徐复观说：

> 知物而不为物所扰动的情形，正如镜之照物。"不将不迎"，这恰是说明知觉直观的情景。其所以能"不将不迎"，一是不把物安放在时空的关系中去加以处理。因为若果如此，便是知识追求因果的活动。二是没有自己的利害好恶的成见，加在物身上。因为若果如此，便使心为物所扰动，物亦为成见所歪曲。②

也就是说，草稿思维正体现着中国传统的时空观。中国古人不以时空为限。他们以时空作为安身立命之道，却意图逃脱出时空而寻求自我存在

---

① 幽兰：《草稿与不了的颂扬：中国艺术词汇的美学解析》，《哲学与文化》2018年第534期。
② 徐复观：《中国艺术精神》，台北：学生书局1966年版，第82页。

的新境界。这也就是中国古代文化,特别是两宋文人追求的一个创作的动力与目标指向。

这种现象在宋代绘画上表现为一种"留白",而在文字中则表现出"无须多言"。实际上,我们的古文体系,也意图在用最少的文字表达出可理解的事物镜像。他们之所以如此选择除了时代的文风使然,另一个原因则是为后人的解读保留出"可诠释的空间",而不是将"空间锁定"从而无法展开。

草稿思维注定是有缺憾的。正如其定义中所言,它是完成的作品的"首要阶段",有着"匆匆忙忙"的外显特征,给人一种"急忙草率的暴力倾向"。正因为如此,它被看成是"泼洒的液体造成的污点""泼出的污水"也就不足为奇。如果以作品的完整度作为标准来进行衡量,草稿无疑就是一种"垃圾",即"泼洒的液体造成的污点""泼出的污水"。这就如同作家或画家在创作过程中,由于对"已画(作)之物不满意",愤然将其撕毁而投入垃圾桶里的那张废纸一样,看似没有"任何价值"。

但草稿的价值也正是在于这种"愤然"。因为这种"愤然"所体现出来的是作者创作中的"真实",这也是西方近些年来对草稿感兴趣的一个原因。虽然成熟的完整作品可以给我们一种精神震撼,但草稿所展现出来的那种"残缺"却是一种临近的"真实"。无疑,草稿是贴近人本身的。

自宋以后,中国古代思想以人为核心的文道取向日趋明显。吴中杰指出:

> (北宋中期)儒学和美学是互为动因的两个方面,二者同是围绕"庆历新政"的社会现实而展开的。……适应儒学尊道宗经的需要,在美学领域里也出现了一股经世致用思潮,这就是自觉地要求文艺为政治改革和社会改革服务,摆脱宋初孱弱无力的文风。[①]

以上既可见出北宋中期以后书文与绘画之间不可分割的联系,亦可见

[①] 吴中杰主编:《中国古代审美文化论》第一卷,上海古籍出版社2000年版,第284页。

出书文与绘画中体现出对"真实"感的追求与向往。因此，宋明理学时期的文人，既有入世时对真实世界的体悟与感知，也有对超越世界的追求与向往。这是草稿思维的一个典型特征。

在中国古代留存下来的文本中，草稿式的文本得以流传的较多。这些草稿式的文本主要以诗、词、歌、赋和语类体著作为多。如先秦儒家之《论语》，道家之《老子》等；在宋明时期，以朱子学为例，在朱熹近千万字的著述中，广为人知的是《朱子语类》；而明朝王阳明的流传文本则为《传习录》。这些文本既有由文本简练而带来的传播广泛性，也有草稿思维带来的实用性。格言的草稿思维，既打开了解惑的渠道，又为行动者保留了行动的自由。

第二节　草稿思维与语录体

一般认为，语录体乃儒家由佛教禅宗的传道模式而引入理学体系中。如陈立胜指出："语录体的兴起一般都追溯到那些重视口传的禅宗大师们。……不过需要指出的是，……后来流行的唐代禅师的语录体著述如《大珠慧海禅师语录》、《庞居士语录》等，多是在宋以后加工形成的。"[①] 这种说法存在着明显问题，至少在《论语》这里就存在着矛盾。当然理学家的"语录体"来自禅门的学说，也不是空穴来风。清朝学者江藩（1760—1830）和钱大昕（1728—1804）曾坚持理学家的语录体来自佛教的说法。[②] 其实，不管语录体从何处来，均不对宋明理学家采用以传其道有所影响。可以说，无论是先秦的《论语》，还是宋代的《朱子语类》，以及明朝王阳明的《传习录》，语录体开启了宋明学者诠释思想的一种新方式，也是一

[①] 陈立胜：《理学家与语录体》，《社会科学》2015年第1期。

[②] 江藩指出："儒生辟佛，其来久矣，至宋儒，辟之尤力。然禅门有语录，宋儒亦有语录；禅门语录用委巷语，宋儒语录亦用委巷语。夫既辟之而又效之，何也？盖宋儒言心性，禅门亦言心性，其言相似，易于浑同，儒者亦不自知而流入彼法矣。"（江藩：《国朝汉学师承记附国朝经师经义目录国朝宋学渊源记》，中华书局1983年版，第190页。）钱大昕说："释子之语录，始于唐；儒家之语录，始于宋。儒其行而释其言，非所以垂教也。君子之'出辞气，必远鄙倍'。语录行，而儒家有鄙倍之词矣。有德者，必有言；语录行，则有有德而不必有言者矣。"（钱大昕：《十驾斋养新录》，陈文和、孙显军校点，江苏古籍出版社2000年版，第382—383页。）

第十一章　朱子美学与草稿思维

种经世致用新文风的体现。

语录体的出现反映了宋代出现的"以俗语为书"的时代风气。① 这既反映了宋代经济发达对文学的促进，也说明了一种新的教育思维的出现与兴趣。而这种新的教育模式，可看成我们所理解的草稿思维。

草稿思维与（两宋）语录体具有天然本源性。这也就决定了明清之际学者对理学批评虽然有一定的道理，但也存在着一定的局限性。

首先，我们先看一下语类体文本存在的问题。陈立胜总结出以下三条：一是语录体文本存在难以理解的问题。也就是说其中的大量俚语、俗语与方言的摄入，会给后来的阅读者带来理解上的困难。二是语录体存在可信度的问题。大多数的语录体多为弟子记诵师说，因门人资质不同，有曲解之嫌。三是语录与经典的关系问题。这个问题指向的是侧重经典还是固守师说的关系问题。因语录体"显则易明，畅则易入，近则易信，亲则易从"的特点，故有守师说而轻原典的弊端。② 这些问题发展到明清之际，确实出现了"因语录而费经典"和"因语录而废文章"两个弊端，为清人袁袠（1502—1547）、田艺蘅（1524—？）、顾炎武（1613—1682）等人所批。

其次，需要明晰的是，语录体存在的问题是语录体本身的问题，还是语录体使用者出现的问题？这是讨论语录体的关键。换句话说后世学者因语录体而废弃对经典的学习，是天理之道，还是人欲之祸的问题？显然，我们不能将这个问题的归因安置在语录体之后。就如同你不能责怪《诗经》的《关雎》篇有诱人淫乱之嫌。语录体作为一种文体，是对经典的有效补充。同时，它与经典互为支撑，也对经典的传播起到不可磨灭的作用。

最后，问题到底出在什么地方？这也就需要我们从明清之际的批判视角中跳脱出来，用草稿思维重新介入，或许可能看到问题的源头及语录体本身存在的意义。

在草稿思维中，它的核心观点有以下四个方面：原初性、潜在性、未完成性与目的指引性。当我们将这四个特点放置于语录体文本中时，它的

---

① 陈立胜：《理学家与语录体》，《社会科学》2015年第1期。
② 陈立胜：《理学家与语录体》，《社会科学》2015年第1期。

意义不言自明。

首先,语录体所记载的文字均为师说的原初思想。这也就是说,门人弟子虽可能资质不同,但所记载的背景均为"师说"。这种原初性不是再创造和再发展,即使存在南宋黎靖德等对《朱子语类》的再编排,但朱熹的原话是"原初"而未改变的,这就是草稿思维中语录体的"真"。而这个"真"相对于其他完整的文本体系(如书信、札子等),由于直接面对受众(门人、听者等),所呈现出来的是更接近于"师者"真实的"当时想法"。

其次,语录体存在巨大的潜在性。相对于完整的书信与札子,师者个别的语句更加具有启发的空间。如《朱子语类》中记述的"天有春夏秋冬,地有金木水火,人有仁义礼智,皆以四者相为用也"①。此句前无背景铺陈,后无解释之语,读者观其语句,各有解释。也就是说,语录体因此确实跳出了时空环境的限制,给读者多了一份自由发挥的空间。

再次,语录体多是未完成作品的语句集合,这与格言相似。以通常的思维来看,"未完成的"应不具备实用价值或理论价值。前者缺乏功能的完备性,后者缺乏逻辑的一贯性。因此,在很长的一段时间内,语录体语句因逻辑有待考证,乃至语句之间存在逻辑矛盾,常被学者质疑其存在的合理性与合法性。这一种常识思维,可以说是一种非草稿思维。因此这种思维拒斥语句发展的"可能性"。也就是说,在一般的思维框架中,语句是"死"的,是固定不变的;但在草稿思维中,语句是"活"的,是可以发展或生长的。而后者这个发展与生长,既不改变语句原来表达的含义,又因其自由的扩展而发展壮大,给出了后人诠释的空间。

最后,"未完成性"提供了一种潜能,一种"如何都可以"的"自由潜能"。它没有束缚,自由自在,但又在规定的方向之中。这如同射线一般,方向恒定,发展无限。这就是目的指引性。近代学者对朱熹理气理论相关语句的解读中,也出现了不同方向与判定结果。朱熹说:"理与气本无先后之可言。但推上去时,却如理在先,气在后相似。"②冯友兰认为朱熹这里用的是"逻辑在先"的标准,牟宗三认为朱熹用的是"形而上的先

---

① 黎靖德编:《朱子语类》,中华书局1994年版,第11页。
② 黎靖德编:《朱子语类》,中华书局1994年版,第3页。

在"的标准,而劳思光则认为朱熹用的是"理论次序"的标准。① 学者们关于朱熹这条语录的多维解读,不能得出"某位学者错了"这个结论,而是印证了语录体本身具有草稿思维的自由、多维和目的指引性的特点。

这犹如我们在白纸上画几条基本的轮廓,这个"画"的基本范围就被确定下来了。这就是说,无论我们是否继续"画"下去,画本身已经成为现实,已经不能改变。但是,在这个轮廓上是继续添加几笔,或者着上不同的颜色,抑或是改变自己的绘画初衷,都是可以的。这是这个草稿的自由。

因此,草稿既是一种围绕确定性而产生不确定自由的开始,亦是不确定性得以存在的根基。语录体同样存在这样的特点。一个语句一经出现就不会消失,它是确定的。但在它的基础上添加语句或者作多维诠释,都是可以接受的。语句因其强烈的目标指向性与未完成性,使自己区别于书信与札子等确定性文本,本身有了生命,也就有了活力。

第三节 草稿思维与《朱子语类》

鉴于草稿思维与语录体的相通相似,下面,我们再借用《朱子语类》来说明这个草稿思维与语录体的关系。

在中国哲学的研究领域,草稿式的文本有很多。以儒家为例,记录孔子言行的《论语》,记录朱熹言行的《朱子语类》,均是这种思维的典型代表。语录体相对于书信体、札子、行状等文本,它表现出来的是一种不完成性。但它与诗、词、歌、赋、琴操等还不一样,具有明显的指向性。也就是说,语录体既不是漫无目的的随感而发,也不是一篇完成的、清晰的观点叙述。它更像一个指路者,将行走的方向向问路者指出,又无法告知问路者具体的路程详情(还有多远、几个路口、有无危险)。也正因为如此,语录体给人以框架,却又不束缚人的思维,似乎要完成的目标就是孔子所言的"从心所欲不逾矩"的思想境界。

---

① 陈永宝:《论朱熹"理先气后"的界定标准》,《三明学院学报》2018年第5期。

朱熹美学研究

一 《朱子语类》的原初性

朱熹在《朱子语类》中对诸弟子的回答,是建立在对孔子、孟子及北宋五子等先贤存世文本的讨论这一背景下的。我们以《朱子语类》的开篇《太极天地上》为例。原文为:

> 问:"太极不是未有天地之先有个浑成之物,是天地万物之理总名否?"
>
> 曰:"太极只是天地万物之理。在天地言,则天地中有太极;在万物言,则万物中各有太极。未有天地之先,毕竟是先有此理。动而生阳,亦只是理;静而生阴,亦只是理。"
>
> 问:"《太极解》何以先动而后静,先用而后体,先感而后寂?"
>
> 曰:"在阴阳言,则用在阳而体在阴,然动静无端,阴阳无始,不可分先后。今只就起处言之,毕竟动前又是静,用前又是体,感前又是寂,阳前又是阴,而寂前又是感,静前又是动,将何者为先后?不可只道今日动便为始,而昨日静更不说也。如鼻息,言呼吸则辞顺,不可道吸呼。毕竟呼前又是吸,吸前又是呼。"
>
> 问:"昨谓未有天地之先,毕竟是先有理,如何?"
>
> 曰:"未有天地之先,毕竟也只是理。有此理,便有此天地;若无此理,便亦无天地,无人无物,都无该载了!有理,便有气流行,发育万物。"
>
> 曰:"发育是理发育之否?"
>
> 曰:"有此理,便有此气流行发育。理无形体。"
>
> 曰:"所谓体者,是强名否?"
>
> 曰:"是。"
>
> 曰:"理无极,气有极否?"
>
> 曰:"论其极,将那处做极?"[①]

[①] 黎靖德编:《朱子语类》,中华书局1994年版,第1—2页。

这一段是朱熹与陈淳之间的对话。在这段对话中，它给阅读者带来了三个信息：一是朱熹与陈淳的这个对话是"真实"发生过的，并且它只属于朱熹与陈淳；二是不管朱熹在对话中对陈淳的回答"是否正确"，都代表着朱熹当时最真实的想法；三是朱熹的回答中出现的"只是""则""毕竟""不可""便有"这些语词，反映了《朱子语类》文本暴露出的简单、"匆匆忙忙"的外显，显示了它"开端、启程、本源、遣派"的原初性特点。

对于观看者来说，我们根据这些语句，既肯定了朱熹的思想内容和态度，也给自己的诠释保留了空间。如"太极只是天地万物之理"。我们可以得出"朱熹的理思想中包含着'太极'"这个判定，亦可以给出朱熹的"太极"思想可能来源于周濂溪的《太极图说》这个判定。对于后面这个可能性判定，我们可以从该书第九十四卷《周子之书》中找到这个判定的"迹"。当我们将观看的视角切换至美学视角，我们可能得到一种有别于伦理学、法学或逻辑学的新信息。于是，我们不再纠结朱熹与陈淳讨论的"言语内容真实性"，而将注意力放在朱熹与陈淳"言说存在场景的真实性"。继而，我们对朱熹的研究就可以从"比较"的视角中跳出来，不必纠结他的理论是不是对孔子或周濂溪的"复制或改写"，也不必考虑王阳明等人主张的"朱子晚年定论"对朱熹的描述是否正确，而是要肯定陈淳确实"问了"，朱熹确实"说了"。那么，我们只需要朱熹对自己"说的"负责就可以，而将其他的"杂念"一并排除。

因此，从草稿的原初性的角度来看，《朱子语类》并非小说式的从无至有的创造，也非诗歌式的感兴而发，而是朱熹在言说中表现出来的"迹"。而这个"迹"，是真实无误地属于朱熹的，我们的讨论也只要围绕他的"迹"就好，而不必太在意他与之前或之后人的思想的继承与发展。这就是语录体的原初性。

二 《朱子语类》的潜在发展

我们依然以《朱子语类》的开篇《太极天地上》为例。之所以这样选择，是因为接下来的一百四十卷，基本上都是这个思路，而不用再进行重复论证。虽有偷懒之嫌，但基本可以说明问题。朱熹与陈淳的对话揭示了朱熹关于"理"思想的"迹"。但这个"迹"不是确定的、稳固的。我们暂且不管朱熹是否"坚信不疑"他对"理"思想的表达，但他传达出来的"迹"却在门人之中开始了不同程度的发展。如李方子理解为"若无太极，便不翻了天地"，万人杰理解为"太极只是一个'理'字"，廖德明理解为"有是理后生是气，自'一阴一阳之谓道'推来。此性自有仁义"，董铢理解为"天下未有无理之气，亦未有无气之理。气以成形，而理亦赋焉"，游敬仲理解为"先有个天理了，却有气。气积为质，而性具焉"，林夔孙理解为"'理一分殊。'合天地万物而言，只是一个理；及在人，则又各自有一个理"。①

从黎靖德整理的朱熹门人的记录来看，我们可以看到关于"理与太极"这同一个问题，门人的记录或有相同，或有相左。在以往我们的判断思维中，常用"朱熹门人的记录存在不准确性"来简单回答，似乎此问题就可以解决了。但是，这种解答往往会给接下来的研究者带来非常大的麻烦。那就是，这将近一百多万字的《朱子语类》，如果我们都以"不准确性"来定位，或者说"某些准确某些不准确"来解释（最多对判定是准确的加以别的材料佐证），那么这一以语录体形式存在的《朱子语类》的可信性本身就存在问题。

这里，我们不妨将自己从这种"准确或不准确"的思维陷阱中先抽身出来，再来直面观看这些语句，则可发现：朱熹门人的不同记录，不正是门人对朱熹的"迹"进行的不同程度的发展吗？只不过，这种发展，不是呈线性的和逻辑的，而是如一点墨汁从高空坠落到石板上，所呈出的"水花四溅"的发展状态。这种发展，不管记录者的表意是否希望保持"原来状态"，但呈现出来的"四溅式发展"本身就构成了一种新的真实。

于是，当我们用草稿思维来审视《朱子语类》时，我们"看"到的是"以文字作线条"而呈现出来的"画作"。这对我们重新理解朱熹的思想，可能开辟出一条新路。

---

① 黎靖德编:《朱子语类》，中华书局1994年版，第2页。

我们借用这种思维再来观看《朱子语类》，发现其原初性可以从两个方面来看，一是材料来源的原初性。如《朱子语类》中所讨论的内容，主要以四书五经和周、张、邵、二程的思想为讨论核心，如《朱子语类》自第十六卷起，所讨论的内容便为《大学》（16—18 卷）、《论语》（19—50 卷）、《孟子》（51—61 卷）、《中庸》（62—64 卷）、《易经》（65—77 卷）、《尚书》（78—79 卷）、《诗经》（80—81 卷）、《孝经》（82 卷）、《春秋》（83 卷）、《礼记》（84—91 卷）、《乐》（92 卷），均为我们熟知的四书五经，自九十三卷起，开始讨论周敦颐、张载、邵雍、二程、杨时等（93—103 卷）。

二是朱熹本人诠释语言的原初性。这是朱熹语录体文稿存在的原初性根基。如《四书章句集注》中朱熹自己书写的原话：

> 《中庸》何为而作也？子思子忧道学之失其传而作也。盖自上古圣神继天立极，而道统之传有自来矣。其见于经，则"允执厥中"者，尧之所以授舜也；"人心惟危，道心惟微，惟精惟一，允执厥中"者，舜之所以授禹也。尧之一言，至矣，尽矣！而舜复益之以三言者，则所以明夫尧之一言，必如是而后可庶几也。①

于是，从草稿思维的潜在发展视角来看，它带来的好处是可以规避"对—错"二元论证的弊端。我们在解决问题时，只需要面对问题本身，而不必在乎朱熹对《诗经》《论语》的解读是否正确，只要朱熹对自己的"表达"负责就好。于是，在这种美学研究视角中，我们可以规避不必要的研究麻烦，也能防止自己在"批判"的思维中再次陷入"偏见"的思维陷阱之中。

三 《朱子语类》的未完成性

《朱子语类》的潜在性也就表明了它本身的未完成性的特点。所谓的

---

① 朱熹：《四书章句集注》，中华书局 2011 年版，第 16 页。

"未完成性"，除了我们前面谈到的潜力，还有一个方面就是"未完整性"。也就是说，我们暂不考虑《朱子语类》成书过程中的删减与编排，只是它呈现出来的当代样式，便足以说明其"未完整性"。

实际上，"未完成性"的特点本身为《朱子语类》中对先贤思想的诠释保留了空间，同时也为后世学者对《朱子语类》的诠释预留出思考和"观看"的空间。在这个空间内，解读者会像"欣赏画作"一样展开各种联想，用自我的存在来脑补《朱子语类》中的语句含义，给出一个适合自己的解答。因为这个解答有自我参与的成分，它不再是复制式或者命令式的被动接受，而是主动式的自我参与。读者不用完全赞同朱熹及其门人的观点。如朱熹对孔孟的评价是否合理，对仁、义思想的诠释是否到位，这些都不再是读者面对的问题。

对于读者而言，《朱子语类》的未完成性，只是开启他们思考的燃点，至于如何格物致知，那完全是自我理解后所做出的决定，而不是对朱熹思想的僵化执行。因此，以草稿思维来看《朱子语类》，读者与朱熹都是自由的。朱熹不会对读者负责，进而他只成为他自己；而读者也不用推卸责任，要学会为自己负责。因此，从草稿思维来看，王阳明及近代学者对朱熹及其后学的批判可以被忽略。于是，我们不再被哲学史的知识体系所局囿，也不用被过多的"负面评价"所牵制，而只与作者对话，并在其中汲取对自己有用的思想营养。

从未完成性的角度来看《朱子语类》，我们既可以不必计较他的天理思想与先秦天理思想的异同，也不必在意他给出的孔孟诠释是否合理，甚至不必关切冯友兰、牟宗三、劳思光、刘述先等当代儒者对他的评价。我们只需直接面对文本，体会文本直接呈现出来的"感觉"，像欣赏一幅画作一样，从而与《朱子语类》本身产生思想的共鸣。

而诠释是否正确，能否符合朱熹的原意，及这种诠释是否得当，已经不是重点。这种草稿思维更接近于朱熹的"天理"思想。由此，读者不必担心被晦涩的文字阻隔，亦不必担心权威思想的介入，因此这个思想构成的一部分，是读者与朱熹共同完成的，与他人无关。

四 《朱子语类》的想象力与启示

在中国传统的绘画领域，讲究"意在笔前"与"画在意在"并不是什么新奇的思想。但这种思想鲜见对于理学作品的解读。特别在科学和技术思想的干预下，我们对宋明理学的解读偏向"对与错"两个维度。这是存在问题的。

无论是《论语》还是《朱子语类》，它们存在的价值不能被简单地局限在知识的传授和道德的训导，而应该是激发读者想象力并给予道德的启示。这也就是说，我们对宋明理学存世文本的研究，并不应该完全局限于"复原"古本这个简单的维度。虽然这很重要，但复原一个当代"孔子"，抑或是一个当代"朱熹"，对我们的现实生活是没有意义的。相反，以他的思想为起点，融合当代生活中的各种当代元素，才是研究宋明理学应有的一条路径。

在草稿思维中，想象力与启示性是两个重要的方面。当这两个方面与《朱子语类》遭遇，我们所看到的就不再是"教条式的文字记述"，而是一幅以"书的样态"呈现出来的"画作"。在阅读过程中，因读者的主要目的只在想象力与启示性上面，因此不必介意"自己的理解是否符合朱熹本意"；不必在意语句中"哪里需要读，哪里可以省略"；不必完全将其一口气读完，可以不受时空的限制，一切顺其自然。这趋近孔子所言的"从心所欲不逾矩"的境界。

在草稿思维中，我们可以暂时从对—错、好—坏的价值判断思维中解脱。因为草稿思维中发掘的就是作品本身带来的启示。而在朱熹众多的文本中，《朱子语类》的语录体体裁先天就比他其他的完整的作品更具吸引力。这在俗语中常被表述为：读书在于读己。

小　结

法国哲学家朱利安曾言智慧与哲学的不同，他点出中国传统圣人的一个主要特质便是"圣人不持有任何观念，不为任何观念所局囿"，认为这便是智慧的主要面向。与之相反,"哲学的历史就是从提出一个观念开始的,就是不断地提出观念",进而建立以观念为主体的体系。在朱利安看来,哲学的原文"philosophy"虽是"爱智慧",但它可能过度注重对"爱……"的倾斜而形成了一种非智慧的偏见。相比来看"智慧是没有历史的",它相对平庸。而"哲学选择了一直向前走",但它的发展携带着偏见的风险。但,智慧的"平庸"和不易清晰表达,不代表智慧的无用,而是一种润物细无声式的品位。圣人无差别地对待世界,消除了自我本身带来的"优先观念"。智慧是一种去除自我偏私的对世界的观看。但这种"去除"带来的副效应就是智慧演化为"一种平淡无奇的思想,就是思想的残余(老生常谈),停滞不前,根本就不能像观念那样产生诱人的飞越"[①]。

在中国哲学的研究领域,草稿式的文本存在较多。以儒家为例,记录孔子言行的《论语》,记录朱熹言行的《朱子语类》,记录王阳明思想的《传习录》均是这种思维的典型代表。语录体相对于书信体、札子、行状等问题,它表现出来的是一种未完成性。但它与诗、词、歌、赋、琴操等还不一样,它具有明显的指向性。也就是说,语录体既不是漫无目的的随感而发,也不是一篇完成的、清晰的观点叙述。它更像一个指路者,将行走的方向向问路者指出,又无法告知问路者具体的路程详情(还有多远、几个路口、有无危险)。也正因为如此,语录体给人以框架,却又不束缚人的思维,似乎要完成的目标又是孔子所言的"从心所欲不逾矩"的思想境界。

草稿思维中的"意在笔前"与"画在意在",在中国传统的绘画创作上并不是什么新奇的思想。但这种思想鲜见对于理学作品的解读。

在草稿思维中,我们可以既暂时从对—错、好—坏的价值判断思维中解脱,从草稿思维中发掘的就是作品本身带来的启示,又可以注重草稿本身所蕴含的目标指向。

---

① 陈永宝:《书评:朱利安:〈圣人无意——或哲学的他者〉(中译本)》,《哲学与文化》2020年第12期。

第十二章　朱子美学与图像理论

图像理论（Picture Theory）是美国哲学家 W. J. T. 米切尔（W. J. T.Mitchell）针对当代视觉呈现的特点与作用提出的一种新的理论，该理论通过"视觉再现"与"言语再现"相对比的方法，来分析不同的西方"文化政治"及"政治文化"之间的张力，揭示了西方阅读文化与观看文化之间的差别，及由此文化对个人和制度产生的不同影响。可以说，图像理论开启了一条有别于以往的政治哲学之路。在这里，政治不再只是制度与法律的舞台，同时也有了美学的介入。事实上，近些年来美学潜移默化的干涉在西方的政治运作中呈现出的作用越来越强，以至于在西方社会的政治行为中形成了一种不可违背的"势"能力。政治行为的图像一旦形成，政治行为者就掌握了政治操控的主动权，进而完成操控选举等特定的政治目标。

米切尔的图像学（Iconology）理论与图像理论构成了其关于图像研究的完整体系，二者分别从实践与理论两个方面体现了他对图像研究的两个维度。图像学理论侧重于探讨图像是什么、如何与语言相区分以及提出这些问题的重要性；图像理论侧重于探讨图像是什么、文本与图像的融入关系和实践关系，是一种"应用图像学"。[①]因此，图像理论是米切尔研究图像学理论的应用阶段，是其将美学思想与政治理论相结合的一种窥探，需要被关注。

二程及朱熹的理学体系强调的圣人气象及义理分析，实际上为两宋的

---

① ［美］W.J.T. 米切尔：《图像理论》，兰丽英译，重庆大学出版社 2021 年版，第 xix 页。

士大夫及皇权政治勾勒出一条直观的执政图像。在这个图像下，孔子、颜回、子思、孟子通过《四书章句集注》呈现出一个可以对标的镜像。《论语》与《孟子》的对话尤其直观地呈现了两宋王朝士大夫与皇帝应该学习的典范。而君子人格在这种直观的图像下不再只是一个美好的幻想，而是一个切实可行的政治行为方案。正是基于此，两宋士大夫才看到理论图像带来的"巨大破坏力"，他们视理学所给的图像为洪水猛兽，尽其全力封杀理学的传播与发展。程伊川晚年悲惨的命运及道南学派被迫寄情于武夷山水之间，都与理论构建的政治图景相关。

绍兴三十二年壬午宋孝宗继位，朱熹上书《封事》，他力图构建一系列古圣先贤的圣人图像以供宋孝宗选择。朱熹说："尧、舜、禹之相授也，其言曰：'人心惟危，道心惟微。惟精惟一，允执厥中。'夫尧、舜、禹皆大圣人也，生而知之，宜无事于学矣。而犹曰精，犹曰一，犹曰执者，明虽生而知之，亦资学以成之也。"[①]朱熹这里构建出尧、舜、禹禅位之事的图像以响应宋高宗与宋孝宗之间的禅位之举，透露出宋孝宗也可以以三圣之事为图像来效仿或实行，以指导自己的执政行为。除此之外，朱熹还说："是以古者圣帝明王之学，必将格物致知以极夫事物之变，使事物之过乎前者，义理所存，纤微毕照，了然乎心目之间，不容毫发之隐，则自然意诚心正，而所以应天下之务者，若数一二、辨黑白矣。"[②]这里朱熹给出具体的执政之法，即格物致知。至此，我们可以看出，朱熹劝谏帝王的方式是以文字来表现出一种圣人气象，企图使帝王产生"心向往之"的执政图像，是一种美学式政治的表现。

第一节　米切尔的图像理论

米切尔从讨论"图像转向"（the picture turn）入手，进而探讨图像与文字的不同。米切尔说："语言学、符号学、修辞学以及各种'文本性'

[①]《朱子全书》第20册，上海古籍出版社、安徽教育出版社2002年版，第571页。
[②]《朱子全书》第20册，上海古籍出版社、安徽教育出版社2002年版，第572页。

第十二章　朱子美学与图像理论

模式已经成为对艺术、媒体和文化形式进行批判性反思的通用语言。"① 于是，社会本身就成为一种文本，自然和科学的再现就构成一种"话语"。"油画、摄影、雕塑及建筑遗迹无不充斥着'文本性'和'话语'。"② 在这个背景下，一些哲学家的研究重心正由"语言"向"图像"发生偏移，并引起人类科学的其他学科及公共文化领域的复杂转变，这就是"图像转向"。这种转向暗含了图像理论的一个悖论，即一方面"录像和控制论技术时代、电子复制时代以空前的力量制造了视觉模拟和幻觉主义的新形式"；另一方面又形成"人们对形象的恐惧，对'形象的力量'最终甚至可能会摧毁创造者和操纵者的焦虑"。这个悖论恰逢其时地描绘了我们生活的这个独特的时代。同时，因为"图像转化、完全由形象所支配的文化的幻想现已经在全球范围内具有了真实的技术可能性"③，这加重了人们对诸如"元宇宙"、虚拟现实等被"图像转向"揭示出来的问题的担忧和思考。

图像转向与以前的哲学转向不同，它并不是向诸如"天真的模仿论""复制或对应的再现理论"和"图像'在场'"等以往理论的回归，而是"对图像的后语言学、后符号学式的再发现，它将图像看作视觉性、机器、制度、话语、身体和比喻之间复杂的相互作用"④，它的研究目的是朝向"一种批判图像学，一种有关视觉文化的自我理论化解释"⑤。因此，当我们要试图理解当代视觉文化，就必须对原有的标准进行质疑。这就是说，图像转化实际上揭示了这样一个现象，"当代思想和文化在全球电子视觉文化的屏幕上重现了最古老的图像机制"⑥。于是，"图像转化不是任何问题的答案，它只是一种陈述方式"⑦。因此，对于前面的悖论的解决方法是"放弃可能控制着对图像的理解的元语言或话语概念，探索图像

---

① ［美］W.J.T. 米切尔：《图像理论》，兰丽英译，重庆大学出版社2021年版，第4页。
② ［美］W.J.T. 米切尔：《图像理论》，兰丽英译，重庆大学出版社2021年版，第7页。
③ ［美］W.J.T. 米切尔：《图像理论》，兰丽英译，重庆大学出版社2021年版，第8页。
④ ［美］W.J.T. 米切尔：《图像理论》，兰丽英译，重庆大学出版社2021年版，第8页。
⑤ ［美］W.J.T. 米切尔：《图像理论》，兰丽英译，重庆大学出版社2021年版，第15页。
⑥ ［美］W.J.T. 米切尔：《图像理论》，兰丽英译，重庆大学出版社2021年版，第16页。
⑦ ［美］W.J.T. 米切尔：《图像理论》，兰丽英译，重庆大学出版社2021年版，第16页。

试图再现自己的方法"①。这也是米切尔指出的与传统图像完全不同的"元图像"。

"元图像"是那些为了认识自身而展示自身的图画，它们编排了图画的"自我认识"。②它的概念源于"元语言"，意在说明图像本身带来的自我反思，自我展示，为研究提供独有的二级话语。使用"元图像"概念的目的是要弄清楚图像是否可以为自身提供元语言。③因此，从字面上看这个概念，它的作用是要构建一个关于图像的二级话语，并且不再需要语言和其他的艺格敷词方法的辅助。④然而这种思路在现实中却不可行，对于"元图像"的诠释过程中离不开语言和艺格敷词。因此，米切尔在这里提出元图像的真实意图主要集中于"表明图像自我反思的方式"⑤。也就是说，"图像的自我指称并不限于区分某些图画的一种内在形式特征，而是一种实用的功能性特征，与其用途和语境问题相关"⑥。

元图像关注的问题是它的"内部与外部"、一级再现和二级再现的结构，这构成元图像概念中整个"元"概念的基础。米切尔说："一个稳定的元图像，或者任何稳定的二级话语，都需要一个嵌套的、同心图结构的空间和层级的图像，来将它从它所描述的第一层级的对象语言清楚地分离出来。"⑦这种"元图像"有很多，典型的如19世纪以来视觉心理学教科书中常见的《鸭兔图》。元图像的特点是拥有一种多重稳定的特征。因此它呈现在人面前的"具体图像"取决于"观者与元图像"的对话（如是鸭子还是兔子）。观者根据自己的生活经历、观察角度、学科背景、心理预期来与元图像沟通，形成自我认知的图像。而元图像则构成一个引发观者自我认识的装置，就如同一面为观者准备的镜子。⑧于是，观者在自我的各种

---

① ［美］W.J.T.米切尔：《图像理论》，兰丽英译，重庆大学出版社2021年版，第17页。
② ［美］W.J.T.米切尔：《图像理论》，兰丽英译，重庆大学出版社2021年版，第41页。
③ ［美］W.J.T.米切尔：《图像理论》，兰丽英译，重庆大学出版社2021年版，第30页。
④ ［美］W.J.T.米切尔：《图像理论》，兰丽英译，重庆大学出版社2021年版，第31页。
⑤ ［美］W.J.T.米切尔：《图像理论》，兰丽英译，重庆大学出版社2021年版，第31页。
⑥ ［美］W.J.T.米切尔：《图像理论》，兰丽英译，重庆大学出版社2021年版，第49页。
⑦ ［美］W.J.T.米切尔：《图像理论》，兰丽英译，重庆大学出版社2021年版，第34页。
⑧ ［美］W.J.T.米切尔：《图像理论》，兰丽英译，重庆大学出版社2021年版，第41页。

"意见"中只看到了元图多重稳定形象中的一面,常会忽视将"元图像"视为综合的、合成的"元图像"本身。这里,"元图像是一种可移动的文化设备,既可以在边缘充当说明装置,又可以在核心发挥一种概括图像的作用"①。后一种构成了米切尔认为的"超图像"。于是,任何被用来反映图像本质的图像都可以构成元图像。②

维特根斯坦的兔鸭图③

米切尔研究元图像的目的不在于构建一座元图像的理论大厦,而是指明"元图像使得严格意义上的元语言变得不再可能"④。这就是说,我们在描述世界向我们展示的图像的过程中,不受"一级目标"影响的"二级再现"已经变得不再可能。这预示我们在理解视觉媒体展示出的真理性时充满了困难。媒体视觉形象常常向我们展现出我们的自我喜好,或者是我们内心的欲望和无法实现的妄念,但它真实的目的是在潜移默化中传输它背后的隐藏信息。形象本身在这里被理解为一种形象文本(imagetext),传播着形象制作者镶嵌在图像中的各种隐喻。如电视商品广告隐喻着"身份的转变"和"欲望的满足"。这就造成观众很容易被形象所操纵,被形象的巧妙利用导致他们麻木。⑤

于是,图像的"视觉再现"实际上形成了一种"言语再现"。"舆论导向专家"利用图像使观者确信他们所目睹的景象就是发生的事实。米切尔指出,当今的时代"图像的重点不再仅仅是被阐释,更要被改变"⑥。这就意味着当代公共艺术、电影和电视中的形象文本正试图突破和改变当代视

---

① [美]W.J.T.米切尔:《图像理论》,兰丽英译,重庆大学出版社2021年版,第41—42页。
② [美]W.J.T.米切尔:《图像理论》,兰丽英译,重庆大学出版社2021年版,第49页。
③ [美]W.J.T.米切尔:《图像理论》,兰丽英译,重庆大学出版社2021年版,第43页。
④ [美]W.J.T.米切尔:《图像理论》,兰丽英译,重庆大学出版社2021年版,第77页。
⑤ [美]W.J.T.米切尔:《图像理论》,兰丽英译,重庆大学出版社2021年版,第xvii页。
⑥ [美]W.J.T.米切尔:《图像理论》,兰丽英译,重庆大学出版社2021年版,第359页。

觉文化的代码。而这种对图像破坏性的、解释的反讽，也标志着后现代主义的终结。

至此，米切尔通过图像理论表达了他对虚拟技术和大众传媒渗透性技术的忧虑。他认为人们需要对视觉文化进行批判，并对形象力量的善与恶保持警惕，并且能够区分它们用途的多样性和历史特定性。①因此，他的图像理论意图从相关的跨学科方案出发，通过设计文学批评和理论与对再现的哲学批判，以及对视觉艺术、电影和大众传播媒介等方面的研究，诠释当代图像理论下的真实世界。可以说，图像理论是米切尔在图像应用中的一种新的诠释方式，在他的理论体系中具有重要的位置。

第二节　道学的理学图像

我们该如何看待朱熹的理学体系，这是面对朱熹理学体系的一个重要的问题。实际上，以纯粹伦理学为切入点来看待朱熹理学的义理分析，及根植于伦理学背景的抽象思辨的知识论逻辑架构，都难以说明朱熹理学呈现出来的问题与作用。如果我们要全面地了解朱熹理学，就首先要解决以下两个问题：一是为什么二程及程门后学的理学体系屡次遭到禁止，朱熹晚年何以卷入庆元党禁的政治风波中？二是众多的南宋学统基本上都发展到一定的新高度，为何朱熹的理学能成为后世学人效仿的模本？理解了以上两个问题，我们基本上就能在理解朱熹理学当代价值上前进一步。

两宋理学家构建了以孔子与孟子共同组成的圣人图像。圣人图像是以《论语》与《孟子》中记载的师生对话为依据构建的评价标准体系。在理学家们看来，圣人图像与君子人格是约束皇权与士大夫的一种良好政治手段。这种手段相对于其他的模式，因其故事性带来的图像式的感受，让士大夫真切地明白并感受到圣人图像带来的约束力。如程伊川曾上书宋仁宗，"劝仁宗黜世俗之论，以王道为心"②，便是这种思想的一种表达。于

---

① ［美］W.J.T.米切尔:《图像理论》，兰丽英译，重庆大学出版社2021年版，第xvii页。
② 黄宗羲编:《宋元学案》，中华书局1986年版，第589页。

是，儒家思想的复兴，新儒学思想的形成，就不再是伦理学层面上的劝人践行向善，而是北宋王安石"共商国是"思想的儒学式表达。在两宋理学家看来，王安石的莽撞之举虽不可取，但是他开启了皇权与士大夫共同议政的先河，而这种类似当代资本主义议会制的政治形式，自然是理学家们内心最大的向往。

可以说，理学家以孔孟为标准构建的圣人图像，是一种颠覆宋代皇权专政的政治武器。也正因为如此，北宋二程及南宋朱熹所奉行的理学世界才会成为皇权与士大夫共同绞杀的目标和对象。对于这一点，我们不妨从朱熹给宋孝宗的第一封封事的部分片段看起。朱熹说：

> 臣闻之：尧、舜、禹之相授也，其言曰："人心惟危，道心惟微。惟精惟一，允执厥中。"夫尧、舜、禹皆大圣人也，生而知之，宜无事于学矣。而犹曰精，犹曰一，犹曰执者，明虽生而知之，亦资学以成之也。①

在这里，朱熹为宋孝宗描绘了一个圣人本有的图像，并以此为标准来判定宋孝宗行政之是非。首先，朱熹认为宋孝宗有达到这种圣人标准的可能性。他说："陛下圣德纯茂，同符古圣，生而知之，臣所不得而窥也。"②然而，以圣人为标准后指明，宋孝宗的做法存在着一定的行政问题。朱熹说：

> 然窃闻之道路，陛下毓德之初，亲御简策，衡石之程，不过讽诵文辞、吟咏情性而已。比年以来，圣心独诣，欲求大道之要，又颇留意于老子、释氏之书。疏远传闻，未知信否？然私独以为若果如此，则非所以奉承天锡神圣之资而跻之尧舜之盛者也。盖记诵华藻，非所以探渊源而出治道；虚无寂灭，非所以贯本末而立大中。

---

① 《朱子全书》第20册，上海古籍出版社、安徽教育出版社2002年版，第571页。
② 《朱子全书》第20册，上海古籍出版社、安徽教育出版社2002年版，第571—572页。

朱熹美学研究

在这个问题中，朱熹要求宋孝宗必须就已有的做法做出一些圣人式的取舍。这种取舍自然是围绕着董仲舒"罢黜百家独尊儒术"的观念而展开的。于是，儒学的积极入世思想在两宋理学士大夫这里被清晰地呈现出来。接下来，朱熹给出了明确的改革之道：

> 是以古者圣帝明王之学，必将格物致知以极夫事物之变，使事物之过乎前者，义理所存，纤微毕照，了然乎心目之间，不容毫发之隐，则自然意诚心正，而所以应天下之务者，若数一二、辨黑白矣。苟惟不学，与学焉而不主乎此，则内外本末颠倒缪戾，虽有聪明睿智之资、孝友恭俭之德，而智不足以明善，识不足以穷理，终亦无补乎天下之治乱矣。然则人君之学与不学、所学之正与不正，在乎方寸之间，而天下国家之治不治，见乎彼者如此其大，所系岂浅浅哉！《易》所谓"差之毫厘，缪以千里"，此类之谓也。①

可以看出，朱熹这里以圣人图像来纠正君王之非的做法，完美地诠释了两宋士大夫在参政议政方面所进行的道路探索。而这种理学士大夫对皇权的干涉，一定是会受到以宋宁宗为首的企图构建皇权专制的皇室集团的抵制。这也使得无论是北宋的程颢和程伊川，还是南宋的朱熹，他们的参政方针在根本上就走到了与皇权专制相抗衡的路径上。不过历史有意思的是，这种对抗经过元、明、清皇权专制的粉饰与洗礼后，变成了维护皇权的工具，最终完成了理学思想的"物极必反"。只不过，朱熹本人并没有那么幸运，他和程伊川都没有享受过理学图像带给他们的红利，而是承受了理学图像面临的全面绞杀。那么，程伊川晚年被流放，程氏门人被迫躲进深山，朱熹晚年迎来庆元党禁，这一切就都在逻辑上说得通了。

程伊川构建的"王道"图像在两宋理学家的施政方针中作用很大，以至于在其他士大夫看来已经构成一种威胁。比如，"崇宁二年，范致虚言程颐以邪说诐行惑乱众听，而尹焞、张绎为之羽翼，事下河南府体究，尽

---

① 《朱子全书》第20册，上海古籍出版社、安徽教育出版社2002年版，第572页。

逐学徒，复隶党籍"①。这是两宋之交士大夫反道学的一个主要理由。在他们看来，程伊川等理学家构建了一个学子心向往之的"儒学世界"。这个世界即是一个以尧、舜、禹、周公、孔子和孟子等儒家圣人存在的图像世界。这种圣人图像对于普通学子是比较有吸引力的，对他们的影响也比较大，这构成了对皇权与士大夫集团的威胁。在这种威胁下，他们必须要做出反击，于是造成了两宋之交时，道学屡次成为皇家与士大夫禁忌之学。

也就是说，两宋儒者构建的圣人图像存在着比较大的影响力，这让反道学一派感到十分不安。在他们看来，二程及其门人传承的道学在一定程度上已经等同于异端学说，必须加以抵制。同时，在反道家一派看来，道学一脉构建的圣人图像实际上是一种迂腐不堪的"伪君子"图像。因为在他们看来，这些儒者构建的道学家形象与他们在真实生活中的具体情形相差甚远。束景南曾说："道学（理学）文化思潮在宋代从民间喧嚣崛起，泛滥流布直至跻身官方统治思想的宝座，盛极一时，却同时伴随着一个声名狼藉、面目丑陋的道学家'怪胎'形象出现的。"②他将这种道学家形象描述如下：

> 褒衣博带，幅巾大袖，保养得睟面盎背，修养得心气平和，开口圣人道统，闭口孔孟大法，有时正襟危坐，谈性说命；有时昂首阔步，非礼勿视；有时垂眉闭目，正心诚意；永远是不苟言笑，面孔板板六十回；等而下之者，则头脑冬烘，破袍烂衫，蓬头垢面，不善理生计，陋巷破屋中，薄汤麦饭度日，忧道不忧贫。③

在两宋之际的文人看来，道学家既无生活之道，又无治世之心。他们的生活来源不过是利用非官方的书院教授几个村童，或者与佛道人士出入于穷山萧寺，或者与他们的主张相反，为达官公卿服务以达到摇尾乞食的目的。这就是反道学人士给后世人们勾画的道学与道学家图像。在这种刻

---

① 黄宗羲：《宋元学案》，中华书局 1986 年版，第 590 页。
② 束景南：《朱子大传》，复旦大学出版社 2016 年版，第 2 页。
③ 束景南：《朱子大传》，复旦大学出版社 2016 年版，第 2 页。

板的道学图像下，反道学人士直接将道学判定如下：

> "道学"成了虚伪、空谈、迂腐、古板、矫饰、冥顽、欺世盗名、不近人情、不通世故的代名词。道学似乎从它诞生之日起就被视为"洪水猛兽"，三教九流的人，从保守恋古的陋儒到狎妓风流的名士，无不群起而攻之。①

可以看出，道学与反道学二者为世人构建了两种完全不同的图像。在这两种不同的图像中，圣人本有的高大气象与道学家离世所居的言行在世人眼中形成了截然相反的图像对比。而这两种巨大的冲击力让道学一度崩塌。实际上，即使元明清三朝对道学（理学）进行了改良，甚至到王阳明之后理学家一度有走出"重知轻行"的路径，但是，终因王门后学的无力及东林党派的政治干预，使本有可能转型的理学形态又回到原来的道路上去。到清朝，道学家"以理杀人"的姿态再度受到士大夫的抨击，八股取士的程序越来越单一，也导致了孔乙己式的儒者再度成为人们视野中典型的道学家图像。于是，道学的圣人图像在西方科学的冲击下，也就慢慢地退出了历史的舞台。

第三节　元图像与朱熹的理学诠释

以朱熹为主的道学一脉与反道学一派的争论，在图像学上可以看成是同一个事物在元图像上的不同诠释。正如同维特根斯坦在《哲学研究》中画的"鸭兔图"所揭示出来的反向作用，即"挑战心理学上从观者脑海中的图像这一模型出发，对鸭兔图作出的固化阐释"②。实际上，我们对这两种教条的判定并不会让我们在道学家与反道学家二者之间构筑的图像面前迷惑太久，我们甚至能理解二者构建图像时的内在动机与不合理处。但是，一个让我们感到遗憾的问题是，即使我们理解这般关于二极的消极教

---

① 束景南:《朱子大传》，复旦大学出版社2016年版，第2页。
② ［美］W.J.T.米切尔:《图像理论》，兰丽英译，重庆大学出版社2021年版，第43页。

条,"我们(也)不能同时体验到图像的不同解读"①。于是,我们能做的只能是将理学回溯到理学本身,从元图像的角度来重新审视理学,我们将能发现理学的历史价值与现实作用。

米切尔认为:"元图像的主要用途是解释图像是什么——呈现图像的'自我认识'。"②而朱熹的理学图像的价值在于它给接受者提供了一种"在场"的直面的"真实世界"。在这个世界中,理学是有"自己的'生命'的物,它们能够与我们交谈,与我们对视"③。于是,从这一点理解理学,我们会发现朱熹在构建自己的理学体系时,与二程门人存在着明显的不同。他真切地感受过南宋初期反道学之势对道学一派的打压,他也清楚,反道学勾画出的反理学图像也并非都是空穴来风。所以,他要构建的道学情景既非刘子翚的"三道相传的道统论和'不远复'的修养方法"④,也非李延平所主持的"默坐澄心"的儒家工夫图像,而是道之已发的"格物"的画面。

朱熹实际上并没有在二程的理学思想上构建新的理学体系或者理学模式,而是重新构建了一种理学图像以对抗反道学对理学的冲击。他的做法并不是再次强调圣人图像的直面观照,而是将儒学安放在儒学自身之中,重新理解儒学本身的生命图像,形成"图像与观者之间的一种互动"⑤。从这种元图像的方式来看朱子理学,我们发现他呈现出的一个画面是"形象与背景的转换、面向的切换、图像悖论以及无意义形式的呈现"⑥。于是,我们借助米切尔的话来说:"它们不只为绘画和视觉理论配图:它们向我们展示了视觉是什么,为我们图绘理论。"⑦而朱熹正是用他的文字解决了这个问题。

我们从朱熹早期的封事体现出来的北宋道学的印记和他中年之后在道学一脉溯本追源的一系统操作中,都看到了他的这种努力。朱熹晚年

---

① [美] W.J.T. 米切尔:《图像理论》,兰丽英译,重庆大学出版社2021年版,第45页。
② [美] W.J.T. 米切尔:《图像理论》,兰丽英译,重庆大学出版社2021年版,第49页。
③ [美] W.J.T. 米切尔:《图像理论》,兰丽英译,重庆大学出版社2021年版,第49—50页。
④ 束景南:《朱子大传》,复旦大学出版社2016年版,第64页。
⑤ [美] W.J.T. 米切尔:《图像理论》,兰丽英译,重庆大学出版社2021年版,第50页。
⑥ [美] W.J.T. 米切尔:《图像理论》,兰丽英译,重庆大学出版社2021年版,第50页。
⑦ [美] W.J.T. 米切尔:《图像理论》,兰丽英译,重庆大学出版社2021年版,第50页。

朱熹美学研究

在庆元党禁中曾对黄榦说："前此尝患来学之徒真伪难辨，今却得朝廷如此开大炉鞴锻炼一番（指庆元党禁），一等混淆夹杂之流，不须大段比磨勘辨，而自无所遁其情矣。"① 至此，朱熹其实也彻底看清了道学一派存在的巨大问题。只不过，此时他已经无力回天，只能默默看着道学往歧路上越滑越远。

后人周密将道学进行了如下四等的划分，以说明其存在的问题。他说：

> 一等是以伊洛大儒为代表，从二程直到张栻、吕祖谦、朱熹，是传孔孟之道的正宗的真道学；二等是杂以佛老异端、词章之学与功利议论者流，从张九成、陆九渊直到永嘉学派诸公，他们是道学别派变种，是道学之不纯者（杂道学）；三等是诡附道学的浅陋嗜利之徒，他们是假道学；四等是利用道学的统治者，上自皇帝宰辅、权奸俊臣，下至持节一方的路使郡守和横行乡里的县官青吏，他们今日可以大反道学，明天又可以大捧道学，他们才是真正的伪道学，他们的高妙之处就在于在实际中参透了道学三昧，运用道学无不如意，在他们政治权势欲的狰狞面目底下也有一个道学心态的甜蜜灵魂。②

束景南说："周密并不严谨的道学分等，不过道出了一个重要的文化事实：道学作为一种文化类型，在从思想形态走向实际进入人的大脑中，是转化为一种多层面的文化心态，道学文化思想的共相内化为各个社会阶层的道学文化心态的殊相，呈现出二极对立的人格和千奇百怪的世相。"③ 至此我们可以看出，朱熹构建的理学图像因其历史价值与意义被后人接受，并广为传播。虽然周密所阐述的伪道学依然借助朱熹之名在政治舞台兴风作浪，但这实际上已经完全背离了朱熹以圣人图像约束皇权的初衷。

我们对元图像的理解，为我们理解朱熹的美学提供了一种新的可能。

---

① 《朱子全书》第 25 册，上海古籍出版社、安徽教育出版社 2002 年版，第 4658 页。
② 束景南：《朱子大传》，复旦大学出版社 2016 年版，第 3 页。
③ 束景南：《朱子大传》，复旦大学出版社 2016 年版，第 3 页。

第十二章　朱子美学与图像理论

这种可能打开我们与古人对话的一种新的场域，一种新的视角。在这种研究思维中，对朱子理学进行元图像的解读，让我们更为真切地理解朱熹构建的理学大厦的真实历史意图，而不只是在伦理学的世界里转圈圈。

当然，以康德等伦理学思想进入朱子理学确实让我们真切地感受到朱子理学存在的意义与价值，但朱熹美学，特点是朱熹图像理论的引导，才更能让我们直观朱熹理论的全部。也只有如此，我们在看朱熹的理学体系时，它才是一个有血有肉的生生之学，而不是一个冷着面孔的老夫子形象。

小　结

　　用米切尔的图像理论揭示美学与政治哲学研究的可能性，这让我们用一种新的视角来观看美学。朱熹的山水美学无论是"陶渊明式的道家美学"，还是积极入世的"圣人气象"，都是以一种美学式的方法在试图干预南宋政治发展的走向（消极避世也是一种积极入仕的体现）。以朱熹为中心的两宋士大夫，从来就未真正地做到出世，这一点在他们与佛教禅宗抗衡上就充分地体现了出来。只不过，两宋之际道学给出的"圣人图像"触动了皇权和部分士大夫的利益而被联合绞杀，造成了这些理学士大夫只能退避深山，以"陶渊明式的隐居"等待着入仕的可能。

　　不过，从美学角度来探讨朱熹的政治哲学，无疑又是一个重大的挑战。因为一般来看，我们将美学视为对积极入仕的消解，或只是对个人情操的培养。在这种思维下，美学走在一条与政治相反的道路上。但是，无论是文化水平较低的古代，还是互联网肆虐的现代，图像的政治运用都是士大夫和政客们常用的方法与手段。因此，政治图像构建的目的绝不是个人的喜好与偏爱，而是一种行政的权力与方法。而这种政治图像的运用在现代社会已经不是一个特别新奇的做法了。

　　但是，对于两宋儒学中的道学一派，他们的圣人图像往往为人们对其义理学的关注而被掩盖甚至被忽视。无论是北宋兴起的孟子升格运动，还

朱熹美学研究

是两宋之际的围绕《论语》和《孟子》构建圣人图像，其真实目的不外是北宋王安石"共商国是"的新版本。因此，以图像理论审视朱子理学，虽然充满了风险，但这种挑战存在的风险性也预示着这种研究的必要性。以图像理论的角度探讨朱子理学，会让我们直观地看到朱子理学蕴含的政治哲学所包含的意义与价值。这种意义与价值的彰显，也进一步揭示了朱子理学的理论本质：它并非只是劝人向善的伦理学，而是一种儒家参政议政的施政手段。

只是，两宋道学家给出的理想道学图像与现实的道学图像，说明了道学图像在呈现过程中存在的二重性。也正是这种二重性之间的互相矛盾，才导致两宋之际士大夫对道学家的联合绞杀，也预示着朱熹晚年发生庆元党禁的历史必然性。于是，当我们尝试着回到道学理论的元图像中，不加偏见地看清这一理论的时代意义与应用价值，这一切问题也就有了更为清晰的展示方式。至此，我们在接近这位千年古人的真实世界的探索中，又前进了一步。同时，这种美学对于政治的干预，也是当代资本主义广告存在的真实意图。从古至今，美学的政治参与方法并没有实质性发展，只是变更了形式。

第十三章　朱子美学与知识迭代

　　传统的量化知识因互联网与人工智能的介入，面临着被消逝的可能。人类与机器抗衡的旧知识取向在对抗中已经全面溃败。在这个背景下，后真理时代的到来也就不可避免。相对于对"后真理时代"的负面评价，积极的正面评判可能更有助于我们解决知识消逝的问题。因此，新知识的建立和重构就不可避免。新知识相比较于旧知识，一是要规避以量化为基础的知识建构模式，二是要规避非此即彼的"更正确"的思考模式。因而要参照文艺复兴式的知识取向，重新回到知识量化扩大使用前的前工业社会中，在这里知识以多维方式存在。而处于宋代的朱熹的山水美学思想则提供了一种在当代早已被遗忘的知识构成。这种知识构成面对后真理时代的问题，更为有效地提供了一种新的知识普遍性与解释力。知识的边界得以扩张，进而逃避机器对旧知识的围捕。

　　自笛卡尔主客体二分的思想产生后，哲学的研究取向逐渐由形上学向知识论过渡。这种发展既标志着人们对世界的认识由模糊转向清晰，又标志着人们以自我的知识来应对生活的挑战。知识论大放异彩，成为当今研究中重要的力量。然而，互联网技术与人工智能的产生，使基于社会经验而发展的知识论体系发生崩坍。互联网强有力的记忆功能和人工智能对体力的替代，虽然一定程度上减少了人在社会中的劳累，但同时也因此消灭了一些人的工作机会。这些工作被替代本不是什么新问题，如汽车对人力车的替代远在20世纪就已经完成。问题是人的知识发展速度远不及人工智能迭代的速度，这种趋势逐渐发展成人类"知识无能"的危机。这种危机不是臆想出来的庸人自扰，它实际上在我们的生活中已经出现了端倪。

计算器的计算速度,及中小学课本的更新,已经让"老人们"不知所云。而这些"老人"并不是以年纪为划分标准,是指一个知识体系曾经的拥有者,被另一个知识体系的学习者所抛弃。这种现象表现为两代人之间的隔阂,但更为重要的是它显现了知识消亡的痕迹。

  以牛顿力学为根基的时空体系,表现为一种计算和量化的知识存在状态。这种以叠加带来的复杂性虽然呈现出一个清晰的世界,但自然也将世界分割为细碎的片段。道德与理学的分化,使标准的明亮掩盖了过程的重要。遂使我们虽然了解千万道德与理学的知识理论,却无法形成一个有君子人格的人。于是,近代以来的知识论在诠释世界存在上的力度越发孱弱,其解释力也随着人工智能的介入而变得不堪一击。更有甚者,人在这种互联网和人工智能面前显得矮小和无能为力。这些现象被归结为"后真理时代"现象。这种现象呼唤一种旧知识体系的重构或新知识体系的建立,这也成了历史的必然。这个大背景下,朱子理学的再度复兴也就有了可能。

  后真理(post-truth)的定义是:情感及个人信念比科学事实更能影响公众舆论的境况。[①]"后真理"一词因为与政治相连,最初以贬义方式出现。[②]但这种判定显然是将该问题的讨论引向了一个负面的极端。后真理实际上是一个从客观事实到个人信念的转变。[③]我们从关于"后真理"前后两种判定来看,它并无严格意义的否定趋势。因此,

> 后真相并不意味着事实的结束。实际上恰恰相反。这是从旧的僵化的极性类别中解放出来的真理。真理自然是多元的起源,它是真理,情感和本能在这里起着至关重要的作用。[④]

---

  ① 丁利娜、蔡仲:《"后真理"、对称性与反科学》,《自然辩证法研究》2019年第1期。
  ② 《"后真理"、对称性与反科学》一文引用了关于后真理的五个特征:(1)由煽动性语言所引起的情感上的共鸣与感受比真相更为重要;(2)观点,特别对那些符合其愿望的人来说,会比事实更为重要,情感信仰而非新闻真相才是最重要的;(3)公众人物会连篇累牍地渲染其谎言,使公众丧失识别能力;(4)随意的胡说与谣言日益成为政治与公众生活的一部分;(5)传统媒体的力量与权威的消失,导致更多的虚假新闻与新闻泡沫。
  ③ 丁利娜、蔡仲:《"后真理"、对称性与反科学》,《自然辩证法研究》2019年第1期。
  ④ 《后真理时代的品牌真实性》:https://www.chons.cn/14947.html,2019年5月16日。

第十三章　朱子美学与知识迭代

"后真理时代"所代表的，只是一种不以知识论为严格框架而存在的社会存在。在这个存在世界中，人的理性开始向后撤退，而感性因素开始发挥着更为主要的作用。这种感性因素的凸显与呈现，并不意味着对人的身心产生危害的"错误"行为。比如年轻女孩去化妆品店购买了 A 种化妆品而不是 B 种，原因就是她在店员的劝说下更喜欢 A 种。这种感性的存在并不对自我或第三人产生危害，因此不能将它归于贬义。

因此，后真理时代所代表的只是人面对科学等知识的失效时，给出的一种对世界的新解释，是一种解释力。"所谓'解释力'，就是对客体（事物本身）进行注释工作的大小、发展的方向以及力的作用点等方面的程度。"① 因此，在这个角度下可以说，后真理时代突破理性思维束缚，试图帮助自然人在对世界的探知过程中不再完全依靠理性知识体系。于是，原有的以科学体系为主体的知识论体系可能存在着危机。但这不能说是一种知识建构的倒退，而是一种新知识产生时的多元开放。

第一节　知识的迭代与消失

后真理时代的到来并非意味着伪科学的肆虐，而是以计算为标志的科学世界的终结。人工智能与计算器相对于人的强大的计算能力，宣布所有以计算为中介的知识将都会被机器所替代。这种替代，不仅只是脑力劳动与体力劳动的被替代，而且是以计算为基础的知识体系被替代。于是，在这种现象面前，人似乎除了消费，已经呈现出无用的状态。这是一种存在性危机。

科学知识的一个特征是通过对以往经验的总结和实验，推测未来可行性发展的趋势。这其中含有科学存在的一个基本的前提：时空性。也就是说，科学知识的存在是以时空为背景，且依附时空存在的一种知识体系。这其中，对时间的过去的确认，给出时空未来的判准，反映出科学的第一个特质，即滞后性。

---

① 孙宜芳：《马克思主义理论解释力提升体系建构——基于理论完善视角的分析》，博士学位论文，华南理工大学，2015 年。

科学知识的另一个特征便是以量化为标准。这种量化知识无论多么精密，一旦被"可计算"所规定，那么这个知识就面临被机器替代的风险。这就是说，知识在人面前开始消失。现代文明中这种现象十分常见，如手机的便利应用和手机的制造，汽车的简单操作与汽车的制造。人似乎在可计算的生产面前逐渐由前台退居幕后，过早地进入退休之列。

那么，这种科学知识的时空化与可量化看似是现代文明的好处，可真正的问题就出在这里。人们正在丧失对这种科学或量化知识的掌控权。贝尔纳尔·斯蒂格勒（Bernard Stiegler）在接受采访时谈道：

> 所谓的动态系统理论，一个完全可自行计算的系统，将不可避免地自我毁灭：为什么？因为动态系统是开放系统，也就是一个有活力的动力系统。无论是有机物、一条蚯蚓、一个社会。人类社会是个有活力的社会。那里有生物，有人、动物、植物。没有生物，社会不可能存在，这必须是开放系统。开放指什么呢？意味着可以忍受时间之箭带来的意外，也就是说，可以弥补熵的影响。通过与熵斗争和不断发明，通过什么呢？知识与新事务。这就是马克思和恩格斯想说的：这些知识形式被计算毁了。所以今天在这个人类纪的时代，我们身居其中，……要么我们重新发明知识，能生产系统理论家称为的分歧，这就是知识的作用。[①]

斯蒂格勒在访谈中指出了当代社会存在的危机，即以"时间和计算为主体的知识"面临开放的社会系统存在着失效与消失的迹象。计算正在摧毁我们现代社会赖以存在的生活惯性，其给出的解释力也越发孱弱。在这个背景下，我们能做的要么是发明新知识，对以计算为主的知识进行迭代，要么发现新事物，让计算的边界扩张。这后一种，已经远远超过了自然人所能承受的能力范围。

以计算为主体的科学知识消亡的迹象已经凸显，人类的迭代要远远慢

---

① 《采访贝尔纳尔·斯蒂格勒：如何避免世界灭亡？》，https://v.qq.com/x/page/b09589lnpxt.html，2020年4月27日。

于机器的迭代速度。相比较而言，人类面临的薛定谔的猫实验中的"黑盒子"越来越多。我们知道得越多越表明我们实际上什么也不知道。就如同我们无法知道我们手机的内部构造，或者即使知道了也无法靠人力自己个人来生产一台，最终还是要借助机器。

这种以计算为主体的工具理性，正在吞噬着我们已有的知识总量。试想自然人的所有的脑力劳动都让位给人工智能，所有的体力让位于机器，那人存在的意义将在何处寻找？这便是后真理时代带来的危机。

斯蒂格勒这里点明了知识迭代与知识消亡的原因，却给出了一条难以前行的解决路径。在他的理解中，知识的发展依然是以时间向前而进行，如对新知识的追求和探索。这就如同两条起点重合的射线一样，它们向前的发展是无穷尽的，因此这种探索注定难以取得成效。与其如此，不妨将思想的方向向后延伸。这种延伸不是科学式的对经验的总结和实验，而是回到分歧的起点，将科学带回科学产生之前的时空中，来寻找解决方式。

这就如同一个人被毒蛇咬伤，如果距离医院太远，不妨去蛇穴周围寻找草药。而向后延伸的方式，往往可能更加适应当代的社会发展。因此，回归传统，从传统的思维中寻找科学知识或计算知识的互补品，比开发出新的知识体系可能更加有效。相对于科学思维产生的西方，中国的思维可能就是那个治愈蛇毒的草药。法国哲学家朱利安说：

> 圣人不断地将一切都保持在开放的状态，因为他永远掌握着一切的全部。……当我们转而关注哲学的研究时，我们不得不承认，只要提出一个观念，这个观念在打开一条思路的同时，也就关闭了其他的思路。……在哲学上，作为体系的思想是到后来才竭力要恢复整体性的，但也只能一步步地再去征服，只能逐渐地展开，而不是像圣人那样，一开始便从总体上把握一切。因此，哲学上的认识永远不可能是完全的：思想一旦有了开始，便永无休止。①

---

① ［法］于连：《圣人无意：或哲学的他者》，闫素伟译，商务印书馆2019年版，第11页。

朱利安在这里为我们点明了两个问题：一是斯蒂格勒提出的问题，是基于西方哲学思维下而衍生出的科学问题。因此，解决科学知识或计算带来的问题，通过对其理论根据——哲学的批判即可完成。二是朱利安给出了解决方式，即从中国古老的圣人镜像来化解当代知识危机，指出传统的西方哲学的解决方式注定是无功而返的。基于此，我们似乎找到了化解危机的途径。

第二节　新知识的创建与朱子美学的重现

随着时间的推移，各种哲学讨论都可能过时，而这种过时构成了哲学产生的历史。朱利安说：

> 哲学从一开始就陷入了偏见，此后便再也无法完全地从中摆脱出来，再也无法克服因一开始提出的观念而养成的习惯，再也无法抚平因此而已经揉成的折皱。因此，由于从一开始就犯了错误，而且是无法消除的错误，所以，为了超越这一错误，哲学便不得不一直向前，不得不以其他的方式思想。哲学的历史就是由此而产生的，或者说，正因为如此，哲学才有了历史，正因为如此，哲学本身就是一部它自己的历史。[①]

如果按照这种说法，新知识的确立似乎是哲学的发展环节之一。从亚里士多德的形而上学，到托马斯·阿奎那的信仰哲学、笛卡尔的主客二分的知识论哲学、黑格尔的概念哲学，再到胡塞尔、本雅明的意向哲学，似乎再次印证着新知识的研究取向。这些取向大致分为两段，一是由亚里士多德到黑格尔等的知识由非确定性向确定性发展的趋势；一是由胡塞尔到本雅明及朱利安等的知识由确定性向非确定性发展的趋势。沃尔特·本雅

---

① ［法］于连：《圣人无意：或哲学的他者》，闫素伟译，商务印书馆2019年版，第12页。

明（Walter Benjamin）指出："意向并不是某种语言可独立表述清楚的，其实现（途径）有赖于语言间相互补充的总体意向——纯语言。"[①]朱利安提出了"间距"（écart）、"之间"（entre）与"虚待"（disponibilité）概念，即间距为区隔文化与思想，打开互动反思空间，并在其间建立反思思考空间的存在[②]；"之间是一切为了自我开展而'通过'（‹‹passe››）、'发生'（‹‹se passe››）之处"[③]；虚待（disponibilité）"'共存的可能'（com-possible），也就是'无排除'（non-exclusion）"[④]。

于是，我们发现概念的痕迹在后一种变化中，开始出现衰减的趋势。相对于概念，理念与观念在语言中更具说服力。当这种现象开始凸显，以概念存在为基础的真理系统本身就存在危机。概念原有的清晰边界开始模糊，因此它的可验证性本身就存在着问题。同时已有可量化的概念领域的探索又逐渐被"机器"抢夺，这似乎预示着知识的发展存在"后有追兵，前有围堵"的尴尬。于是，我们似乎需要再思考一条"新路"，在这种路径中既可以摆脱机器对人本有知识的替代，又不至于无路可循。因此，我们需要摆脱习惯已久的真理之势，重回真理的起点，再做一次"文艺复兴"。而这一次"文艺复兴"的起点不是回到古希腊这条已经走过的路，而是回到古代中国，从东方知识之中寻找一条有别于概念系统的非真理的知识取向。在这里，胡塞尔和本雅明已经察觉到这个端倪，而朱利安更是直接将研究的方向引到古代中国的"源流"中。这些思想家相对接的关节点，在无形中被确定于两宋之间的山水美学。这种选取，一是意向性理论与中国的风景理论存在着一定的重叠；二是以胡塞尔为主的意向性理论与两宋的山水美学都在关注主体与客体的"间距"与"之间"。于是，这种当代哲学家的探索，似乎无形中回到了中国宋朝所关注的问题，即围绕道德及圣人理论而展开的美学问题。

[①] Benjamin, W. "The Task of the Translator", In Venuti, L. (ed.), *The Translation Studies Reader*, London & New York: Routledge, 2000, p.18.
[②] 陈永宝：《从朱利安的风景论看朱熹的山水美学》，《思想与文化》2021年第12期。
[③] ［法］朱利安：《间距与之间：论中国与欧洲思想之间的哲学策略》，卓立、林志明译，台北：五南出版公司2013年版，第63页。
[④] ［法］朱利安：《间距与之间：论中国与欧洲思想之间的哲学策略》，卓立、林志明译，台北：五南出版公司2013年版，第253页。

在这种背景下，朱熹理论的再次被重视，就不是一个很突兀的现象。为什么海外汉学家在解决知识问题时会选择朱子学？这可能是出于以下两个角度考虑：一是朱子学作为从宋朝延续至清末影响千年的理论体系，其在海外传播较广，在日、韩、东南亚及西欧、美国均存在大量的研究学者；二是朱子学著作颇丰硕，且是中国中古时代集儒、释、道为一家的集大成者。他的思想在中国较具有代表性。在中学西渐的过程中，朱子理学经利马窦、龙华民等人传入西欧，被莱布尼茨等人所见。① 因此，朱子理学被海外汉学家拿来与后真理时代的知识论探索放在一起讨论，来解决后真理时代知识存在危机的窘境，也不是什么奇怪的事情。

至此，我们将知识的讨论由可验证的真理引到朱熹山水美学之中，进而为打开新的知识边界提供可能。相比于可验证的真理系统，山水美学是不可测量也不可验证的，这也就是说它是独属于人本身的一种存在。正因为如此，这种知识才不会被机器所替代，也不会在后真理时代中消失。后真理时代在一定程度上说，是一种以自我为主体的存在模式，与朱熹的山水美学存有一定的契合度。这也就为朱熹山水美学的再复兴创造了条件。那么，一个问题便在这种关注下生成：如果朱熹山水美学可以作为知识，它是否具有知识应有的普遍性和社会性？前者是朱熹山水美学可被称为知识的必要条件，后者是它作为知识的有用性。

第三节 朱熹山水美学中的普遍性与社会性

朱熹山水美学如果成为知识，需要具备两个必要条件，即它的普遍性和解释力。所谓普遍性是指朱熹的山水美学具有普遍恒常性，他不是某人的个人顿悟，而是每个人都可以达到的圣人境界；所谓解释力是指山水美学不是形式的堆积，也不是迷信式的存在，而是由某些观念为核心构成的对本质的再现。基于此，知识的发展由形下层面向形而上层面过渡，却没有完全进入形上学。这种状态是"形而下"与"形而上"的"之间"。

---

① 参见秦家懿（Julia Ching）在《德国哲学家论中国》（台北：联经出版公司1996年版）、《中国宗教与基督教》（生活·读书·新知三联书店1990年版）中的相关论述。

一　朱熹山水美学中的普遍性

潘立勇指出：

> 山水美学思想在朱子理学美学的体系中占着十分重要的地位，一如山水游历活动在朱熹的生命体验中占有非常重要的分量。自孔子提出的"仁者乐山，智者乐水"的自然美（的）比德观念，山水美学在中国传统美学尤其是儒家美学中，始终是个极为重要的内容；山水美学在文人士大夫个人修身养性和修学讲学方面的美育功能，至宋代随着书院体制的兴起而得到了极大的发扬，而朱熹正是宋代书院教学体制的集大成式的建树者和鼎新者。因此，山水美学在朱熹的理学美学体系中具有特别重要的意义。①

潘立勇在这里点明了朱熹山水美学的两个作用：一是山水美学是文人士大夫修身养性的方式之一；二是山水美学在教书讲学中起到了美育的作用。前者侧重于个人发展的内在，后者关注于他们身心的培养。二者均说明朱熹的山水美学趋向于一种普遍性的存在。山水美学所针对的，不是某个人或某类群体，而是构建一种自上而下的普遍适用。

同时，朱熹的山水美学的普遍性我们也可以从其理学谈起。也就是说，朱熹的美学体系实际上是一种理学美学。在这种美学体系中，美学的发展与理学的发展具有共通性。潘立勇指出："山水审美客体从本体上讲，仍是道体流行发现。"② 在这一点上，朱熹的诗文中有诸多体现，如：

> 鸢飞鱼跃，道体随处发见。谓道体发见者，犹是人见得如此。若鸢鱼初不自知。察，只是着。天地明察，亦是着也。……又曰："恰似禅家云：'青青绿竹，莫匪真如；粲粲黄花，无百般若'之语。"③

---

① 潘立勇：《朱子理学美学》，东方出版社1999年版，第354页。
② 潘立勇：《朱子理学美学》，东方出版社1999年版，第374页。
③ 黎靖德编：《朱子语类》，中华书局1994年版，第1534—1535页。

可以看出，"文从道出，文以载情"是朱熹山水美学的一个主要特征。同时，朱熹的文从道出也显示出他山水美学有一个普遍性存在。在朱熹看来，围绕在天、理、性、心、情、欲等核心观念的理学体系一定是普遍的，因为这是他理学的立论之基。如《朱子语类》开篇时就谈道：

> 太极只是天地万物之理。在天地言，则天地中有太极；在万物言，则万物中各有太极。未有天地之先，毕竟是先有此理。动而生阳，亦只是理；静而生阴，亦只是理。……未有天地之先，毕竟也只是理。有此理，便有此天地；若无此理，便亦无天地，无人无物，都无该载了！有理，便有气流行，发育万物。①

也就是说明这个问题。普遍性是朱熹理学体系得以建立的基础。而在此基础上构建的山水美学，亦含有普遍性的内在作用。因此，从知识的普遍角度来看，朱熹的山水美学可含有这一要素。

二 朱熹山水美学的解释力

李特尔约翰（C. Liitlejohn）认为，知识概念在回答规范问题时可能会有三个重要的作用："知识概念可能对于我们理解证据和知识的理由，对确证所寻求的某种理性支持和形成知识规范都有所助益。"②这说明知识在本质上就含有解释力（explanatory power）的特征。这种解释力在田海滨、韩东晖的论文《论知识的规范性困境及其出路》中被认为是一种确证（justification），即"知识等于确证（J = K）"③。他们认为，知识与确证在认知领域的规范方面具有一致性，指出："知识的规范性是由知识概念自身是一个规范性概念或者具有规范维度决定的，而非取决于规范性对知识的重要性。"④我们无意在这些复杂概念与逻辑名词中纠结知识的含义，但解释力可能较好地概括了以上的结论。

---

① 黎靖德编：《朱子语类》，中华书局1994年版，第1页。
② 转引自田海滨、韩东晖《论知识的规范性困境及其出路》，《哲学动态》2019年第11期。
③ 田海滨、韩东晖：《论知识的规范性困境及其出路》，《哲学动态》2019年第11期。
④ 田海滨、韩东晖：《论知识的规范性困境及其出路》，《哲学动态》2019年第11期。

第十三章　朱子美学与知识迭代

朱熹山水美学实际就是人对风景感受的一种确证。当然这有别于蒯因将知识视为一种彻底的个人经验。[①]

在蒯因（Quine, Willard Van Orman）看来，知识不过是作为主体的人对三维外部世界及其历史的描述性输出。这种理解颇近似于《诗经》中赋、比、兴中对"赋"的理解。如果我们以这种角度来诠释朱熹的山水美学，或者认为朱熹山水美学的解释力仅在于此，那么它又回归到传统的旧知识体系之中，即可测量、可验证的物理知识。这显然不能被朱熹所接受。

朱熹的山水美学所提出的解释力的侧重点，不在"赋"上，而在于"兴"。[②] 就是说，他的山水美学是由"兴"而被凸显出来。这是朱熹审美教育的一个关键起点，即"兴于诗，立于礼，成于乐"（《论语·泰伯》）和游于艺。潘立勇指出：

> 朱子理学美学审美教育也有一套独特的方法论，其审美教育的内容和途径，也即化育之道主要是继承儒家美育的基本命题，即"兴于诗、立于礼、成于乐"与"游于艺"，另外还特别重视"山水之教"；其审美教育的方式和情态，也即化育之方则主要表现为"学"、"践"、"养"、"化"等几个基本的范畴。[③]

这里，潘立勇基本指明了朱熹的山水美学作为一种知识所侧重的方面及起到的作用。这种知识侧重于对后学"兴"观念的启发，而对"赋"的作用存而不论。因此，他既不同于蒯因的自然反映论式的知识构建，也不同于巫术或顿悟式的心理感应。它的好处在于基于自然山水之中，却又不以山水为缚。它的产生以物质存在为前提，却又超越了牛顿式的时空限制，逃离可被测量知识被人工智能取代进而被消失的命运。可以说，朱熹的山水美学开启了知识的另一个维度，而这种知识并非人为地在原有知识

---

① WR. V. Quine, *Ontological Relativity and Other Essays*, Columbia University Press, 1969, pp. 409–410.
② 陈永宝：《从朱利安的功效论谈朱熹的"兴"观念》，《哲学与文化》2020年第9期。
③ 潘立勇：《朱子理学美学》，东方出版社1999年版，第495页。

基础上的创造，而是对已有知识的一种回归。即通过返回到量化知识起点之前的世界中，重新寻找解决量化知识消逝的方法和途径。

小　结

以往的真理都是透过"理性的薄膜"来得以呈现，人们也习惯用"理性的薄膜"来加以验证。这种由"理性的薄膜"构成的知识体系，在后真理时代慢慢成为思考的阻碍。也就是说，这个理性薄膜下透露出来的真理，是否是真理的全部？这种需要被理性验证的真理，是不是被需要的真理？这后一句话可以简说为：通过理性的逻辑推导而得出的结论，是否还依然有效？同时这个有效，是在局部有效，还是整体且恒长有效？

例如说，理性的推理能否帮助人们确定爱情的成功？如果可以，那么这种概率与心理是否可以计算，可以重复验证？

有一点需要说明的是，朱熹的山水美学知识并不是科学知识的替代，不是"消灭了"科学知识而产生的一种新知识。山水美学知识是科学知识的一种填补，是对以往知识体系中被忽略部分的一个补充。后真理时代的知识要避免的"非此即彼"知识构成框架。它不注重对现有知识的否定与批判，而注重对现有知识的补充与发展。

因此，人们从朱熹的理论中发掘出山水美学，也意在于此。科学知识的时效性与可验证性，代表社会发展前进的动力；而山水美学知识的融合性与协同性，代表着社会发展稳定的平衡阀。而当代的科学发展在某种程度上已经出现了问题，这让后真理时代的出现成为不可避免的现象。在这种背景下，当代学者采用朱熹山水美学等知识对科学进行补充和钳制，也就是时代所必需了。

第十四章　朱子美学与风景美学

COVID-19 疫情对人的日常生活的影响极大。在这众多影响的因素中，人与人的隔绝可能是较为严重的一个。人作为一种现实关系的存在，需要通过临场感与整体感的获得来促进彼此之间的交流。这种临场并非以互联网为中介的电脑、手机式交流，而应该是"风景式的直面"。这种"风景式的直面"实际上就是人对世界一种美学式的真实整体体验。这个体验即包含五官觉等真实存在，又暗含着一种没有选择、难留偏见的"整体式"迎接，使人感受到真实而非简单的屏幕视觉的冲击。可以说，疫情中的无奈使我们将对世界的理解由多维简化为一维，而这一维的"枯燥"也导致了我们对美学世界的追求和对现实世界的省思。基于此，发掘人们在真实世界中风景式的美观（或山水美学式的体验），便成为我们对疫情环境下探索人们情感的一个有效途径。

针对 2020 年春节前后的 COVID-19 疫情，阻断传播途径成为中国给出的最为有效的解决方式。这种以隔离在家、在村、在乡、在城等形式的执行模式，导致了传统的人与人之间的诸多沟通关系被"切断"[①]。由于人数众多，多种社会问题、经济问题和心理问题得以凸显。不同于中国古代历史中出现的疫情，此次疫情显然未造成大面积的人员在生活上的难以为继，但由于隔离而出现的心理问题和"闯关"等现象使得我们开始思考封闭空间给人们带来的影响。于是，一个未曾被我们关注的问题便随之而来：人们在未遇到死亡威胁、不缺少生活必需品、并拥有一定的媒体娱乐的前

---

① 当然也存着一定的人与人之间的关系被弥补，如家庭成员之间。

提下，为什么还是忍受不了这种被隔离的状态？这确实是一个值得被注意的现象。于是，对于这个问题的讨论便让我们重新思考人与世界之间的另一种"日用而不知"的美学体验，即风景美学的不可缺失及人们对风景美学的追求不能被忽略。实际上，这种情感并非疫情存在期间独有的，我们在日常生活中也有类似的情感，只不过经过疫情的放大作用，这种现象成了不可被忽视的一个方面。

同时，这个方面也反映出一个长期被现代化印记掩盖的人的美学问题，即人的美学追求对人本身而言的意义问题。因此，在这个背景下，本章试图采用朱利安的山水美学思想对这个现象进行剖析，并试图找出一个可借鉴的方案。

第一节 疫情困惑与风景缺失

格林（Green M.C.）等人的研究指出："临场感是指一种沉浸在媒体中的感觉，并且是用户的一种心理状态，通过临场感用户认为虚拟现实环境中的体验是真实存在的。"[1] 这种临场感在一定程度上构成一种独特的时空。斯卡德伯格（Skadberg Y.X.）等人的研究进一步说明："临产感分为空间临场感和社会临场感，空间临场感反映使用者仿佛置身于虚拟空间中的感觉，社会临场感反映'与他人共在'的感受。"[2] 以上两则界定是学者针对虚拟现实环境给出的一个基本研究结论，说明了通过技术发展而达到的虚拟现实的当代作用。

一个值得注意的问题是，为什么"虚拟环境"会受到如此欢迎，王铎等人指出："实验结果表明，用户在虚拟现实环境下进行信息接收行为所感

---

[1] Green M. C., Brock T. C., *In the Mind's Eye*: *Transportation-Imagery Model of Narrative Persuasion*, *Narrative Impact*: *Socialand Cognitive Foundations*, NJ, US: Lawrence Erlbaum Associates Publishers, 2002, pp. 315-341. 转引自王铎等《虚拟现实环境下用户信息接受行为临场感研究》,《现代情报》2020年第2期。

[2] Skadberg Y. X., Kimmel J. R., "Visitors' Flow Experience While Browsing a Web Site: Its Measurement Contributing Factors and Consequences", *Computers in Human Behavior*, 2004, 20 (3), pp. 403-422. 转引自王铎等《虚拟现实环境下用户信息接受行为临场感研究》,《现代情报》2020年第2期。

第十四章 朱子美学与风景美学

受到的临场感高于通过传统媒介的信息接受行为。"[①] 这种判准有一定的合理性。虚拟现实技术（VR）通过光影声电等强刺激，确实给"使用者"带来一种独特的感受。但这种判准同时也存在着一定的局限性，即它的信息传输如此高效，是因为它的使用范围是在以城市单色调为主体的生存环境中。也就是说，如果在田野、山川等真实的大自然的风景中，这种虚拟现实的呈现可能会出现逊色的一面。

这个方面的主要原因来源于自然风景对人视觉、听觉、味觉、身体觉的一种多方面刺激，而不是虚拟环境中只是对视觉的冲击。即使虚拟环境达到了近似真实的视觉体验，依然会在自然的风景面前处于下风。这是因为，人天生就具有对风景美的追求。这种风景，相对于虚拟现实技术给人的感觉既不是强烈的刺激，也不是"强硬"的施行信息的传输。它的刺激感不强也不弱，处在一种刚刚好的和合之中。在这种风景中，由于信息不再是"霸道式的侵入"，新的信息便由感受者本人自发生出，这就是山水美学中的体悟。

于是，我们借助"临场感"进而来说明一个问题，疫情期间人与人之间的临场感的缺失，导致了人与人关系的断裂或变相阻碍。虽然网络技术在一定程度上达到了虚拟现实的效果，但缺乏真实的临场情景，也是导致疫情期间人们出现不舒适感及破坏规则的实际原因。因此，临场感的存在便可能成为我们揭示这些问题的一个点，但仅以上面的界定并不能完全说明问题，我们需要对它进行再次改造，即临场感是指一种沉浸在现实环境中的感觉，是人的一种独特的美学体验，通过临场感人们感受到在现实环境中被隐藏的真实存在的体验。于是，到这里，我们便将临场感与风景思想联结在了一起。

米切尔指出，风景是一种媒介，是人与自然、自我和他者之间交换的媒介。它是一种社会秘文，通过自然化其习俗和习俗化其自然，它隐匿了实际的价值基础；它是以文化为媒介的自然景色，存在于所有的文化中。[②] 也就是说，疫情期间人们除生存危机外的各种不适感的源头，应该是这种

---

① 王铎等：《虚拟现实环境下用户信息接受行为临场感研究》，《现代情报》2020 年第 2 期。
② ［美］米切尔：《风景与权力》，杨丽、万信琼译，译林出版社 2014 年版，第 5 页。

风景美景的缺失。这种风景,可能是亲人相聚时的一个片段,可能是久别故居时的一阵沉思,或者是大自然中的一种凝视。总而言之,人的信息不再是外界强烈的输入,而是自我的内发性生成。这种外界的输入与内在的生成构成了人在当下世界的平衡,进而让人感到心情畅通。这正如古老的中医学所言:痛则不通,通则不痛。因此,疫情之间的不适感,多是这种平衡被阻断,风景式的体验无法再现而呈现出来的社会反应。

风景的媒介开通了人与世界显与隐的特殊通道。它像呼吸一样,平时存而不显,但一旦遇到特殊的情况,它的重要性便凸显出来。朱利安在诠释中国的圣人文化时曾指出:

> 圣人的话不言自明,意思平淡,但同时,它也有隐藏着的资源(fonds):统一便是资源的源泉——圣人一开始也无二话——,而且在不断地贯穿着资源。[1]

这里的显—隐道出了中国文化传统中一个基本的原始因素,即阴阳观。在这种古老的思维作用下,人对世界的参与总是用对立之间的过渡来完成其中庸之道。也就是说朱利安所说的"'显'与'隐'这两个对立的极端之间不间断的过渡"[2]。这也道出了中国智慧文化里的一个简单特征,即注重两极之间的中道。这种思想被近现代的风景论学者所重视而被呈现出来。

宋明理学的体系中,这一套处世逻辑被清晰地表达出来。无论是周敦颐的太极与诚敬,还是张载的太和与太虚,或者二程与朱熹所提出的理—气,均点明了这种显—隐逻辑的二元相生相合。这种显—隐不是简单西方哲学中"形而上"与"形而下"含义中的两极,而是体现于形而下层面的存有。如朱熹虽然说,"理未尝离乎气,然理形而上者,气形而下者"[3],却又道出"天下未有无理之气,亦未有无气之理"[4]。我们从这两段话中可以

---

[1] [法]于连:《圣人无意:或哲学的他者》,闫素伟译,商务印书馆2019年版,第47页。
[2] [法]于连:《圣人无意:或哲学的他者》,闫素伟译,商务印书馆2019年版,第49页。
[3] 黎靖德编:《朱子语类》,中华书局1994年版,第3页。
[4] 黎靖德编:《朱子语类》,中华书局1994年版,第2页。

看到在朱熹的阐述中，理—气同位存在但处于不同样态的关系。也就是说，理为隐，气为显。以气以"显"来追溯到理之"隐"，以理之"隐"来约束气之"显"。也就是朱熹所言的"理无形，气便粗，有渣滓"①。

宋明理学的这种现象在其山水（风景）美学的领域被诠释得更加清晰。对两宋的画作而言，"显处"的线条和形构不是画作的真实意图，"隐处"的留白和"道思想"才可能成为画作的目标。朱利安指出：

> （宋代画作）画面上的虚空显然被理解为笔触留下的空白，……画笔的飞动在笔触上留下"飞白"，它使形象摆脱其重力，并使其得以从一边到另一边贯穿性地展开内在能量。……倘若"画树，四围满"，则"虽好只一面"；倘若"画树，虚实之"，则"四面有形势"。②

这种显—隐在两宋的云烟类画作上体现得更加明显。

> 云烟的虚空便不仅仅是形状消失不见的、不甚清晰的远方，而是同样浸透种种形式的内部，打开它们，稀释它们，释放它们，并使它们含糊不清；模糊效果并不局限于视野的远处，它也在诸事物最深处进行着疏空（évidement）的工作，目的是释放出事物的喘息能力。③

于是，我们借助两宋画作及朱利安的诠释，似乎明白了风景这个媒介的作用，是达到显与隐之间的沟通。这种沟通，像风一样，在人们的日常生活中起着作用。无风的生存也是可以存在下去的，但有风的存在会让生活更加美好。于是，我们似乎已经接近了解开疫情不舒适原因的开门钥匙，即人与人之间缺少了一个切实感觉的"风"，它使人的自我与世界彼此阻

---

① 黎靖德编：《朱子语类》，中华书局1994年版，第3页。
② ［法］朱利安：《大象无形：或论绘画之非客体》，张颖译，河南大学出版社2017年版，第166—167页。
③ ［法］朱利安：《大象无形：或论绘画之非客体》，张颖译，河南大学出版社2017年版，第167—168页。

隔，要么在电子产品强信息的入侵下陷入一种无我存在的麻木状态，要么是在无真实世界作用下自我的对外释放。当人与世界缺少风景的疏通而被阻隔，人在真实世界中的无意义感和自我麻木，就会导致各种不寻常现象的产生。

第二节　风景的整体感

　　风景不是片面的追述，不是对某一个领域深入的挖掘。相反，风景是一种现实的人以直面的方式，与世界迎合时所产生的情感。这个情感是人真实的世界的存在，它不同于梦境，也不同于逻辑上的构思和推论。它就是对眼前、耳前、身前等所有在场世界的一个整体反映。它不局限于某一个细节，也不关注于某一种颜色、某一种气味、某一种感觉，而是将所有都当成对象来反映，或沉思。在某一程度上，风景就像"风"一样迎面袭来，没有选择，全都给你。人也正是在这种境域下，感受到风景的真实，而不是画面刺激，或者是抽象的逻各斯。

　　正因为如此，疫情的威胁打断了风景的整体性存在，将我们的生活推向某一个方面上加以发展。于是，在整体性消逝的前提下将我们变成家庭里的厨师，或成为网络上的直播客，或成为闭门写作的学者，而不再是一个整体的人。于是，片面的过度放大造成了现实人的整体不和谐性，各种负面情绪便在这种"片面的发展"中以各种方式呈现出来。如闯关、不听从号令等。

　　风景的存在虽不显见，但其背后的隐藏的思维却一直左右着人们的生活。于是，疫情下风景的缺失，确实导致了人对整体自我的留恋和回溯。这种回溯，单纯以网络媒体来弥补是无济于事的。因为网络只提供了信息，而不能提供风景。这就好比网络聚餐和现实聚餐，一定是有不一样的体验。这种不一样的体验不是物质样式的多少（如吃到的菜的种类），而是一种分享式整体的缺失，及这种分享式整体所暗含的其他交流途径（如餐桌下的悄悄话，心爱女人的一个侧脸）的缺失。这些都无法在网络的方式中呈现。因此，网络式的补充看似化解了风景缺失带来的危机，实际上是加重了这种危机的程度。一个常见的当代现象是，个人对手机的依赖导致即使现实的人参与群体性活动，也无法形成一个严密的整体。而人与人的关系构成了人的意义的存在，这便是疫情下凸显出来的现代人交流的两难。

分离式存在或变相分离式存在，伴随着群体性娱乐措施的缺乏导致了人本身意义感的缺失，也是疫情带来的另一个主要问题。存在世界的被分隔虽然可能被物质的替代所暂时缓解，但精神的巨大需求远非电子产品可以完全满足。其中，网络与人工智能的替代虽然在一定程度上改善了封闭环境下人的自我禁锢，但它从实质上难以解决人与人交往真实场境的现实需要。这就如同远方的父母与孩子的视频通话，或是购买一个仿真人做"妻子"，是无法代替真实人的存在。

网络媒体设备虽然可能在一定程度上"满足"了人的精神追求，但因为它过于"听话"，也导致了它造成了一种"坏的"缺失。真实世界的交往是无法预测的，也就是说人无法预测"好"与"坏"或"利"与"弊"。但网络媒体设备或人工智能被设计的初衷便是听从用户的指令，造成它们对使用者百依百顺。没有反向刺激，只有正向激励，反而让它们不像"真人"。由于使用者使用习惯基本恒定，对网络媒体设备和人工智能所发出的指令基本上在一个恒定的范围内，造成它们在给予人回复时变得可"预测"，因此，本有的设计功能逐渐变成"简单和重复"的动作，让使用者感到厌倦，如抖音视频的重复推送。

因此，疫情下网络媒体设备与人工智能的使用，非但没有弥补人在现实生活中的整体感，相反，由于设计本身原有的缺陷和商业上的目的[1]，它更是加剧了人整体世界的缺失。真实世界中，即使现代通信工具发达和城市基础设施便利，依然造成居住在城市中的人普遍出现抑郁、无精打采等心理状况，也是人的整体感缺失的一个表现。

城市经近代西方的洗礼后，已经逐渐演化成一个现代人分离状态的场所。乡村熟人社会的解体与城市陌生人社会的建立，使风景开始远离现实人的真实生活。而风景在人与世界交流的众多媒介中，在整体感的修复上

---

[1] 没有人会设计一个总是违背人意愿的产品，这样它会因不"听话"而失去消费者。

作用较大。因此，对整体感的修复，又我们需要回到风景之中。

风景对人生活世界整体感的弥补是中国古代思想中本有的表达。庄子在《逍遥游》中给出了"以明"的概念，实际上就是一种劝导人们注重整体性的讲法。庄子说：

> 物无非彼，物无非是。自彼则不见，自知则知之。故曰：彼出于是，是亦因彼。彼是方生之说也。虽然，方生方死，方死方生；方可方不可，方不可方可；因是因非，因非因是。是以圣人不由而照之于天，亦因是也。是亦彼也，彼亦是也。彼亦一是非，此亦一是非，果且有彼是乎哉？果且无彼是乎哉？彼是莫得其偶，谓之道枢。枢始得其环中，以应无穷。是亦一无穷，非亦一无穷也。故曰：莫若以明。①

在朱利安看来，"以明"是一种人对世界的理解方式。他说：

> 圣人鼓励人们采取的整体性的看法（"以明"，第63，66，75页）不是神秘主义的看法——不是"神的启示"：圣人不是要我们看到另外一个世界，不是要我们看到其他的东西，也不是要我们以其他的方式看问题；恰恰相反，圣人是要我们看到其他人看到的东西，要我们像其他人一样看。圣人是要我们别只从自己一边，也就是只以单边的方式看问题，而是每次都能够从事物展开的那一面来看待事物。②

整体感是中国古代圣人对真实人行为的一个基本劝导。而圣人自己也以身作则。这里，无论是孔子对弟子"仁"问题的不同回应③，还是老子对

---

① 《南华真经注疏》，郭象注，成玄英疏，曹础基等点校，中华书局1998年版，第34—35页。
② [法]于连：《圣人无意：或哲学的他者》，闫素伟译，商务印书馆2019年版，第132页。引文中页码与本书引用的《南华真经注疏》不同。
③ 子曰："唯仁者能好人，能恶人。"(《论语·里仁》)樊迟问仁，曰："仁者先难而后获，可谓仁矣。"(《论语·雍也》)子曰："知者乐水，仁者乐山；知者动，仁者静；知者乐，仁者寿。"(《论语·雍也》)夫仁者，己欲立而立人，己欲达而达人。能近取譬，可谓仁之方也已。(《论语·雍也》)子曰："巧言令色，鲜矣仁。"(《论语·阳货》)子曰："志士仁人，无求生以害仁，有杀身以成仁。"(《论语·卫灵公》)子曰："博学而笃志，切问而近思；仁在其中矣。"(《论语·子张》)

第十四章　朱子美学与风景美学

"道"的"非常道"的叙述，及庄子劝人清除是非心，都是以一种整体性与世界交互的态度。朱利安说：

> 圣人不会按照个人特有的观点，按照"成心"来看待事物，并由此而分出真伪、好恶，分化存在，甚至让存在自己与自己对立，圣人以因循的方式看待事物——他的看法是和谐（"和"）的，圣人不会按照僵化的方式，局限在自己的立场上看待事物，圣人的看法像枢轴一样转动，以顺应局势，不断地调整自己（"顺"）。因此，圣人的看法不局限于是非分别，而是能够不断地达到事物之"然"，每次都能够从事物之"自然"的角度来看待事物，而不会忽视什么，不会丧失什么。①

近代的风景论与唐宋时期的山水美学，基本继承了圣人整体感的看法。郭熙在《林泉高致》中言：

> 然则林泉之志，烟霞之侣，梦寐在焉，耳目断绝，今得妙手，郁然出之，不下堂筵，坐穷泉壑，猿声鸟啼，依约在耳，山光水色，滉漾夺目，斯岂不快人意，实获我心哉！此世之所以贵夫画山水之本意也。不此之主，而轻心临之，岂不芜杂神观，溷浊清风也哉！

这也是一种追求整体感的表达。实际上，两宋的山水画，基本上也是秉持着以有限包含无限，以整体的姿态把握人生的基本准则。朱熹在自己的山水诗中，就秉持了这一准则，如《秋夕》："秋风桂花发，夕露寒螀吟。岁月坐悠远，江湖亦阻深。纷思宁复整，离忧信难任。终遣谁为侣，独此澹冲襟。"②在这首诗中，朱熹将眼前的一切以整体感的方式加以表达。这似乎构成了中国人面对世界和思考世界的基本模式。因此，整体感的追求及整体感被破坏后的弥补，则成为我们基本的一个生活记忆。

中国传统整体感与现代生活分工思维的结合，构成了当代人们生活的

---

① ［法］于连：《圣人无意：或哲学的他者》，闫素伟译，商务印书馆2019年版，第132—133页。
② 《朱子全书》第20册，上海古籍出版社、安徽教育出版社2010年版，第248页。

朱熹美学研究

一种相互对立的存在。我们在分工思维中取得了巨大的物质利益，生产力的发展带来了丰富的物质世界。与此同时，物质世界的发达也改变精神世界的思维取向，传统的整体感逐渐被忽略甚至被抛弃，单向度的追求被时代赋予了正向的价值。在追求"越快、越高、越好"等"越……"的单向度追求中，我们将整体感视为一种久远的生活记忆而将其掩盖。遂在这种背景下，人们对"更……"和"越……"的追求掩盖了人本身的现实存在。于是，将"更……"与"越……"处于一种停滞状态，各种现代性问题便迎面而来。

美食的饱欲无法消除生活的空虚，电子产品的喧嚣及人工设备的引用，并无法填补生活的"分离"状态。于是，生存与生活这两个看似相近的概念，在时代的发展中逐渐渐行渐远，成为需要被关注的方面。整体感成为人生活的主要标准，违背整体感可能就会出现很大的问题。荀子在《解蔽》篇中就评论了春秋战国诸家的道一隅而失全体的问题。

> 墨子蔽于用而不知文，宋子蔽于欲而不知得，慎子蔽于法而不知贤，申子蔽于执而不知知，惠子蔽于辞而不知实，庄子蔽于天而不知人。故由用谓之道尽利矣，由欲谓之道尽嗛矣，由法谓之道尽数矣，由执谓之道尽便矣，由辞谓之道尽论矣。由天谓之道尽因矣。此数具者，皆道之一隅也。夫道者体常而尽变，一隅不足以举之。曲知之人，观于道之一隅而未之能识也，故以为足而饰之，内以自乱，外以惑人，上以蔽下，下以蔽上，此蔽塞之祸也。孔子仁知且不蔽，故学乱术足以为先王者也。①

可见在荀子看来，即使先秦诸家理论精妙，但只是对现实的一个部分所做的考察，这只是生活的一个方面，而非真正的生活。朱利安总结说：

> 所有的人都是对的，只不过从某种观点上来看才是对的。他们谁也没有错，但所有的人都是狭隘的，因为他们没有把"假"当"真"，

---

① 熊公哲：《荀子今注今译》，台北：商务印书馆1990年版，第430—431页。

而是把一个"角落"当成了全部。他们的心每次都只局限于事物的一面,而道在永恒的"中节"里要彻底地表达事物的每一个方面,因为每一个方面都是变的一种可能性("道者,体常而尽变")。因此,这些思想家都只看到事物的一面,所以都不能真正地表现道,也就是不能表现道的充实和完整,每个思想家只满足于"粉饰"他所注重的一面。①

朱利安这里对荀子思想的解读并非完全正确,但他指出了除孔子外的先秦诸家在发展其各自学说中出现的问题,即对整体感的抛弃和对部分的追求。很显然,对整体感的追求是中国思想一贯的思维记忆。即使在中国人因触犯刑法而被执行死刑时,能否保留全尸也被看作量刑轻重的一个环节。

可以说,中国的思维中抱有严密的整体感。在这种整体感的影响下,我们即使只呈现"部分",也要暗含出"整体"的存在。魏晋的山水画作便是这一典型的表现。徐复观说:"画中惟山水义理深远,而意趣无穷。故文人之笔,山水常多。若人物禽虫花草,多出画工,虽至精妙,一览易尽。"②实际上,自魏晋至两宋的山水画之所以多为文人采用,多是因人的思想从局部的复写升华到整体的观照所至。而这一种整体感,便是生命的本真。这正如徐复观评苏轼《筼筜谷偃竹记》时所言的"生命是整体的。能把握到竹的整体,乃能把握到竹的生命"③。因此,整体感是生命存在的基本特征之一。这种特征既包含生命体的整体存在,也包括关系的整体存在。风景(或山水)媒介试图要起的作用就是恢复人在世界存在中的整体感。

第三节 疫情下风景感受的重建

我们所缺少的,不只是对自然的依赖,而是对自我与世界沟通的链

---

① [法]于连:《圣人无意:或哲学的他者》,闫素伟译,商务印书馆2019年版,第106—107页。
② 徐复观:《中国艺术精神》,台北:学生书局1966年版,第228页。
③ 徐复观:《中国艺术精神》,台北:学生书局1966年版,第364页。

接。宋代的园林文化便是这一思想的体现。皇家园林作为风景的一个侧影，映射出皇家对山水的追思。因政治的局限与生活的束缚，皇家选择将风景进行"移植"。这便是北宋徽宗修建艮岳的一个原因。宋徽宗在另一个维度上开启了封闭式环境下人们对风景的获得途径。这个途径可以成为化解疫情的一个有效手段，对于钢筋水泥构成的城市森林，建构属于这个时代的风景体验。

疫情环境之所以使人感到诸多不适其实是一种警告，这是现实的人的生命非完整性的一种预示，正如感冒前的"喷嚏"一样。因此，针对这些不适，我们需要作的不是如何加强阻止的力度（如推行严厉的惩罚措施），而是尽其可能地恢复风景的交往媒介。这种交往媒介带来的临场感和整体感，从某种程度上预示着生命的迹象。

以医院这个封闭性空间为例，被隔离的病人承受的心理压力要远多于被封城隔离的人群，但众多的交流使病人与医护或与其他病人有了临场感和整体感，无形中给病人提供了一种交往的"真实世界"。这可以说是另一种"风景"[①]。因此，病人无论是在心理上还是行动上都会更加配合。这也就是说，风景在封闭环境中确实可以发挥作用，重建了临场感和整体感。

相对于疫情下普通的非患病人群，社区的服务人员在封闭的同时适当建立风景式的存在，也可起到事半功倍的效果。如在封闭的小区内张贴一定数量的风景画，建立一种远距离但可视的临场对话及生活整体感的引导，这远比用一些命令式标语要实用。

疫情为现代人提供了一个生活重构的机会，即对美的重新认识。在分工和陌生人群体共同组成的城市社会中，工作的忙碌掩盖了人们对美学思想的需求。在以货币为核心构建的人与人的关系中，个人世界的分裂不断地向我们发出警告：人不能再以一种单向度的生活状态前进。康德在《论人身上崇高和美的品性》一文中说：

> 在人选良好的社交中谈话有时达到的高尚感受，必须在这期间消

---

① 这里的风景不是严格意义上的自然风景或山水，而是一种风景精神或风景现象。

解为活泼的玩笑，而笑逐颜开的欢乐应当与激动的、严肃的神态形成美的对照，这对照使两类感受无拘无束的交替出现。①

康德在这里为我们指出了现代性危机的一个化解方案：重建美学在当代社会中的作用和价值。也就是说，现实中的（工作的）规则、（行为的）道德、（警惕的）法律，迫使人们的临场感处在一种紧张的状态，也警示着人的整体感存在缺失的风险。这一切，都是人的生命体征中不可缺少的构成。利用风景论中临场感与整体感的重建，恢复人在世界中生命本有的状态，才是化解疫情期间各种不适及冲动行为的一把钥匙。

小　结

风景并不是现实生活的锦上添花，而是现实生活的必需品。风景的缺失虽在短时间内可能无法呈现出过多的表征，但在疫情等突发事情的长期干预下，会以难以预测的方式发生着作用。在一定程度上，风景与食盐、维生素构成了人真实生活的三大要素。只不过后两者的价值集中在物质层面，在科学的经验中已经被证明。风景并非一成不变，它可以以多维度的方式呈现。但自然风景价值与意义是无法被替代的。这种风景直面的缺失直接影响的是精神的健全与完整，影响着人的正常生活与发展。缺乏风景的生活，类似一个被关在笼子里的人，他虽活着，但已经明显不是一个我们理解的真正意义的人的生活。因此，在风景缺失时的风景重建，是当今城市园林艺术的一个起点。这标志着风景的重要性也逐渐被人们所熟知。

---

① 《康德著作全集》第 2 册，李秋零编，中国人民大学出版社 2003 年版，第 212 页。

结语：圣人无意与美学价值

一直以来，我们将哲学与智慧等同，似乎会哲学就相当于有智慧。但是，随着学科分化和学者们研究的精细程度加强，我们发现这种判断显然出现了危机。虽然哲学的英文"philo-sophie"被翻译成"爱智慧"，但"philo-"这个前缀也预示着哲学与智慧注定存在着本质的差别。一般来说，"philo-"只表示哲学的动态的、发展的需求，但是这个显见的翻译背后却隐藏着哲学本有的"欲望"。这就决定了它不可能像智慧一样，是一个没有发展的、没有历史的存在。在这种欲望的促使下，哲学逐渐从智慧的童年出发，被惊奇所吸引，踏上了一条彼此之间相距甚远的"偏见"之路。于是，哲学在这种相互攻击与自我证言中开始迭代，并一步步演化出"哲学的历史"。

与哲学相比，中国智慧更追求一种普遍意义的适用。智慧本身从来不走极端，也不为惊异所吸引，更不会为自己树敌。所以，智慧本身往往追求一种平庸式的稳定。这让它在哲学面前显得过于"陈旧"，甚至有一点"过时"。因此，它常常被一些哲学家戏谑为哲学的童年。在这种看似更为先进的比较思维中，哲学常表现出一种不言于表式的傲慢。这种哲学的傲慢在"欲望"的加持下，与智慧越走越远。于是，"惊奇"引领着哲学的发展越来越精细化。在哲学发展精细化的过程中，它所使用的语言越来越晦涩，所有的表达方式越来越深奥，似乎已经远离了日常的现实世界而进入天国。这种"惊奇"的追求导致了哲学发展呈现出一种不可逆的发展态势，以致哲学开始无法处理现实中那些急需解决的具体问题，一步步沦为专业哲学家把玩的玩具。于是，当哲学无法解决问题时，就又将问题抛回给智慧，这就形成了现代西方哲学发展中的危机。

西方汉学家们发现了这种危机，他们就试图通过对中国思想的挖掘，来匡正渐行渐偏的哲学之路。朱利安正是在这一思考的过程中，构建了他以中国智慧即"圣人无意"为核心的美学体系。

一　哲学与智慧

"圣人无意"[①]是朱利安对中国智慧的判定。关于圣人无意的讨论，他首先从"无意"入手，用此为基点来探讨智慧与哲学的不同。朱利安说："所谓'无意'，是指圣人不会从很多观念中单独提取一个：圣人的头脑中不会先有一个观念（'意'）[②]，作为原则，作为基础，或者简单说就是作为开始，然后再由此而演绎，或至少是展开他的思想。"[③]他的这种诠释点出了宋明以来理学家关于传统圣人的一个主要看法，这便是"圣人不持有任何观念，不为任何观念所局囿"，于是，这构成了两宋以来儒者关于智慧的主要图像。在朱熹看来，以"四书"为伦理学架构固然是传统圣人应有的品质，但"从心所欲不逾矩"才是传统圣人拥有的主要品质。于是，从伦理学的"矩"中衬托出"从心所欲"的情，才是他们追求的天理之道。朱熹的人欲思想对抗的不是天理的本然，而是防止"情"的过度而产生的灾难。而这种思想在"文从道出"的美学表达中，被朱熹清晰地展示了出来。

朱熹的思想是不能完全以哲学思想来禁锢的。什么是哲学思想？朱利

[①] 圣人无意是法国哲学家、思想家朱利安（François Jullien）于法国巴黎 Editions du Seuil 出版的 *Un sage est sans idée ou l'autre de la philosophie* 一书的中译本的书名。在该书中，朱利安从智慧与哲学相对比的方法出发来分析中西思想的不同取向，对融汇中西思想起到了一定的作用。*Un sage est sans idée ou l'autre de la philosophie* 中文译本与朱利安近年来推出的《势：中国的效力观》（*La propension des choses, 1992*）、《迂回与进入》（*Le Détour et l'accès, 1995*）、《功效论：在中国与西方思维之间》（*Traité de l'efficacité, 1997*）、《大象无形：或论绘画之非客体》（*La grande image n'a pas de forme: ou du non-objet par la peinture, 2003*）、《间距与之间：论中国与欧洲思想之间的哲学策略》（*L'écart et l'entre D'une stratégie philosophique, entre pensée chinoise et européenne, 2012*）、《山水之间：生活与理性的未思》（*Viver de paysage ou L'impense de la Raison, 2014*）构成了一个完整的研究体系。而圣人无意则处于朱利安研究的中间阶段，在他的理论中具有承上启下的作用。

[②] 朱利安以法文 idée 一词来翻译"意"这个概念。

[③] ［法］于连：《圣人无意：或哲学的他者》，闫素伟译，商务印书馆 2019 年版，第 7 页。

朱熹美学研究

安说:"哲学的历史就是从提出一个观念开始的,就是不断地提出观念。哲学把一开始提出的观念当成原则,其他的观念都是由此产生的,思想由此而组织成了体系。这个首先提出的观念成了思想的突破点,有人为它辩护,也有人驳斥它。从提出的这一偏见开始,可以形成一种学说,可以组成一个学派,一场无休止的争论也就由此而开始了。"①哲学进而建立了以观念为主体的体系。在朱利安看来,哲学的原文"philosophy"虽是"爱智慧",但它可能过度注重对"爱……"的倾斜而形成了一种非智慧的偏见。在这个视角下,将朱子理学简单定义为哲学,可能确实存在着问题。哲学的偏见是西方哲学产生、发展和消亡的重要原因。树立一个概念体系,并对它做合理性与合法性的逻辑证明,这种看似接近真理的研究方式似乎因为前提的不稳固而时常出现问题。这就如同数学理论中的公理,它的真理性是因为归纳的过程中从未遇到反例,固真理存在。如"三角形的内角和等于180度"。于是,我们通过这条公理推导出定理:三角形的外角和等于360度。这个证明在逻辑上是没有任何问题的。但是,如果有人发现,在球面上的三角形的内角和不等于180度,那么,下面的定理推论逻辑再完美,也会跟着一起出错。而哲学的前提预设也同样面临着这个问题。

这种以偏见为研究路径的哲学研究方式,最终也因为偏见而被另一种哲学思维所取代。于是,哲学就被迫有了它的历史。

> 哲学从一开始就陷入了偏见,此后便再也无法完全地从中摆脱出来,再也无法克服因一开始提出的观念而养成的习惯,再也无法抚平因此而已经揉成的折皱。因此,由于从一开始就犯了错误,而且是无法消除的错误,所以,为了超越这一错误,哲学便不得不一直向前,不得不以其他的方式思想。哲学的历史就是由此而产生的,或者说,正因为如此,哲学才有了历史,正因为如此,哲学本身就是一部它自己的历史。②

---

① [法]于连:《圣人无意:或哲学的他者》,闫素伟译,商务印书馆2019年版,第9页。
② [法]于连:《圣人无意:或哲学的他者》,闫素伟译,商务印书馆2019年版,第12页。

结语：圣人无意与美学价值

哲学的历史性要求它不断地被挖掘、追寻、超越，因此哲学的理论也需要不断地被革新，不断地被更改。①在朱利安看来，这种哲学就像一个由欲望主导的猜谜游戏。

世界被当成是一个谜，而哲学所面对的，是我们的欲望，因为哲学要不断地提出更高的挑战，才能回应世界向它提出的挑战。哲学代表了冒险的欲望（为寻求真理而冒险），哲学喜欢危险（喜欢提出假设）。②

而代表智慧的圣人并不喜欢这种"游戏"。他们没有被欲望所束缚，甚至他们不会因什么所谓的新想法而感到惊奇。中国的圣人坚持仁、义、礼、智、信，特别是两宋理学，将圣人的诚信提高到绝对的理论高度。因此，智慧与西方哲学主张的思辨的怀疑理论格格不入。缺少了这种怀疑，也就构不成西方哲学关于哲学所谓的思辨性特征，也难怪中国学界认为中国古代就没有哲学。这种说法如果进一步澄清就变成了：中国古代思想中没有"偏见式的哲学"。这基本上也就回答了学者关于中国哲学合理性与合法性的争论。

事实上，"中国的思想家没有致力于破解谜团，而是要人们阐释显而易见的事实，要人们'悟'，也就是努力地意识显而易见的事实"③。中国智慧追求的是以平易的心态解决人们的现实问题。它的平易让人看不到它的精彩。

相比哲学来看，"智慧是没有历史的，从某种意义上说也不会有惊人之处，不会有可以让话语得到系泊的突出之点，不会有值得让人特别关注的东西"④。它相对平庸。"没有历史，首先就意味着智慧不是历史地形成的：圣人什么也不提出，所以别人就没有办法反驳他。智慧本身就是无可争辩的，因此，也就不要期待会有人对此提出异议，不要希望它会有将

---

① ［法］于连:《圣人无意：或哲学的他者》，闫素伟译，商务印书馆2019年版，第13页。
② ［法］于连:《圣人无意：或哲学的他者》，闫素伟译，商务印书馆2019年版，第13页。
③ ［法］于连:《圣人无意：或哲学的他者》，闫素伟译，商务印书馆2019年版，第13—14页。
④ ［法］于连:《圣人无意：或哲学的他者》，闫素伟译，商务印书馆2019年版，第13页。

来。智慧也就成了思想当中反历史的部分。"① 对智慧历史性的抛弃，无疑就是抛弃了捆绑在智慧上不应该存在的束缚。圣人智慧正因为不被历史拘囿，它才能跨越时空，成了千年以来指导人们生活的不变的宝藏。

智慧的"平庸"和不易清晰表达，不代表智慧的无用，它是一种润物细无声式的品位。圣人无差别地对待世界，消除了自我本身带来的"优先观念"。孔子说："子绝四：毋意，毋必，毋固，毋我。"（《论语·子罕》）张载说："四者有一焉，则与天地不相似。"② 因此，智慧是一种去除自我偏私的世界观。但这种"去除"带来的副效应就是智慧演化成为"一种平淡无奇的思想，（甚至）就是思想的残余（老生常谈），停滞不前，根本就不能像观念那样产生诱人的飞越"③。"哲学选择了一直向前走"④，它的发展携带着偏见风险，但这反而成为它的亮点。哲学因为有历史而受人关注，智慧则因无历史而变得"软绵绵的，没有棱角，迟钝的，温吞吞的"⑤。在各自的发展过程中，哲学显然比智慧更前进了一步。

但智慧与哲学并非简单为二，它们的相互关系是一种混沌状态。有一种常见的说法是："智慧是理想，对此，哲学怀着令人尊敬的腼腆，只能敬而远之。"⑥ 这是一种以"自谦"为形式的对智慧的鄙弃。在很多人看来，智慧是思想的童年。它有一定的存在意义，但有一点"过时"的味道。智慧只有在哲学无法解释的时候，才出来化解一下危机。对于哲学来说，它更偏爱那些高大上的逻辑思辨，新潮的思想火花，而将那些"自己不愿意扮演的角色（庸俗的角色）转嫁给智慧"⑦。从某种意义上说，智慧成为哲学从宗教独立出来后另一个新的依靠。

智慧与哲学融合的一个点便是对"中"的关注，这种行为指出了两者存在的差距，也引出了二者的共同性。在作为初始阶段的亚里士多德的理

---

① ［法］于连：《圣人无意：或哲学的他者》，闫素伟译，商务印书馆 2019 年版，第 12—13 页。
② 朱熹：《四书章句集注》，中华书局 2011 年版，第 105 页。
③ ［法］于连：《圣人无意：或哲学的他者》，闫素伟译，商务印书馆 2019 年版，第 23 页。
④ ［法］于连：《圣人无意：或哲学的他者》，闫素伟译，商务印书馆 2019 年版，第 13 页。
⑤ ［法］于连：《圣人无意：或哲学的他者》，闫素伟译，商务印书馆 2019 年版，第 23 页。
⑥ ［法］于连：《圣人无意：或哲学的他者》，闫素伟译，商务印书馆 2019 年版，第 23 页。
⑦ ［法］于连：《圣人无意：或哲学的他者》，闫素伟译，商务印书馆 2019 年版，第 24 页。

论中,"哲学把'中'当成了理想"①,这构成了西方伦理哲学的一个前提基础。在孔子的理论中,"'中'的思想正是游刃于极端之间的思想,是在两极之间变化,因为它不会采取任何带有偏见的观点,不会将自己禁锢在任何观念当中"②。这是它们的同。但是,古希腊对"中"在哲学思维的推动下被逼迫向清晰化转向,最后"中"变成了"折中",哲学的"中"逐渐有了立场的存在,如亚里士多德指出的数学的"中"、关系的适当和理学的善。而中国智慧的"中"没有立场,类似于"虚"。朱利安解释说:"所谓虚,就是指我们的意向是自由的,未定的('其意无所制也')。"③这里,朱利安通过"中"引出智慧中的美学色彩。在他的引导下,我们发现了中国思想中关于风景论(或山水美学)的两个核心观念,即"显"和"隐"。

二 显、隐的智慧特征

显(étalé)与隐(caché)是朱利安理解中国智慧理论的一个核心点。在他早年出版的《势》(1992)、《迂回与进入》(1995)、《功效论》(1997)等书中就已经有了这对范畴的雏形。如《迂回与进入》中的潜在性(potentialité)④和隐喻(Allusive)⑤,他在该书中将显、隐范畴明确地提了出来,并作为讨论中国智慧的基础。如《大象无形》(2003)中的"虚"与"实",《间距与之间》(2012)中的"间距"(écart)与"之间"(entre)⑥,《山水之间》(2014)中的外在(extériorité)与内在(intériorité)⑦。同时,显—隐也构成了朱利安从理解中国政治思想到理解中国美学思想的过渡的中介。

朱利安的显—隐观取自朱熹《四书章句集注》中《中庸》第一章的

---

① [法]于连:《圣人无意:或哲学的他者》,闫素伟译,商务印书馆2019年版,第25页。
② [法]于连:《圣人无意:或哲学的他者》,闫素伟译,商务印书馆2019年版,第26页。
③ [法]于连:《圣人无意:或哲学的他者》,闫素伟译,商务印书馆2019年版,第33页。
④ [法]于连:《势:中国的效力观》,卓立译,北京大学出版社2009年版,引言第5页。
⑤ François Jullien, *Detour and Access, Strategies of Meaning in China and Greece*, trans. by Sophle Hawkes(New York: Urzone, Inc. 2000), p.355.
⑥ [法]朱利安:《间距与之间:论中国与欧洲思想之间的哲学策略》,卓立、林志明译,台北:五南出版公司2013年版,第1页。
⑦ [法]朱利安:《山水之间:生活与理性的未思》,卓立译,华东师范大学出版社2016年版,第54页。

"莫见乎隐,莫显乎微"和第十章的"素隐行怪,后世有述焉,吾弗为之矣"。朱熹说:"素隐行怪,言深求隐僻之理,而过为诡异之行也。然以其足以欺世而盗名,故后世或有称述之者。此知之过而不择乎善,行之过而不用其中,不当强而强者也,圣人岂为之哉!"① 又说:"幽暗之中,细微之事,迹虽未形而几则已动,人虽不知而己独知之,则是天下之事无有著见明显而过于此者。"② 朱熹的思想对朱利安理解中国智慧影响很大。在朱利安看来,显、隐的作用是圣人为人行道的一个标准。我们从朱利安对朱熹思想的发展中,也可以见出显、隐思想构成了朱子理学的一个主要特征。两宋理学的政治实践与教育发展,都比较重视显、隐观念。

两宋理学家构建的圣人气象实际上就是在通过显、隐的方式构建一个以无形之道塑造有形之教的工夫路径。在这个模式下,中国智慧被揭示出来。朱利安对《中庸》显、隐观的引用源于两个目的:一是表明中国智慧的思想根源来自《易经》中的阴阳之道;二是指出哲学的发展过于在乎本体的论证和观念体系的堆砌。可以说,圣人与哲学家的一个显的区别就是对"隐"的态度。他的这种理解有明显的宋明理学家的印记。

朱利安此处讨论的显、隐思想也成为他讨论风景问题、山水问题及其他美学问题的基础。在他看来,智慧最大的好处就在于"'显'到了'隐'的程度"("étalé au point d'être cachè"),这成为"道"存在的"间距"与"之间"。朱利安认为,正因为智慧存在着玄妙而隐,我们才"用不着挖空心思去寻找秘密,到别的地方去搜寻'隐','隐'就在'显'中"③。

通过显、隐,朱利安指出智慧具有非客体性的特征。这与主张本体和主客二分的哲学模式完全不同。"在智慧看来,意识也是一种活动。……意识即不构成'客体',也不以观念的形式出现。"④ 智慧重视的不是哲学思想的"这",它不需要提前预设一个根基,也不是概念的堆积。智慧着重于中文中的"之",这个虚词既不是指示代词,也不是重复代词。但有了它的存在,"动词的宾语便是不确定的,或者更准确地说,为了不局囿于

---

① 朱熹:《四书章句集注》,中华书局 2011 年版,第 23 页。
② 朱熹:《四书章句集注》,中华书局 2011 年版,第 20 页。
③ [法]于连:《圣人无意:或哲学的他者》,闫素伟译,商务印书馆 2019 年版,第 55 页。
④ [法]于连:《圣人无意:或哲学的他者》,闫素伟译,商务印书馆 2019 年版,第 63 页。

物体的概念，我们可以说这时候动词表示的动作指向了不确定的事物"①。也就是说，智慧要做的就是"突破"观念、概念、体系等语言的限制，直面真实的世界。圣人不将话说得僵化，目的在于保留空间。这种"保留"不是任何神秘主义的"悟"和诡辩论者口中的"模棱两可"，而是保留一定的间距，使思想在"之间"之内存在。前者便是朱利安在《间距与之间》中提到的差异（différence）思维方式。②很显然，在朱利安的理论中，这是哲学的典型特征，也是他一直在警惕的方面。

至此，朱利安将智慧与哲学完全区分开来。这样做并非要否定哲学存在的价值，也并非要认同智慧优于哲学，而是意在打开另一条思想的探索通道。

三 朱熹美学与中国智慧

以朱子理学为伦理学研究范式实际上就是将朱子学放置在哲学的发展之路上。于是，我们对待朱子学也在不停的攻击与证成中演化出一条"非此即彼"的研究路径。在这种研究路径下，我们将目光从朱子学的整体面向上抽离，而集中于哲学式的思辨（如"理先气后"的界定标准、"已发未发"的哲学进路），抑或是集中于比较式的互相绞杀，如王阳明的《朱子晚年定论》是否为真，戴震批评朱子理学以理杀人的判断是否合理等。我们慢慢地被卷到哲学固有的旋涡之中，而将智慧放置在一旁。因为，用智慧的视角来看朱子理学，总是会让人产生一种"膜拜"的姿态，这让研究者看不到"惊奇"带来的欲望满足的喜悦。相比于哲学带来的新观点，智慧总是过于保守，以至于朱子理学正在被学者推动着一步一步地开始哲学化。而这个"化"的过程在近些年有愈演愈烈的趋势。

这种哲学化的趋势主要体现在朱子理学的义理化研究取向，这种义理化研究接近于伦理学，又不完全等同于伦理学。因为伦理学本身是一种围绕实用而产生（或发展）的学问，它由于偏于"实用"而往往显得不那么

---

① ［法］于连：《圣人无意：或哲学的他者》，闫素伟译，商务印书馆2019年版，第63—64页。
② ［法］朱利安：《间距与之间：论中国与欧洲思想之间的哲学策略》，卓立、林志明译，台北：五南出版公司2013年版，第33页。

"高端",也没有那么新奇。诸如何怀宏《伦理学是什么?》这样的伦理学研究就是一个典型。当然,关于伦理学还有一种"伪伦理学"范式的研究,那就是研究者所采取的研究主题是伦理的概念(如德性、美德),但是他们做的研究则是文字和语义的诠释学研究(如 viture 的汉译到底是"德性"还是"德行"①)。因此,义理学研究在某种程度上看不起这种伦理学研究,认为它们缺少"哲学的味道"而引不起他们研究的兴趣。

现代义理性研究自然以牟宗三先生为代表。牟先生的生前所愿就是利用康德的理性来为中国思想重塑金身,完成中国思想的哲学化。于是,无论是关于《心体与性体》的二元本体架构,还是"德福一致"的伦理学探求,他都将"哲学的味道"深深地植根于中国思想之中,使中国智慧以哲学的方式"开始吸引人",成为众多学者趋之若鹜的"惊奇学问"。牟先生可能不会想到,他的伟大贡献可能正是肢解中国智慧的开始,他的这种做法让曾经受学于他的法国汉学家朱利安也无法真心接受。这或许就是牟先生"只缘身在此山中"的认识局限与风险。

由于哲学化趋势的影响,部分学者对海外汉学的质疑声不绝于耳。他们一些人认为:"海外研究汉学的这群老外们,他们真的懂我们的'语言和文字'吗?"这个问题的提出其实就标志着他们目前已经被诠释学的蜂蜜所吸引了,于是他们放弃了或抵触海外汉学的研究,以"天朝臣子自居"的方式来进行精细化的哲学研究,企图用另一种"老外们"的理论来反驳"海外研究汉学的这群老外们"的研究。于是,关于朱子理学的研究就逐渐走上了越发让人难懂的"惊奇"之路,而它本有的智慧层面由于平凡无奇,被深埋在历史的图书馆里。

朱子理学的智慧视角到底是一个什么样子?这其实是一个难以回答的问题。因为智慧本来就没有样子,于是它无法构成研究的具体图像。智慧表现的方式常常是以"显"见"隐",它通过剥离"显"的表象而看到"隐"的本质。所以,它不可见,只能"悟"。可是也正是因为这"悟",让智慧看不到与其他存在的具体关联,构不成可检证的因果联系。因此,

---

① 陈永宝:《从"Virtue"的中译本看亚里士多德与朱熹思想的融通》,《邵阳学院学报》(社会科学版)2019 年第 3 期。

它要么被判定为"玄学",要么被排除在知识之外。但是,研究者多少是知道智慧存在的,因此他们才会戏谑地将智慧认定为哲学的童年。

那么,这种不可"显"的智慧要想被研究者认识,我们就必须想办法将它"显"出来。就如同水没有形状,但我们可以把它放在有刻度的烧杯中,水的"体积"就被"显"了出来。那么,对于朱子理学来说,可以显示它智慧的"烧杯"是什么呢?或许,我们可以从他的山水美学中看到一些蛛丝马迹。

"文从道出"是朱子理学一直坚持的美学理论。"文从道出"强调以"文"见"形",以"道"为"隐"。宋明理学家通过圣人故事构建的多种圣人图像,其最直接的目的就是以"事"见"道"。而朱熹更是这众多理学家中的翘楚。在朱熹看来,二程及其门人在践行儒学传承的过程中,立图构建完美的圣人图像以达约束君心、共商国是的目的。但是这种"完美的圣人图像"为了不落入俗套,他们就必须借助于佛教禅宗的理论来达到"尽心知性"。于是,不管二程兄弟本人是否赞成这样做,他们的弟子们多走向了这种能带来"惊奇"的佛禅之路。这其中既包括二程的得意门人杨时、游酢,也包括朱熹的父亲朱松及他最早的授业恩师武夷三先生(刘子翚、刘勉之和胡宪),甚至朱熹早年和中年也曾在这一路径上积极探索。我们可以从朱熹早年的诸多封事中看到关于这个问题的众多证据。

文从道出的真正含义并不是构建完满的圣人图像,而是强调"道"在形之上,却超越形之中的一个智慧追求方法。文从道出的核心不在于"文",而在于"文"之后的"道"。这种"道"不可见,也没能显现,但它又真实存在,左右着我们真实的生活。这种"道"并不是让人"惊奇"的新创见,而是百姓日用而不知的"旧识"。人们最多的感受是"原来如此",而不是惊异地看到了一种通往其他天国的新路。所以,相对于哲学的标新立异来说,这种智慧的探讨确实没有什么吸引人之处。从事这种研究也注定不能从研究中获得什么好处。

如果我们将朱子理学比喻为一本金庸小说中的"武功秘籍",那么哲学的研究范式能让研究者成为少林方丈,而智慧的研究者最多成为那个武功高深的"扫地僧"。无论他的武功再高,能解决多少次少林寺的危机,他也只能是个扫地僧。他被沙弥们鄙夷，看不起，甚至以成为扫地僧为耻。这也就是为什么朱子理学的义理化程度越来越重，而他本有的美学思想慢慢被历史遗忘。因为有时候，"实用"和"利用"是不同的两种研究诉求。

因此，我们在此利用海外汉学研究朱熹的美学思想，不外乎出于两个目的考量：一是摆脱国内积弊已久的哲学化研究取向，以美学的角度去慢慢纠偏。虽然过程依然充满着艰辛与风险，但毕竟找到了智慧回归的开端。二是以智慧的方式来重新理解朱子理学，将它从义理学的研究范式中脱离出来。只有如此，我们才能看清楚朱子理学的全貌。这里，我们既不是要美化朱熹的理论，也不是要贬低朱熹的贡献，而是从整体、系统的研究中找到能启迪现代生活的智慧。而我们之所以要警惕哲学化的研究范式，是因为哲学是生活在历史之中。哲学的这种历史性也决定了哲学面临着随时死亡的可能性。但是，智慧从来就是那个样子，它不在历史之中，也就没有了古今之别。而我们当代的工作，可能需要借助美学的（甚至哲学的）工具，找到本该让我们受用匪浅，却被我们遗忘了的中国古老智慧。如能如愿，也算是研究的工夫有了可见的回报。

朱熹美学的研究复启了一种看到中国古代思想的方法，使我们对美学的研究并不简单停留在艺术学与哲学的研究范式中。我们可能要试图倒退一步，从所有当代研究范式的分歧点向后回归到学科分类之前。也只有这样，我们才能以古人的思维来看待古人，以智慧的方式来理解智慧，而不必完全陷落到"偏见"的学科路径之中。虽然，近代的学科体系有些不言自明的优秀性，但对研究的肢解带来的副作用也在逐步彰显，这也导致近些年来诸多思想者试图通过回归古代思想来回应这些问题，朱利安等汉学家就是这些研究中的代表。

智慧是一种心灵感悟，但它的作用却不再是启迪心灵，而是要通过思维的清晰而方便人们认识世界和改造世界。在自我与世界的和谐发展中寻找最适合的前进之路，这是智慧一直不变的初衷。

参考文献

一 著作

（一）古典著作

《朱子全书》，上海古籍出版社、安徽教育出版社 2002 年版。
《张子全书》，林乐昌校对，西北大学出版社 2014 年版。
《张载集》，中华书局 1978 年版。
《韩昌黎全集校注》，台北：世界书局 2002 年版。
《苏轼诗集》，孔凡礼点校，中华书局 1982 年版。
《苏轼文集》，孔凡礼点校，中华书局 1986 年版。
《欧阳修全集》，台北：世界书局 1991 年版。
《周敦颐集》，中华书局 1990 年版。
《南华真经注疏》，郭象注，曹础基等点校，中华书局 1998 年版。
欧阳修：《诗本义》，载纳兰成德校刊《通志堂经解》第 16 册，台北：大通书局 1969 年版。
皮日休：《皮子文薮》，中华书局 1959 年版。
孙复：《孙明复小集》，载王云五主编《四库全书珍本八集》，1978 年版。
石介：《徂徕石先生文集》，中华书局 1984 年版。
宗杲：《大慧禅师禅宗杂毒海》卷下，载中国佛教会影印《卍续藏经》委员会编《卍续藏经》第 121 册，1968 年版。
智圆：《闲居编》卷 19，载中国佛教会影印《卍续藏经》委员会编《卍续藏经》第 101 册,1968 年版。

范仲淹:《范文正集》,《四部丛刊集部》,台北:商务印书馆 1979 年版。

程颢、程颐:《二程集》,中华书局 1981 年版。

朱熹:《四书章句集注》,中华书局 2011 年版。

黎靖德编:《朱子语类》,中华书局 1994 年版。

刘勰:《文心雕龙注释》,周振甫注,台北:里仁书局 1984 年版。

董诰等编纂:《钦定全唐文》,台北:文海出版社 1972 年版。

钱大昕:《十驾斋养新录》,陈文和、孙显军校点,江苏古籍出版社 2000 年版。

(二)译著

[法]朱利安:《功效论:在中国与西方思维之间》,林志明译,台北:五南出版公司 2011 年版。

[法]于连:《圣人无意:或哲学的他者》,闫素伟译,商务印书馆 2019 年版。

[法]朱利安:《势:中国的效力观》,卓立译,北京大学出版社 2009 年版。

[法]朱利安:《迂回与进入》,杜小真译,生活·读书·新知三联书店 1998 年版。

[法]朱利安:《间距与之间:论中国与欧洲思想之间的哲学策略》,卓立、林志明译,台北:五南出版公司 2013 年版。

[法]朱利安:《山水之间:生活与理性的未思》,卓立译,华东师范大学出版社 2016 年版。

[法]朱利安:《大象无形:或论绘画之非客体》,张颖译,河南大学出版社 2017 年版。

[美]W.J.T. 米切尔:《风景与权力》,杨丽、万信琼译,译林出版社 2014 年版。

[美]W.J.T. 米切尔:《图像理论》,兰丽英译,重庆大学出版社 2021 年版。

[美]苏源熙:《中国美学问题》,卞东波译,江苏人民出版社 2009 年版。

[法]让-吕克·南希:《素描的愉悦》,尉光吉译,河南大学出版社 2015 年版。

［法］雅克·朗西埃:《历史的形象》,蓝江译,华东师范大学出版社2018年版。

［瑞士］毕来德:《庄子四讲》,宋刚译,中华书局2009年版。

［美］艾朗诺:《美的焦虑:北宋士大夫的审美思想与追求》,刘鹏、潘玉涛译,郭勉愈校,上海古籍出版社2013年版。

［美］包弼德:《斯文:唐宋思想的转型》,江苏人民出版社2000年版。

［加］秦家懿:《德国哲学家论中国》,台北:联经出版公司1996年版。

［加］秦家懿:《中国宗教与基督教》,生活·读书·新知三联书店1990年版。

Benjamin, W, "The Task of the Translator", In Venuti, L.（ed.）.*The Translation Studies Reader*, London & New York: Routledge, 2000.

Cf. W. V. Quine, *Ontological Relativity and Other Essays*, Columbia University Press, 1969.

François Jullien, *Detour and Access, Strategies of Meaning in China and Greece*, trans. by Sophle Hawkes, New York: Urzone, Inc, 2000.

Green M. C., Brock T. C.*In the Mind's Eye*: Transportation-Imagery Model of Narrative Persuasion, Narrative Impact: Socialand Cognitive Foundations, NJ, US: Lawrence Erlbaum Associates Publishers, 2002.

（三）一般著作

陈　来:《朱子哲学研究》,生活·读书·新知三联书店2012年版。

邓艾民:《传习录注疏》,基隆:法严出版社2000年版。

劳思光:《新编中国哲学史》,台北:三民书局1981年版。

顾宏义:《朱熹师友门人往还书礼汇编》,上海古籍出版社2017年版。

胡迎建:《朱熹诗词研究》,中山大学出版社2011年版。

霍　然:《宋代美学思潮》,长春出版社1997年版。

江　藩:《国朝汉学师承记附国朝经师经义目录国朝宋学渊源记》,中华书局1983年版。

刘述先:《朱子哲学思想的发展与完成》,台北:学生书局1982年版。

蒙培元:《中国心性论》,台北:学生书局1990年版。

陈永宝:《朱熹的理学世界》,台北:翰卢图书出版有限公司2019年版。

莫励锋:《朱熹文学研究》,南京大学出版社2000年版。
牟宗三:《中国哲学十九讲》,台北:学生书局1983年版。
潘立勇:《朱子理学美学》,东方出版社1999年版。
潘立勇等:《中国美学通史·宋金元卷》,江苏人民出版社2014年版。
潘知常:《反美学:在阐释中理解当代审美文化》,学林出版社1995年版。
孙振华:《雕塑绘画鉴赏辞典》,中国旅游出版社1993年版。
钱　穆:《钱宾四先生全集》,台北:联经1998年版。
钱　穆:《朱子新学案》,九州出版社2011年版。
钱　穆:《宋明理学概述》,九州出版社2011年版。
钱锺书:《管锥编》,中华书局1979年版。
钱锺书:《谈艺录》,中华书局1984年版。
唐君毅:《中国哲学原论》,九州出版社2016年版。
王向峰:《中国美学论稿》,中国社会科学出版社1996年版。
王振复:《中国美学史新著》,北京大学出版社2009年版。
吴中杰编:《中国古代审美文化论》,上海古籍出版社2003年版。
熊公哲:《荀子今注今译》,台北:台湾商务印书馆1990年版。
徐复观:《中国艺术精神》,台北:学生书局1966年版。
俞剑华:《中国画论类编》,人民美术出版社1957年版。
云告编著:《宋人画评》,湖南美术出版社1999年版。
张立文编:《中国学术通史·宋明卷》,人民出版社2004年版。
张立文主编:《朱熹大辞典》,上海辞书出版社2013年版。
束景南:《朱子大传》,复旦大学出版社2016年版。

二　论文

(一)期刊论文

王铎等:《虚拟现实环境下用户信息接受行为临场感研究》,《现代情报》2020年第2期。

陈立胜:《理学家与语录体》,《社会科学》2015年第1期。

陈永宝:《从朱利安的功效论谈朱熹的"兴"观念》,《哲学与文化》2020年第9期。

陈永宝:《从朱利安的风景论看朱熹的山水美学》,《思想与文化》2020年第12期。

陈永宝:《论徐复观"三教归庄"式的宋代画论观》,《中国美学研究》2020年第16辑。

陈永宝:《论朱熹"理先气后"的界定标准》,《三明学院学报》2018年第5期。

丁利娜、蔡仲:《"后真理"、对称性与反科学》,《自然辩证法研究》2019年第1期。

刘千美:《草稿思维与艺术实践专题》,《哲学与文化》2020年第3期。

郑振铎:《读毛诗序》,载《古史辨》,香港:太平书局1962年版。

田海滨、韩东晖:《论知识的规范性困境及其出路》,《哲学动态》2019年第11期。

幽兰:《草稿与不了的颂扬:中国艺术词汇的美学解析》,《哲学与文化》2018年第534期。

孙宜芳:《马克思主义理论解释力提升体系建构:基于理论完善视角的分析》,《华南理工大学》2015年第10期。

牟振宇:《南宋临安城寺庙分布研究》,《杭州师范学院学报》(社会科学版)2008年第1期。

(二)其他

《后真理时代的品牌真实性》:https://www.chons.cn/14947.html,2019年5月16日。

https://v.qq.com/x/page/b09589lnpxt.html。《采访贝尔纳 斯蒂格勒:如何避免世界灭亡?》,2020年4月27日。

Skadberg Y. X., Kimmel J. R., "Visitors' Flow Experience While Browsing a Web Site: Its MeasurementContributing Factors and Consequences", *Computers in Human Behavior*, 2004, 20(3).

后　记

　　关于美学的研究，对于我来说是一个意外。一直以来，我都认为美学是"学艺术专业的专利"，从未想过它会成为我学习中的一个重要面向。将美学与朱子学结合在一起，也是我以前未曾想到的。直至书稿完成，我才恍然般觉得，我对美学的研究原来是有如此深的情感。

　　学习中国古代美学，特别是宋代美学是我在读博士班上的事。那时候我已经确认了自己的研究方向为朱子学，但是对如何研究这个领域却宛如迷宫。为了让自己的研究有方向有内容，我开始旁听各种关于朱子学的课程，慢慢地发现它内容的广博，也慢慢发现自己与青年的朱熹是如何地相似。于是，随着心同此理的想法越发强烈，我开始撰写一系列关于朱子学的文章。

　　当然，关于撰写朱子美学的文章，也是一种偶然。我因本身有工作，工作单位只给我两年的学习时间，于是我必须尽快地完成博士阶段所有的学分。由于我愚笨的大脑总是算不清楚博士课程的学分如何累计，于是就将时间不冲突的课程都修了一遍。这导致了我两年后博士毕业时，所修学分的总数达到了学校要求的两倍以上（学校要求 26 个学分，我修了 53 个）。

　　而在这些课程中，美学构成了我修课的一个主要方面。当我疑惑这种思想如何与自己的研究方向相结合时，却发现很多汉学家早已在这个领域耕耘多年。于是，当朱熹以 Chu Hsi 的英文方式在美学文本中频繁出现时，我就如同发现了新大陆一样对之感到惊奇和开心。于是，我用自己拙笨的英文能力开始阅读所能找到的"所有朱熹美学研究资料"，加上同班同学

后　记

的帮忙，从各种途径帮我找到各个汉文译本，使得我对朱熹美学的研究兴趣越发浓烈。

博士班的美学课程结束前，我给出的美学研究报告题目为《从朱利安的风景论看朱熹的山水美学》，当我怀着忐忑的心情在课堂上分享我的研究成果时，授课教师给予了我充分的肯定。现在还记得，当我用蹩脚的英文向来自各个国家的同学们分享这篇文章时，授课教师却突然给我当起了翻译，最后在成绩上也给了我一个高分。后来，我将这篇文章投稿至一个A&HCI期刊，又将这篇文章在华东师范大学作为会议论文发表，均收到了录稿邀请。在当时，我还不清楚A&HCI期刊为何物时，将文章从那个期刊退了稿。为此，我成为青年学者中的"名人"。以至于到今天，还有朋友调侃我说："A&HCI期刊你也敢退，厉害。"

这件愚蠢的事虽然让日后的我付出了惨痛的代价，但也鼓舞我研究朱熹美学的信心。我接下来被A&HCI期刊和CSSCI期刊录稿的文章中，均为朱熹美学类文章。于是，被鼓舞的自己开始在这一领域不断地耕耘，最终形成十几篇小文。而本书，就是在这些成果上整理、修改而成。

美学领域在朱子学的研究中长期被忽视，直到近些年来才有学者开始以单篇论文的方式开始呈现。在世纪交际的时候，浙江大学的潘立勇教授虽然写了一本《朱子理学美学》的专著，但是却没有引起太大的反应。我阅读该书后的感觉是：潘教授完成了朱熹美学重要的研究材料的收集与整理工作，但研究的范式和视野依然停留在传统美学的研究范围中，这也决定了研究宋代美学的专家对"它"看不上，研究朱子学的专家对"它"存着偏见（朱熹有美学吗？）因此，一个"宝藏"至此被埋没。当我在辅仁大学的图书馆里找到它时，陈旧的书皮的里面，崭新的书页说明这本书的借阅量不会超过十人。我将其借出如获至宝似的将其反复阅读了多遍，直到我在孔夫子旧书网上买到了一本新的，才"放过"那本书。

博士毕业后，我一直想办法与潘立勇教授联系，也表达了我想继续研究朱熹美学的想法，潘教授给了我充分的鼓励。然而命运多舛，潘教授于2022年撒手人寰，这对我来说不能不说是一个遗憾。而本书的初稿成书时，潘教授刚刚过逝三个多月。没有得到潘教授的指导，这是我在研究美

朱熹美学研究

学之路上的憾事。

海外汉学的研究长期被国内学者所忽视。部分学者认为，中国传统的学问中国人自己都研究不清楚，一个"老外"怎么能弄得清楚。于是，对于海外汉学的研究要么放在"批判"的角度，要么被直接忽视。这种想法也曾经一度困扰我多年。直到读博士班时，和来自其他国家的同学一起上课，我才发现事情并没有自己想象的那么简单。海外汉学家们面对同样的文本，他们独特的授学背景和思考方式，反而将我们容易忽略的细节重新拾到起来。而他们的很多结论虽然在初听时感到匪夷所思，但在后期反思回味时，突然发现他们由于摆脱了我们固有的思维瓶颈，打开了一个研究中国传统美学的新大陆。这种想法让我欣喜若狂，对他们的研究兴趣也越发浓重。

朱利安作为海外汉学家中较为突出的一个，在一个偶然的机会被我所关注。他早年来台湾曾受学于牟宗三先生，得到了一点真传。后来，他以自己独特的视角逐渐摆脱了牟宗三的"义务伦理学"的研究方向，以法国人的浪漫思维开启了自己独有的研究路径。于是，在一些学术圈内，他一度被称为"于连教主"（朱利安早年的汉译名为于连）。我对他的关注主要集中于《间距与之间：论中国与欧洲思想之间的哲学策略》和《圣人无意》这两本书。虽然这两本书的汉译本一出版后，就受到了诸多学者的批评，但公正地说，它们确实为国人研究两宋美学或者中国传统思维打开了一个全新的研究视野。它也注定成为国人研究中国古代美学思维不可绕过的一个重要成果（你可以反对它，但你不能绕过它）。"间距"与"之间"这两个概念一度成为国内外学界研究的理论前沿。

"间距"思维打开了一种研究美学的新范式。在传统美学的研究中，除了艺术类美学（徐复观），多是将美学与情相嫁接（李泽厚）。这些研究多是侧重于美学的形式（气韵、技巧），或者"情"的宣泄（山水之情）。这种研究范围曾一度成为美学研究的重要方向。但是，从美学的单一视角中跳脱出来重新俯视美学，是多数国人做不到的，因为我们"身在此山中"。这一点对于长期生活在外国的汉学家们反倒不是什么难事。他们因为"距离"而更易看清楚中国古代美学的"全景"。虽然他们在细节描述上会略显粗糙，甚至会犯错，但在整体上，他们的"距离感"构成了他们看待

后 记

中国传统文化的优势。这是一个重要的面向，不得不引起我们的重视。我们也需要摆脱"夜郎自大"的研究痼疾，与他们平等的接触、对话，吸收他们的养料，以补充自己研究上的短板。这种接触与对话不是"西方的月亮更亮"的膜拜式的"拿来主义"，而是"取其精华"的"引起来"。

本书能成书既在意料之中，也在意料之外。所谓意料之中是指本书的写作一直在持续，即使在疫情期间，我用朱熹的美学思维来分析当时发生的一些现象，取得了部分学者的认同；所谓意料之外，是没想到书会这么快地出版。这两年拿了一系列的国家级、省部级课题项目，让我的研究速度明显加快了很多。在一些认识我的朋友中，显然我已经成了他们眼中的"卷王"。这是一个自我读博士期间获得的"学豪"（比学霸更高一个层次）之后的另一个称号。实际上，我并不是什么"学豪"，也不是什么"卷王"。只是将写作当成一种生活方式，将我所体悟到的喜怒哀乐以学术性的方式表达出来，并尝试着用自己的所学解释一下社会现象，解决一些与自己有关的社会问题。我的写作时间也并非如同辈们想象的那样在"暗无天日的书房"内每天笔耕不辍。实际上，年青学者所遭受的生活压力我是一点也不会缺失。工作的琐碎，孩子的教育与陪伴，家人的照顾，加上频繁的各种无意义的会议，投稿、审稿、宣讲等事务，让自己疲于奔命。真正能静下心来写作，也只有在孩子睡熟后，或者孩子凌晨起床前。一天之内能挤出的写作的时间少之又少。因此，本书能付梓实属不易。这其中，除了出版经费，剩下的就是时间的代价。

繁重的生活压力导致了青年学者沉重的精神压力。寻找一种精神放松的方式对青年学者至关重要。这既需要合适的理论，也需要合适的方式。写作往往就是一种精神泄压。个人拙见，写一本书的好坏，不在于作者写作技巧的炫酷，而是它能否帮助作者或读者解决精神的压力问题，或者能帮助读者打开一个全新世界，不让精神困顿者在原有的时空里疯狂内卷。本书虽然没有达到这一目标，写作时却是朝着这个目标而努力的。愿本书的出版，能给同样处在学业之路上学子提供一个新的研究空间，如能如愿，此心甚慰。

最后，本书中的部分章节已经以单篇论文的形式发表，在此需要作出说明：其中，第一章"朱子理学美学的融通"中部分内容曾以《论朱熹的理学与美学的融通》为名发表于《中国美学研究》（第十八辑）；第三章"朱子美学的理论源起"中部分内容曾以《另一种建构：朱熹的理学美学》为名发表于《中国美学研究》（第十三辑），部分内容曾以《论徐复观"三教归庄"式的宋代画论观》为名发表于《中国美学研究》（第十六辑）；第四章"理学美学的间距与之间"曾以《从朱利安的风景论看朱熹的山水美学》发表于《思想与文化》（第二十五辑）；第七章"朱子美学与'兴'观念"曾以《从朱利安的功效论谈朱熹的"兴"观念》为名发表于《哲学与文化》第四十七卷第九期；第十一章"朱子美学与草稿思维曾以《草稿与语录体：从草稿思维看王阳明的〈传习录〉》发表于《陕西学前师范学院学报》第三十九卷第一期。本书中所采用的内容相比于以上发表的文章，均做了较大的改动，如第十一章；其他各章也在体例与结构等相关方面与原文有一定的差别。在此一并做出说明。

2023 年 5 月 8 日于集美家中